JN233738

知識ゼロからの
カクテル&バー入門
弘兼憲史
師匠：国際バーテンダー協会名誉相談役
澤井慶明
次はロブ・ロイにしよう。
私はサイドカー……。

知識ゼロからの

カクテル＆バー入門

はじめに

女の子をナンパして酔わせるならスクリュードライバーがいい、なんて僕の若い頃にはよくいわれていて、カクテルにはどうも〝女性をくどくときの酒〟というイメージがある。

僕は、ワインについてはそれなりに勉強し、自分の楽しみ方を身につけているつもりだ。だが、カクテルについてはまったくの素人である。バーに入っても、何を頼んでいいのか正直いってわからない。

そんな折、銀座の名門バー『ＳＴ・ＳＡＷＡＩ　オリオンズ』のバーテンダー、澤井慶明氏に会う機会があった。彼は国際バーテンダー協会の名誉相談役を務める、カクテルの世界的なスペシャリストである。

「日本人は海外のバーへ行っても、注文したいものがわからないんです。それでつい、いつも飲んでいる水割りを頼む。ですから今、世界のバーでは〝ミズワリ〟が共通語になってしまっている。海外のバーへ日本人が行くと、座るなり『ミズワリにしますか』と聞かれることが多いんですよ」と、澤井氏である。

要は、日本はカクテルに対し、バーテンダーは優秀であっても客のほうが遅れている、飲み方を知らないというわけだ。それについては僕も耳が痛い。では一体どうすればいいのだ？

本書は、僕がカクテルについて疑問に思っていること、知りたいことを澤井氏に尋ね、それに対する回答を著わしたものである。澤井氏の話はカクテルの知識だけでなく、ウイスキーやバー、シガー、そして家で手軽にカクテルを作る方法にまでおよんだ。

バーは敷居が高いと思われがちだが、話を聞いていると、どうもそれほど大げさなところではないらしい。一人三杯飲んで予算はだいたい五〇〇〇円くらい。それなら、彼女と来ても一万円ですむというわけだ。

カクテルは本来、人に夢を与え、自分の憩いを感じるための飲み物なのだという。本書を手引きに、若い人も年配の人もためらわずにバーを訪れ、カクテルを飲むひとときを楽しんでもらえれば、と思っている。

二〇〇二年　六月

弘兼憲史

知識ゼロからの**カクテル&バー入門**／目次

はじめに——2

第1章 こんなときは何を飲む？ スタンダードカクテル43——11

ステキな人と飲みたい シャンパン・カクテル。ロマンチックに決めるならシャンパン——12
まずは乾杯！ キール、カンパリ・ソーダ。乾杯は心浮き立つ明るいカクテルで——14
トロピカルな気分を楽しむ ピニャ・カラーダ。フルーツたっぷり、南国ムード満点——16
あなたの記念すべき日に パリジャン、グリーン・フィズ。誕生石の色に合わせた記念の一杯——18
酒の弱い人におすすめは カカオ・フィズ、スプモーニ。リキュールをソーダで割ると飲みやすい——20
ちょっぴりエッチな気分を盛り上げて ビトウィーン・ザ・シーツ。意味深な名前のカクテルを——22
食事の前の一杯に マティーニ、マンハッタン。ディナーの前の、至福の一杯——24
恋する相手にすすめたい ハーベイ・ウォールバンガー。甘くて軽い口当たりにご用心——26
のどのかわきを一気にしずめたい モスコー・ミュールにシャンディ・ガフ。口当たりのよさで一気飲み——28
ときには一人で孤独に オールドファッションド。昔を思い出しながら一人静かに……——30

凍てつくような寒い日に　ホット・バタード・ラム。体の芯から温まるホット・カクテル――32
食後のデザート代わりに　アレキサンダー、スティンガー、サイドカー。食後に向く三つの味わい――34
酒がまったく飲めない人には　シャーリー・テンプル、フロリダ。アルコール抜きのカクテルもある――36
灼熱の太陽の下で　フローズン・ダイキリ。著名人も恋焦がれた真夏の味――38
異国情緒を味わうなら　サンフランシスコ、コペンハーゲン。カクテルで世界旅行に出かけよう――40
友と話がはずむ　パラダイス、ミント・ジュレップ。明るく楽しいイメージのカクテルを――42
ちょっと気取って　ウオッカ・マティーニ、ミモザ。注文するだけでサマになる――44
食事代わりの一杯　ブル・ショット、ブラッディ・メアリー。スープやサラダの感覚で――46
とことん酔いたい　ニコラシカ、アースクェイク。今宵はアルコールの強烈な酒に挑戦――48
そのほかのスタンダードカクテル12　プラスαのカクテルを覚えて通を気取りたい――52

第2章 こんな知識があるともっとカクテルが楽しめる

第2章 こんな知識があるともっとカクテルが楽しめる――57
カクテルって何？　種類無限のミックス・ドリンク。食前か食後かで合うカクテルも違う――58
カクテルを分類する　短いグラスなら、飲む時間も短めに。長いグラスなら時間をかけて――60
アルコールの強さを予想するには　ベースの酒の強さを知っておく。レシピを知れば正確な度数がわかる――62
カクテルの色と飾り　カクテルの魅力は味だけでない。外見だってやっぱり重要――64
いい酒はいいグラスで飲みたい　グラスにも様々あるが、よく使われるのは五～六種類――68
酒をおいしくするつまみ　カクテルに合うオリーブ。海外では代表的なつまみ――72

ときにはオリジナルドリンクを　バーにはオリジナルドリンクが。おいしくて値段もリーズナブル——74
同じカクテルでも多くのレシピがある　マティーニ、ジン・フィズ。単純なものほどセンスの違いが出る——76

第3章 バーでもっともよく飲まれるのは、やっぱりウイスキー——79

ウイスキーってどんな酒？　麦芽で造るビールの親戚。「バーボン」も「スコッチ」もウイスキー——80
ウイスキーといえばスコッチ・ウイスキー　スモーキーな香り、コクのある味。世界で一番人気のあるウイスキー——82
スコッチを知るならブレンデッドから　ブレンデッドは香りのオーケストラ。誰にでも好かれるバランスのとれた酒——86
シングル・モルトでスコッチの個性をくらべる　気候、風土、水。蒸留所によって風味が異なる——88
歴史の古いアイリッシュ・ウイスキー　アイルランドはウイスキー発祥の地。香り高く、個性的——92
バーボンが人気のアメリカン・ウイスキー　トウモロコシがメインのバーボン。くせのある味が好まれる——94
カナダと日本のウイスキーの違い　ライトなカナディアン、期待度の高いジャパニーズ——96
飲み方でかわるウイスキーの味　冷やしすぎなければＯＫ。ウイスキーに正しい飲み方はない——98

第4章 ベースに使われる酒を知る——101

酒とは何？　基礎のキソ　酒とはエチル・アルコールを含む飲料のこと。三つのタイプに分けられる——102
ジン／医者が作った酒　薬酒としてオランダで誕生。ハーブの香りがさわやかな酒——108

ジン／カクテルベースの代表選手　カクテルのベースとして大活躍。ストレートでもキリリとおいしい――110
ウオッカ／ロシア生まれの酒　白樺の炭で濾過した透明の酒。クセのなさがカクテルに重宝――112
ウオッカ／応用自在のベースになる　あらゆる材料にすんなりなじむ。ただし、飲みすぎにはご用心――114
ラム／サトウキビの酒　カリブ海生まれの酒。飲めばたちまち陽気な気分に――116
ラム／タイプに合わせて使う　タイプごとに相性のよい材料が。何でも合うのはホワイト・ラム――118
テキーラ／蘭の茎から造られる　メキシコの太陽を浴びた情熱の酒。ライムや塩と相性バツグン――120
ブランデー／蒸留酒の女王　ワインを蒸留したエレガントな酒。コニャック地方産のものが有名――124
ブランデー／食後に憩う　食事の後でゆったり味わって。フルーツ・ブランデーも試したい――126
リキュール／色も味も多種多様　蒸留酒にエキスを加えた酒。梅酒もリキュールの一種――128
リキュール／カクテル界のスター　幅広い味が楽しめる酒。自家製リキュールに挑戦するのも……130
ワイン／もっとも歴史の古い酒　ブドウから造った世界最古の酒。時代も国境も超えて愛される味――134
ワイン／カクテルには辛口を　カクテルにはリーズナブルで辛口のものを。そのまま飲むなら食事と一緒に――136
ビール／なじみの深い酒　麦芽とホップのほろ苦さが魅力。世界で一番飲まれている酒――138
ビール／できたてが一番おいしい　とにかく鮮度が命。できたてのビールに勝るものはなし！――140

第5章 シガーをくゆらし、バーでひと時の安らぎをえるために――143

バーといっても様々　街のバーにホテルのバー。「人」を基準に選びたい――144
バーテンダーについて知りたい　バーテンダーは店やホテルの玄関。海外ではその国の玄関でもある――146

バーを楽しむためのマナー　バーはくつろいで楽しむ場所。たとえ酔っても紳士淑女であれ――148
カクテルをかっこよく飲みたい　レモンにオレンジ。しぼったらグラスの中へ、食べたら外へ――150
シガーに挑戦　形も香りも実に様々。今宵、お気に入りの一本を見つけよう――154
シガーを学ぶ　シガーは香りを楽しむもの。食後酒とともに、極上の時間を――156
スマートに切り上げる　おいしく飲むなら三杯まで。最後まで愛される客でいよう――162

第6章 プロになった気分でカクテルを作ってみる――165

そろえておきたい基本のバー・ツール　家でカクテルを作りたい！　道具をそろえてプロの味を――166
家で気軽に作れるカクテル　ジン、ウオッカ、ラム。フリーザーで冷やせばプロの味に――170
副材料／フルーツ・野菜を使いこなす　レモン一個あれば何種類ものカクテルが作れる――172
副材料／氷・水も味をきめる　できあがった氷を再びフリーザーへ。プロ仕様のおいしい氷ができる――176
副材料／砂糖・シロップで甘みを加える　カクテルに合うのはグラニュー糖。自家製シロップを作ろう――178
材料を正しく量ろう　メジャー・カップにバー・スプーン。道具を使ってレシピのとおりに――180
混ぜ方のテクニック　とにかく材料が混ざればＯＫ。自分流に楽しみながらが一番――184
ステキなカクテルに仕上げる　ピール（皮）をしぼる、生クリームを浮かべる。仕上げ方は様々――188
みんなでカクテルを楽しもう　臨機応変に作れるようになったら、仲間とカクテル・パーティーを――190
カクテル作りを極めたい　Myカクテルに挑戦するもよし　カクテルスクールに通うもよし――192

付録　カクテルレシピ集——194
カクテル名さくいん——221

Cocktailコラム

●男らしい
こだわったカクテルでキメたい——50
●カクテル&バーブームの再来。
おいしいカクテルが味わえる——66
●日本のウイスキーの真価はこれから。
スコッチのシングル・モルトが人気上昇中——90
●ビールの合い間にアクアヴィット。
胃の調子をよくする上手な飲み方がある——106
●春は苦く、夏は酸っぱく。
四季に合うカクテルを選ぶ——122
●ソムリエとバーテンダー。
酒の味を覚えるまでは同じだが……——132
●日本と海外ではバーのあり方が違う。
女性が入りやすいのは日本のバーだ——152
●一〇〇年前よりもドライ系へ。
時代とともにカクテルも変化する——182

レシピの見方

マークについて

……………ショート・ドリンク
→P60参照

……………ロング・ドリンク
→P60参照

単位について

grass（グラス）…………グラス1杯分
tsp（ティー・スプーン）…約5ml
dash（ダッシュ）…………約1ml
drop（ドロップ）…………ごく微量
※砂糖のかわりにシュガー・シロップを使ってもいい。

アルコール度の区分について

弱…………………………1〜10度
やや弱……………………11〜15度
中…………………………16〜25度
やや強……………………26〜30度
強…………………………31度〜

ライバルに乾杯!!

第1章

こんなときは何を飲む？
スタンダードカクテル 43

Champagne Cocktail
Kir
Campari & Soda
Piña Colada
Cacao Fizz
Spumoni
Between the Sheets
Sex on the Beach
Manhattan
Martini
Harvey Wallbanger
Moscow Mule
Shandy Gaff
Old-Fashioned
Gimlet
Hot Buttered Rum
Alexander
Stinger
Side-Car
Shirley Temple
Florida
Singapore Sling

Frozen Daiquiri
San Francisco
Paradise
Mint Julep
Mimosa
Vodka Martini
Bull Shot
Bloody Mary
Nikolaschka
Gibson
Bellini
Daiquiri
Spritzer
Adonis
God-Father
Grasshopper
French Connection
Mint Frappé
Port Flip
Margarita
Scorpion

シャンパン・カクテル。ロマンチックに決めるならシャンパン

酒にも色々あるが、ステキなあの人とロマンチックなひとときを過ごしたい、なんていうときはシャンパン・ベースのカクテルがふさわしい。

シャンパンは、お祝いごとには必ず飲まれる、華やかな酒だ。炭酸ガスを含む発泡性ワインをスパークリング・ワインというが、そのうちフランスのシャンパーニュ地方で造られているものだけをシャンパンと呼ぶ。

シャンパン・ベースのカクテルで、もっとも代表的なのはシャンパン・カクテルだ。

角砂糖をアンゴスチュラ・ビターズという苦味の強い酒に浸し、それをシャンパンに落とす、美しい金色の酒である。このほか、イチゴの風味が甘酸っぱいシャンパン・フレーズや、ミントの香りがさわやかなシャンパン・ジュレップなども、おすすめのカクテルだ。

ただし、シャンパンは一度栓を抜いたら保存できないため、シャンパン・ベースのカクテルは値段もちょっと高めと思ったほうがいいだろう。

美男美女にピッタリのカクテルだよね

Q ロマンチックなイメージはどこからくる？

A シャンパンがシャンパーニュ地方のみで造られているという貴重性や、その黄金色の美しさもあるでしょうが、一番は映画ですね。戦時中の男女の悲恋を描いた映画『カサブランカ』の中で、ハンフリー・ボガードがイングリッド・バーグマンを見つめながら「君の瞳に乾杯！」とささやいて乾杯したのが、このシャンパン・カクテルなんです。

ただ、現実のハンフリー・ボガードは、ドランブイというハチミツの香りがするリキュールが好きだったそうです。タフガイなイメージにはちょっと似合わないかもしれませんね。

シャンパン・カクテル
Champagne Cocktail

味：シャンパンの酸味とビターズの苦味、角砂糖の甘みが調和

アルコール度：やや弱

★作り方

グラスに角砂糖を入れ、アンゴスチュラ・ビターズをふりかける。氷を1つ加えてシャンパンを注ぎ、レモン・ピール（皮）をしぼる。

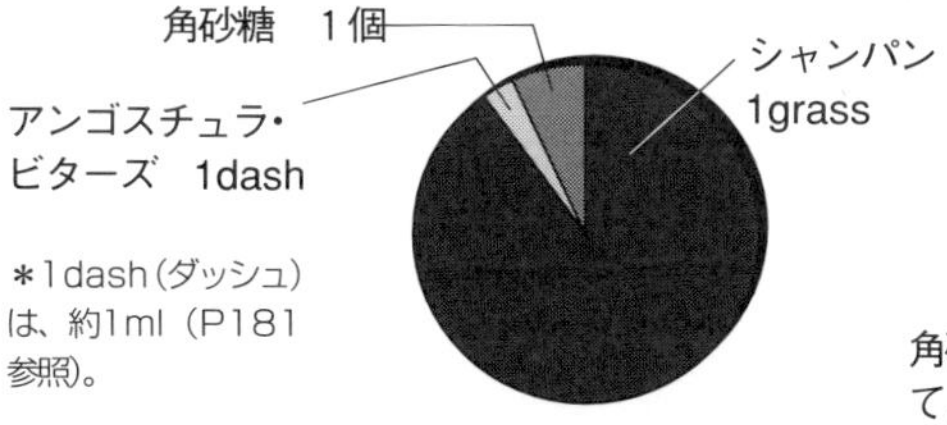

＊1dash（ダッシュ）は、約1ml（P181参照）。

そのほかのおすすめカクテル

シャンパン・フレーズ

イチゴとサクランボの風味がシャンパンの泡にはじける。フルーティーな香り。アルコール度はやや弱（レシピはP213）。

シャンパン・ジュレップ

ミントと角砂糖がシャンパンにとけこみ、さわやかな香り。アルコール度はやや弱（レシピはP213）。

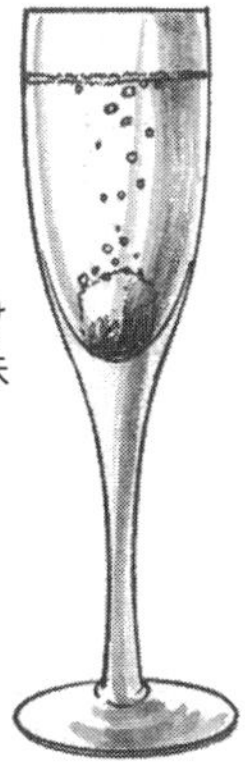

角砂糖がとけて、徐々に味が変化する。

ステキな人とホテルのバーでシャンパン・カクテルを。その後は……、どうする？

キール、カンパリ・ソーダ。乾杯は心浮き立つ明るいカクテルで

どんな酒宴も、まず乾杯から始まる。乾杯には、心が浮き立つような明るい色のカクテルがふさわしい。また、最初の一杯ゆえ、アルコールがあまり強くなく、口当たりのよいものを選びたい。

そこでおすすめなのがキールやカンパリ・ソーダだ。キールは辛口の白ワインをベースにしたルビー色のカクテル。そのさっぱりと上品な味わいは食前酒にふさわしい。レストランでも用意されていることが多い。

この人気カクテルを考案したのは、バーテンダーでもシェフでもなく、フランスのディジョン市長を一九四五年から二〇年以上にわたって務めていた、キャノン・F・キールという人物である。ユニークで豪快な男として知られ、八九歳で五度目の市長当選を果たした折、「年を取り過ぎている」と、自分より一四歳も年下の助役をメンバーからはずしてしまったというエピソードは有名だ。また、大のグルメでもあったらしい。

この名物市長は九二歳で亡くなったが、彼の生み出したキールはいまだにヨーロッパで大人気。そのおかげで白ワインの売り上げも上々と、経済にも貢献しているカクテルなのである。

思わずカチンとやりたくなるけどね

Q 乾杯するときのマナーはありますか？

A 乾杯というと、よくグラスどうしを軽くカチンとぶつけますが、カクテル・グラスの場合は危険なのでやめましょう。お酒を入れる部分が逆三角形の形をした脚付きグラスのことをカクテル・グラスといいますが、繊細で割れやすいのです。

そもそも、乾杯はグラスをぶつけるのではなく、グラスを顔の高さまで持ち上げて「乾杯」と祝福するのが、正式な仕方です。仲間うちの飲み会などではかまいませんが、結婚式など正式なパーティーでは、グラスは持ち上げるだけにとどめましょう。このとき、グラスを頭の上まで持ち上げるのはマナー違反。注意してください。

キール
Kir

味：カシスの甘酸っぱい風味
アルコール度：やや弱
★作り方
材料を注ぎ、軽くステア（バー・スプーンで混ぜる。P186参照）する。

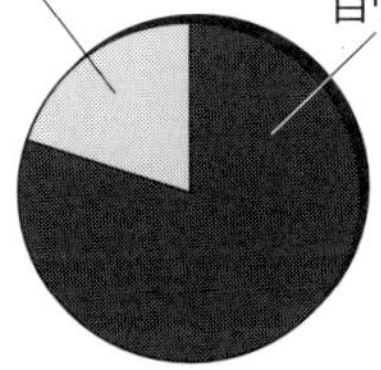
クレーム・ド・カシス　1/5
白ワイン　4/5

そのほかのおすすめカクテル

スプリッツァー
白ワインをソーダと氷で割る。すっきりとした軽い口当たり。アルコール度は弱（レシピはP53）。

カシス・ソーダ
カシスの香り。
アルコール度は弱
（レシピはP210）。

白ワインを使っているが、カシスの色で赤ワインのように見える。

キールのバリエーション

キールを基本にして、同じ分量で材料をかえると、様々なバリエーションが生まれる。

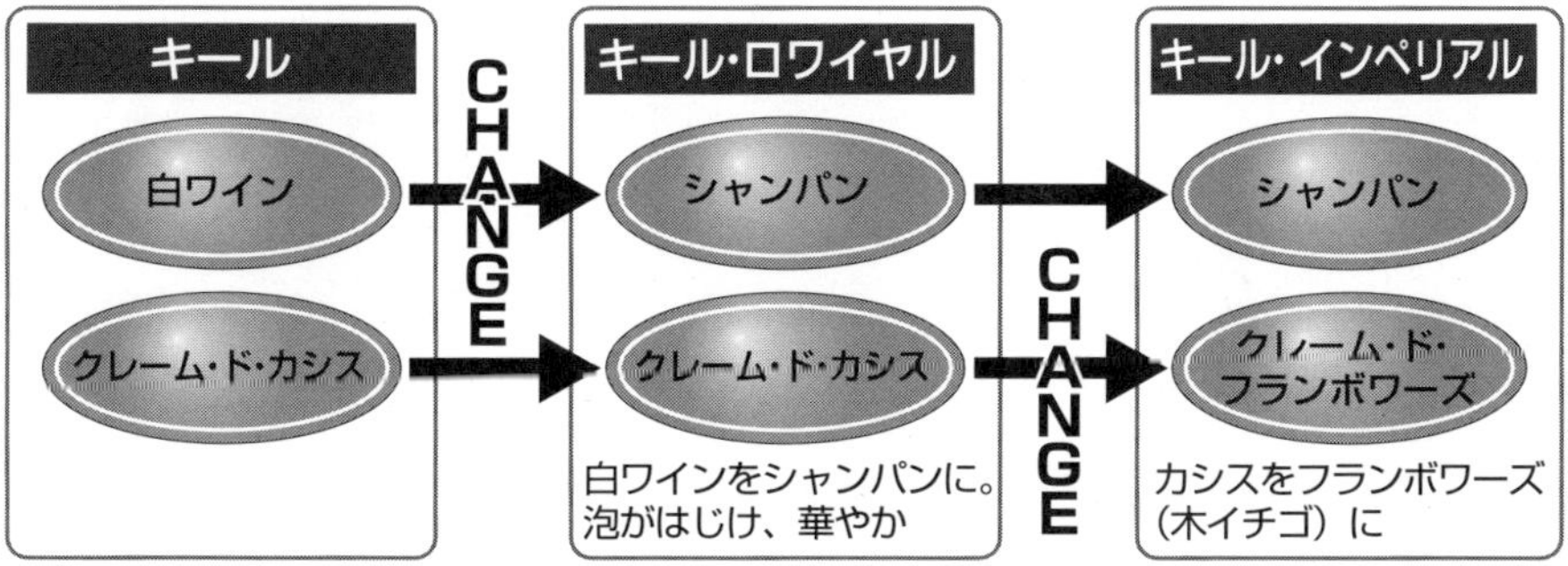
キール
白ワイン
クレーム・ド・カシス
CHANGE
キール・ロワイヤル
シャンパン
クレーム・ド・カシス
白ワインをシャンパンに。泡がはじけ、華やか
CHANGE
キール・インペリアル
シャンパン
クレーム・ド・フランボワーズ
カシスをフランボワーズ（木イチゴ）に

カンパリ・ソーダ
Campari & Soda

味：さっぱりとしている。ほろ苦さの中に、フルーティーな香りが香る
アルコール度：弱
★作り方
材料を注ぎ、ステアする。

カンパリ　45ml
ソーダ、氷
適量

好みでオレンジを飾っても。カンパリは、グレープフルーツやオレンジを原料とした、イタリア生まれのほろ苦いリキュール。鮮やかな赤い色。

ピニャ・カラーダ。フルーツたっぷり、南国ムード満点

パイナップルなど南国産のフルーツをふんだんに使ったカクテルを、トロピカル・カクテルという。華やかなルックスとフルーティーな味わいは、南国ムードを楽しみたいときにピッタリだ。

日本でトロピカル・カクテルがポピュラーになったのは、昭和五〇年代以降。それまではカクテルも形式にこだわっていたが、ディスコや海外旅行のブームとともに、形式にとらわれない自由な作り方をするトロピカル・カクテルが広まった。

トロピカル・カクテルは、作り方やグラス、デコレーションなどはすべて作り手の自由。フルーツをたっぷり使うのが特徴だ。最近では、ココナッツ・ミルクが使われることも多い。また、南国産のカクテルだけに、ネーミングが南国風なのも大きな特徴といえよう。

代表格に、カリブ海で生まれたピニャ・カラーダが挙げられる。スペイン語で〝パイナップルの茂る峠〟という意味だ。ラム酒がベースだが、ベースをウオッカにしたのがチチというカクテル。いずれもミルキーで口当たりのよいカクテルである。

アルコール抜きだとバージン・チチだよ

Q チチの名前の由来は？

A チチは、アメリカのハワイ生まれのカクテルです。英語で書くと「ＣＨＩ－ＣＨＩ」。これはアメリカの俗語で、“粋”とか“上品”、あるいは“スタイリッシュ”という意味で使われます。正しくはチチではなく、シシと発音します。

チチはミルク色をしていることから、日本では“乳”を連想する人が多く、そのほうが発音しやすいこともあって、すっかりチチという呼び方が定着してしまいました。

海外のバーでは、チチといっても通用しないので、注意してくださいね。

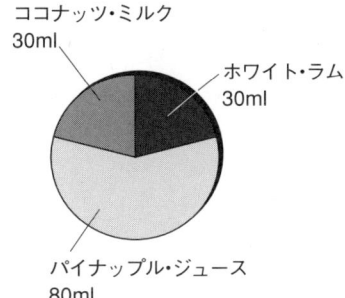

飲むだけで南国へ行った気分になれる

ピニャ・カラーダ

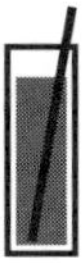

Piña Colada

味：ココナッツ・ミルクの香りが特徴。甘口

アルコール度：弱

★作り方

グラスにクラッシュド・アイス（P177参照）をつめ、材料をシェーク（シェーカーで振る。P185参照）して注ぐ。パイナップルなどのフルーツを飾る。

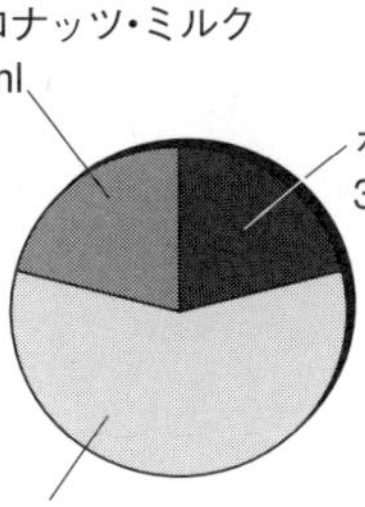

ココナッツ・ミルク
30ml
ホワイト・ラム
30ml
パイナップル・ジュース
80ml

そのほかのおすすめカクテル

チチ

ピニャ・カラーダのラムをウオッカにかえる。アルコール度は弱（レシピはP199）。

ブルー・ハワイ

ラムとレモンで甘酸っぱい味。明るい青色のカクテル。アルコール度は中（レシピはP201）。

色は白。南国の花を飾ることもある。

パリジャン、グリーン・フィズ。誕生石の色に合わせた記念の一杯

「これは君のために作ってもらったカクテルだよ」。あなたの大切な記念日に、大好きな人からそういって一杯のカクテルを差し出されたら、そのカクテルは生涯あなたの記憶に残るだろう。そんな粋な演出をできるのがカクテルなのである。

記憶に残るようなオリジナリティを演出するのに、誕生石と同じ色のカクテルなんて最高ではないだろうか。サファイヤが誕生石なら、それに合わせてスカイ・ダイビングなど、青いカクテルを作ってもらおう。

また、その日に着ている服の色と同じものを作ってほしいと、バーテンダーに注文するのも一つの手。ちょっとキザだが、それに「愛子カクテル」などと名前をつけてプレゼントするのもよいだろう。

照れ臭くてそんなことはできないという人は、シャンパンにクレーム・ド・カシスを加えたキール・ロワイヤルでお祝いしてもいい。鮮やかな赤い色は印象に残るし、シャンパンは祝いごとにふさわしいからだ。

みんなで集まってお祝いするなら、プランターズ・パンチ（レシピは二〇一頁）を。家庭でも簡単にできるパーティー向きのカクテルである。

誕生石の色にちなんだカクテル

誕生石とは、その月に生まれた人が幸せになるために使う宝石。あなたの誕生石と同じ色のカクテルを注文してみては？

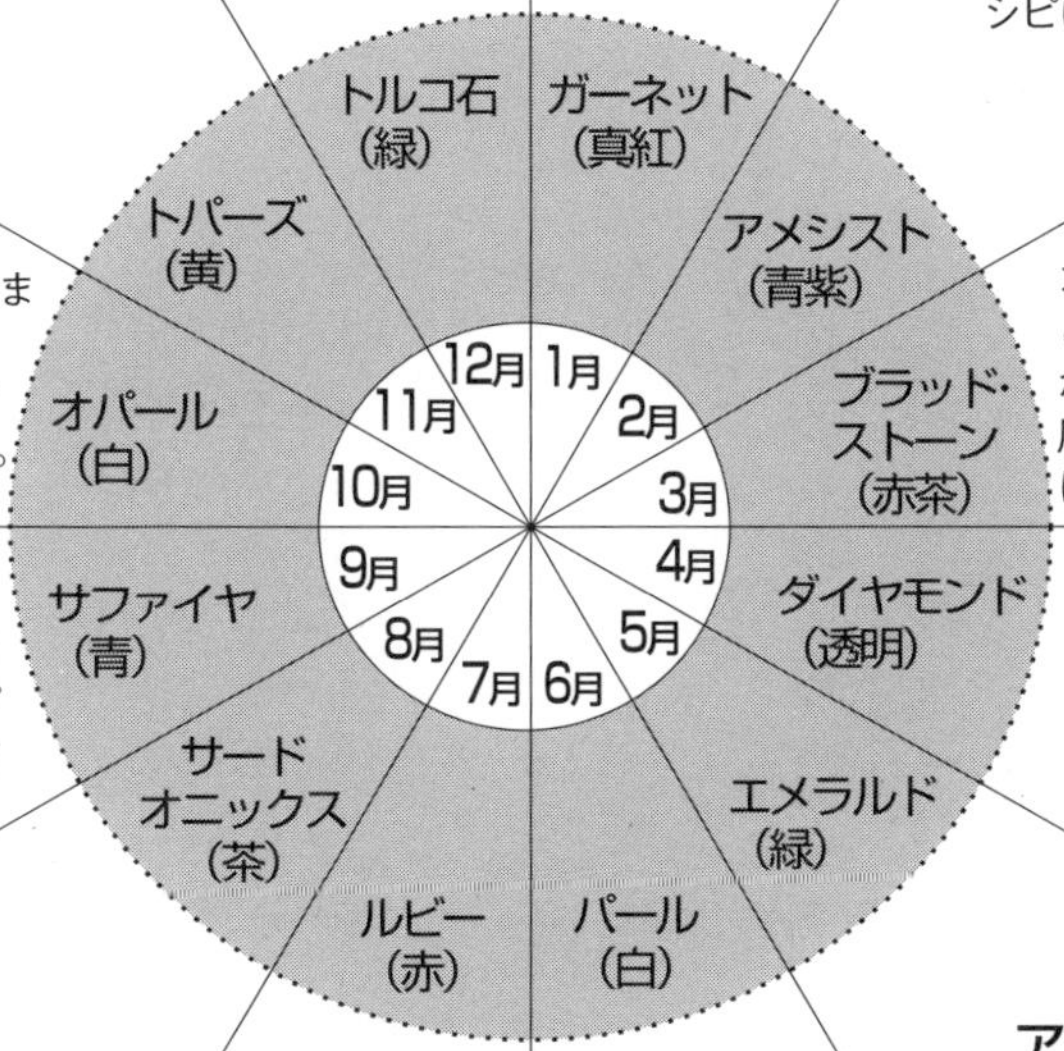

パリジャン
カシスのフルーティーな香りとジンの個性的な風味。アルコール度は中（レシピはP196）。

ブルー・ムーン
パルフェ・タムールというスミレのリキュールを使う。紫がかった色。アルコール度はやや強（レシピはP198）。

ネグローニ
カンパリのほろ苦さとベルモットの甘さが混在。アルコール度はやや強（レシピはP196）。

アラスカ
かすかに黄みを帯びた色。薬草がほのかに香る。アルコール度は強（レシピはP194）。

アラウンド・ザ・ワールド
ミントがさわやか。中甘口。アルコール度は強（レシピはP194）。

パーム・ビーチ
パイナップルの酸味と甘みが、ジンとラムに調和。アルコール度はやや強（レシピはP196）。

ハンター
ウイスキーとチェリー・ブランデーの、濃厚な味わい。アルコール度は強（レシピはP206）。

ロブ・ロイ
スコッチ・ウイスキーとベルモットが調和。中甘口。アルコール度は強（レシピはP207）。

スカイ・ダイビング
ラムとオレンジのリキュールで甘酸っぱい味。アルコール度はやや強（レシピはP201）。

シルバー・フィズ
ジンに卵白を混ぜ、まろやかな口当たり。アルコール度はやや弱（レシピはP195）。

オリンピック
オレンジの香りがブランデーにマッチ。アルコール度はやや強（レシピはP208）。

グリーン・フィズ
ミントの酒がアクセント。透明感のある緑色。アルコール度はやや弱（レシピはP195）。

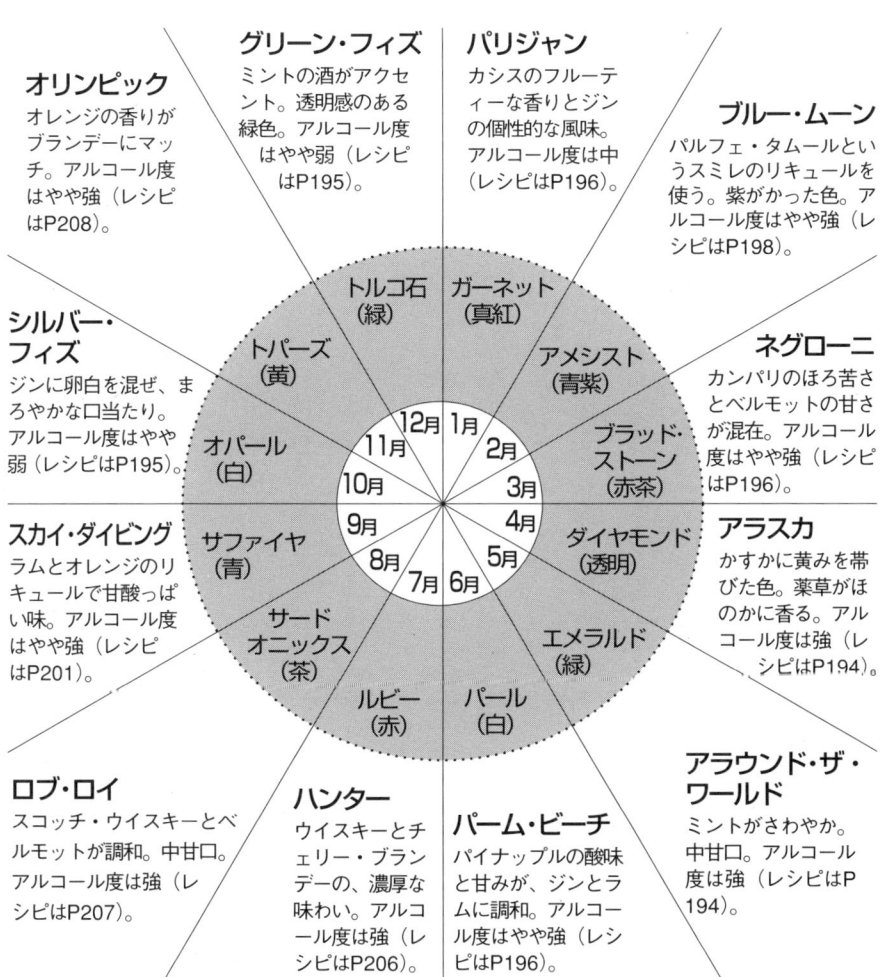

カカオ・フィズ、スプモーニ。リキュールをソーダで割ると飲みやすい

酒に弱い人のこともちゃんと考えて、カクテルはアルコールの強いものから弱いものまで、色々そろっている。安心してほしい。

アルコールの強さを見分ける目安がある。一般的に、大きめのグラスに入っていて、ジュースやソーダなどのソフト・ドリンクで割ったカクテル（ロング・ドリンク）は、アルコール度も弱いと思っていい。

ベースには、リキュールがおすすめだ。ジンやウオッカ、ウイスキーなどの蒸留酒（一〇三頁参照）は、アルコール度数が平均四〇度前後あるが、それに対してリキュールは平均二五度前後と低めだからだ。もちろん、ビール（約四度）やワイン（約一四度）のほうがもっと弱いのだが、これらをベースに使ったカクテルは種類が少ないのである。

こうした理由から、酒に弱い人にはリキュールをベースにしたカカオ・フィズやスプモーニなどをおすすめする。フィズとは、レモン・ジュースや砂糖、ソーダで作るロング・ドリンクのこと。フルーツのリキュールを使えば、ジュース感覚で楽しめる。簡単なので、左頁を参考に家で作ってみてもいい。

ソフト・ドリンクを使うものを覚えておこう

Q 酒に弱いが、色々なカクテルを試したいときは？

A オーダーするときに、「アルコールを弱くして」と頼むことです。バーテンダーもそのへんは心得ており、失礼にはなりません。

特に、「酒＋ソフト・ドリンク」のロング・ドリンクは、アルコールの強弱を自由につけられるので、お酒に弱い人に向くカクテルといえます。たとえば、アプリコット・クーラーというカクテルなら、リキュールの量を少なくしてもらえばいいのです。

反対に、カクテル・グラスに入ったカクテル（ショート・ドリンク）の場合は、お酒の割合を減らすとあまりおいしくありません。弱くしてほしいと頼んでも、断わられる場合があります。

リキュールを使ったフィズ・スタイルのカクテル

手軽にそろえられる材料が多く、作り方もそれほど難しくない。フィズという語は、ソーダを注いだときの「シュッ」という音の擬声語。

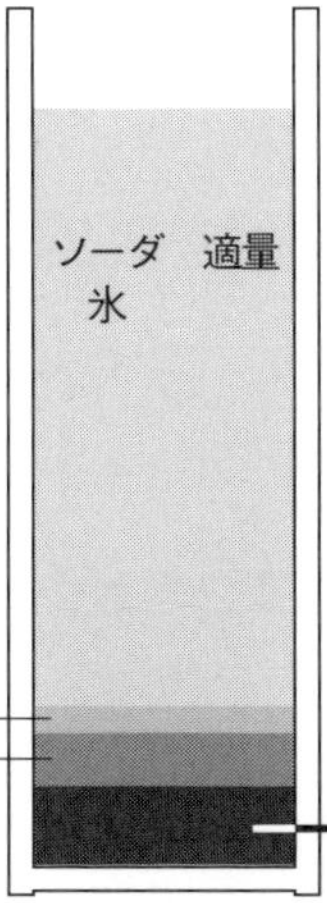

砂糖　1tsp
ジンをベースにするときは、砂糖を2tspにして甘みを強くする。

レモン・ジュース
20ml

好みのリキュール
45ml

カカオ・リキュール

カカオ・フィズ

Cacao Fizz

味：カカオの香りがソーダにとけこむ

アルコール度：弱

メロン・リキュール → メロン・フィズ

カシス・リキュール → カシス・フィズ

アップル・リキュール → アップル・フィズ

★作り方

ソーダ以外の材料をシェークし、グラスに注ぐ。氷とソーダを入れ、軽くステアする。

スプモーニ

Spumoni

味：カンパリのほろ苦さと、グレープフルーツのさわやかな酸味が調和。軽い口当たり

アルコール度：弱

★作り方

グラスに材料と氷を入れてステア。グレープフルーツを飾る。

カンパリ　30ml

アルコールはここだけ

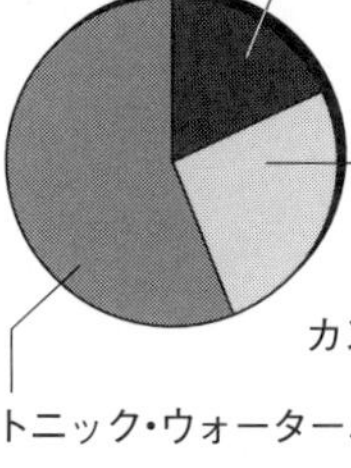

グレープフルーツ・ジュース
45ml

カンパリの赤い色が鮮やか。

トニック・ウォーター、氷　適量

そのほかのおすすめカクテル

アメリカン・レモネード

主な材料は赤ワインとレモン・ジュース。甘酸っぱい味。アルコール度は弱（レシピはP213）。

アプリコット・クーラー

アプリコットの香り。ソーダで割る。アルコール度は弱（レシピはP209）。

ボッチ・ボール

アーモンドの香りがするアマレットというリキュールを、オレンジジュース、ソーダで割る。アルコール度は弱（レシピはP212）。

レッド・アイ

ビールをトマト・ジュースで割る。アルコール度は弱（レシピはP141）。

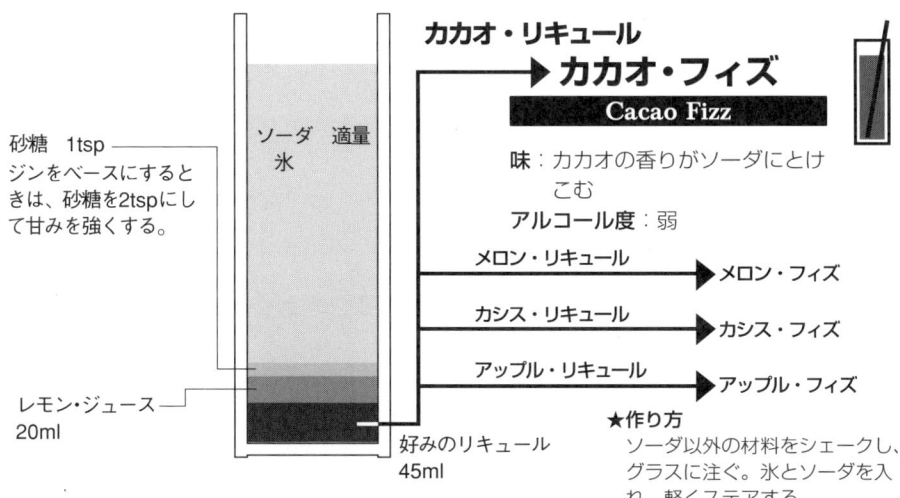

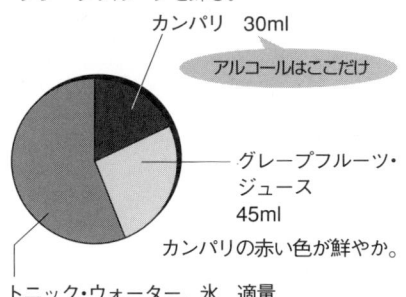

ビトウィーン・ザ・シーツ。意味深な名前のカクテルを

「今夜はちょっぴりエッチな気分かも」というときは、さりげなくセクシーなネーミングのカクテルを注文して、相手にアピールしてみてはいかがだろう。

たとえば、ビトウィーン・ザ・シーツ。「ベッドに入って」という意味深なネーミングで、欧米では寝る前に飲むナイト・キャップ・カクテルとして人気がある。ただし、アルコール度は高い。相手を誘う前に、自分が酔ってしまったなんてことにならないように注意しよう。

もっと露骨で大胆なネーミングのカクテルもある。セックス・オン・ザ・ビーチとオーガズムだ。どちらもトム・クルーズ主演の映画『カクテル』に登場して、日本でも知られるようになったカクテルである。オーガズムは、リキュールのベイリーズなどを使ったカクテルで、口当たりのよい甘口だ。ただし、頼むのにはかなりの勇気を要するが……。

もっと純粋かつ情熱的に誘惑するなら、燃える炎を連想させるキッス・オブ・ファイヤーを。これは一九五三年のオール・ジャパン・ドリンクス・コンクールで優勝した、日本人の創作したカクテルである。

ビトウィーン・ザ・シーツ
Between the Sheets

味：辛口。ブランデー、ラム、キュラソーと、3種類の酒が入り、複雑な味わい

アルコール度：強

★作り方

材料をシェークし、カクテル・グラス（P70参照）に注ぐ。

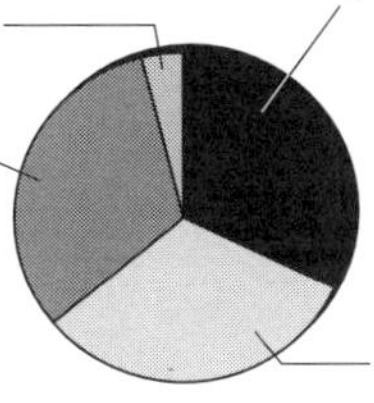

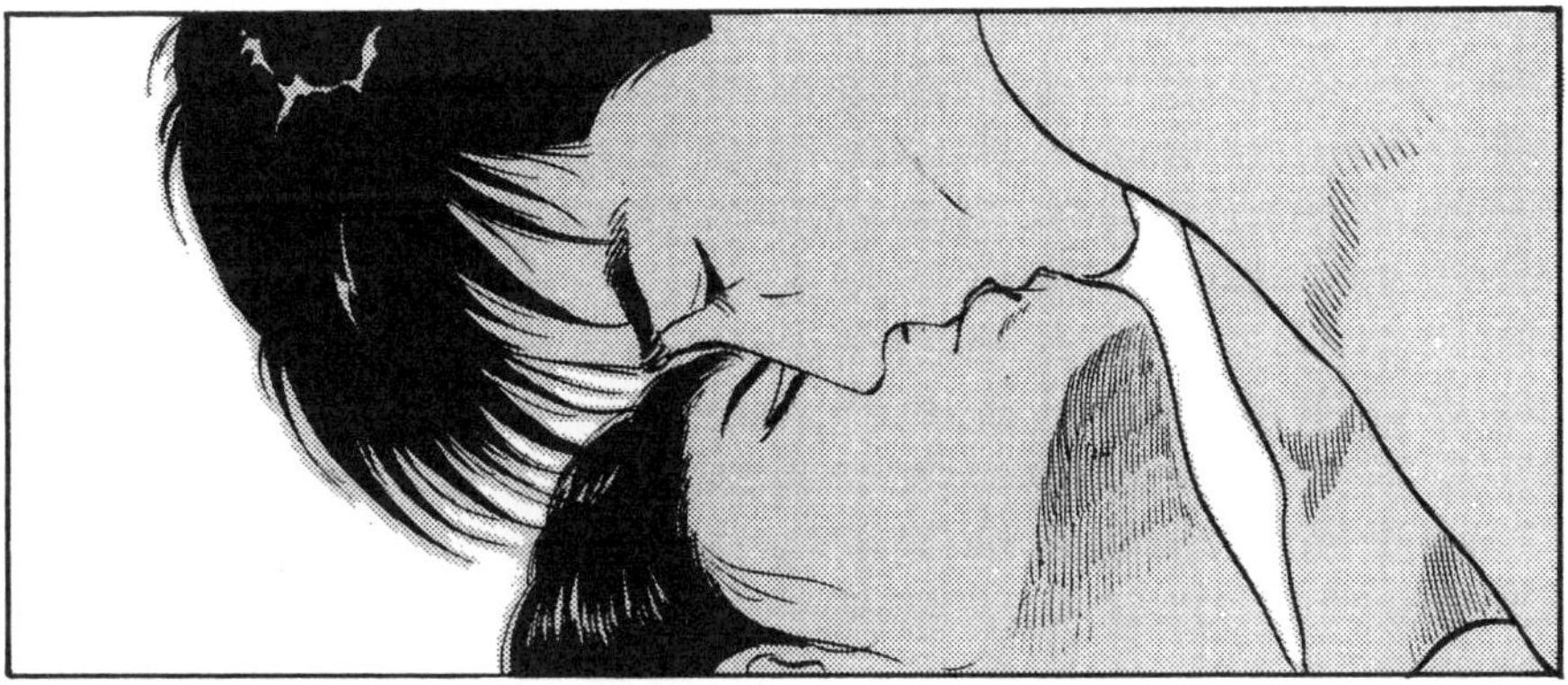

セックス・オン・ザ・ビーチ
Sex on the Beach

味：甘口。木イチゴ、パイナップルの香りがする、フルーティーな味

アルコール度：やや弱

★作り方

材料をシェークし、クラッシュド・アイスを入れたグラスに注ぐ。

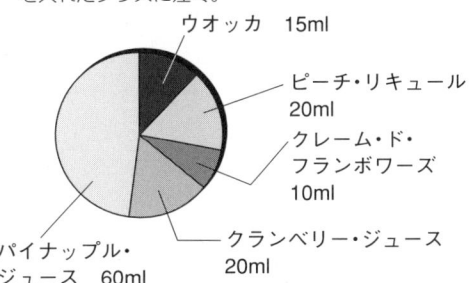

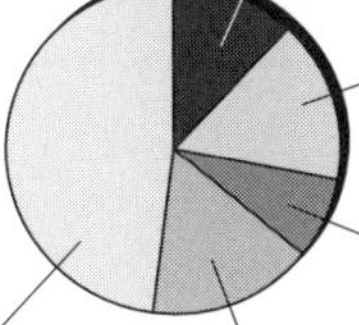

そのほかのおすすめカクテル

キッス・オブ・ファイヤー
苦味と甘酸っぱさがとけあう。色は鮮やかな赤。アルコール度はやや強（レシピはP199）。

オーガズム
ベイリーズという、ウイスキーとクリームでできた酒を使う。かなり甘い。アルコール度は中（レシピはP209）。

やわらかいピンク色。バーによってレシピがかなり異なるカクテルの1つ。

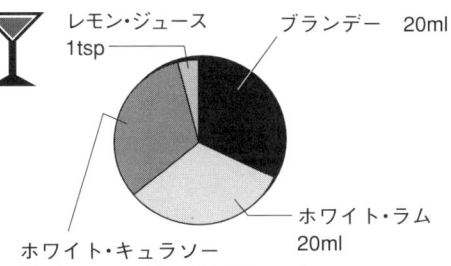

マティーニ、マンハッタン。ディナーの前の、至福の一杯

アペリティフという言葉を聞いたことがあるだろうか。食前酒のことで、のどをうるおし、食欲を増進させる効果がある。カクテルというと、日本では食後に飲む酒というイメージが強いが、海外のレストランではまずバーでカクテルを一杯飲み、それから食事をする人が多い。

アペリティフ・カクテルは、料理の味を壊さないように、甘みを抑えた、さっぱりしたものが中心である。酒に強い人であれば、アルコールは強めのほうが食欲がより刺激される。

代表的な食前向けカクテルといえば、マティーニとマンハッタンである。マティーニは〝カクテルの王様〟と呼ばれ、世界中どこのバーでも、もっとも人気の高いカクテルである。それだけに、レシピにこだわりをもつプロも多く、なんとマティーニだけで二五〇以上ものレシピがある（七六頁参照）。一般的に、ドライ（辛口）な味わいのほうが人気が高い。

マティーニに対して、〝カクテルの女王〟と呼ばれているのがマンハッタンだ。しっとりと香り高く、ほのかに甘いカクテルだが、辛口のドライ・マンハッタンもあるので、好みで選びたい。

一流の人はこだわり方も一流なんだ

Q マティーニはどこまでドライにできるの？

A マティーニは、ベルモットの量が少ないほどドライになります。エクストラ・ドライ（超辛口）のマティーニを好んだ人物として有名なのが、イギリスのチャーチル元首相（1940～45、51～55年在任）。ベルモットの瓶を眺めながらドライ・ジンを飲んだ話は、よく知られています。また、執事にベルモットでうがいをさせ、グラスに注いだジンに「ベルモット」とささやかせて飲んだともいわれます。

名優クラーク・ゲーブル（1901～60年）も、大のドライ好き。ベルモットの瓶を逆さにして振り、ベルモットのしみ込んだ栓をグラスにさっとこすりつけ、それにドライ・ジンを注いで飲んでいたそうです。

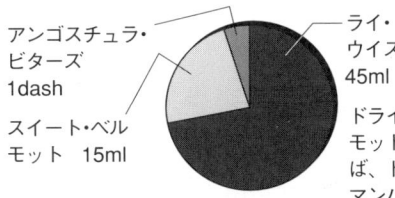

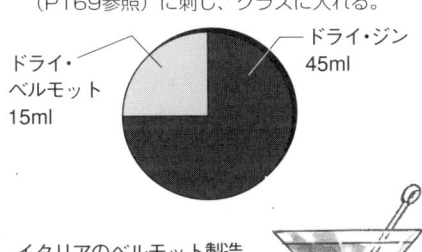

マティーニ
Martini

味：ジンの個性の強い味に、ベルモット（香草入りのワイン）が香る

アルコール度：強

★作り方

材料をステアし、カクテル・グラスに注いで好みでレモン・ピール（P188参照）をしぼる。オリーブをカクテル・ピン（P169参照）に刺し、グラスに入れる。

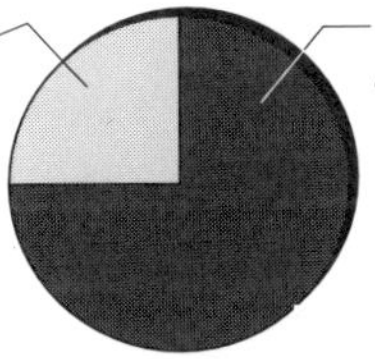
ドライ・ジン 45ml
ドライ・ベルモット 15ml

イタリアのベルモット製造会社、マルティニ・エ・ロッシ社が自社のベルモットを使ったカクテルを「マルティニ・カクテル」と呼んだのが、名前の由来だといわれている。

マンハッタン
Manhattan

味：ベルモットの甘い香りとウイスキーの芳醇《ほうじゅん》な香り。チェリーを口に含むと、甘さが一体となる

アルコール度：強

★作り方

材料をステアして、カクテル・グラスに注ぐ。レッド・チェリーをカクテル・ピンに刺し、グラスに入れる。レモン・ピールをしぼる。

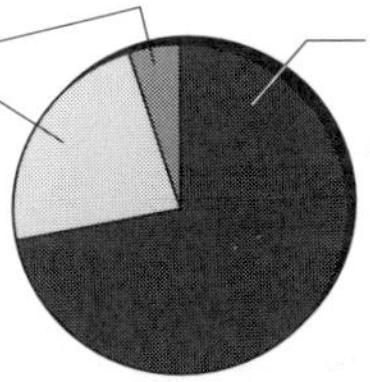
アンゴスチュラ・ビターズ 1dash
ライ・ウイスキー 45ml
スイート・ベルモット 15ml

ドライ・ベルモットを使えば、ドライ・マンハッタン。

そのほかのおすすめカクテル

バンブー

辛口。ドライ・シェリーとドライ・ベルモットを使う。アルコール度は中（レシピはP214）。

今 京都のバーでマンハッタンを飲んでいるんです

ハーベイ・ウォールバンガー。甘くて軽い口当たりにご用心

大好きなアノ人に告白したい。でも、面と向かって愛を告白するのは、いくつになっても勇気がいる。そんなときは、ちょっと姑息だが、酒の力を借り、相手を酔わせてくどき落とすという手もある。

その場合のカクテルは、アルコールが強いのに、それを感じさせない口当たりのよいものを選ぶことがポイントだ。これを俗にレディ・キラー・カクテルといい、有名なものにウオッカをオレンジ・ジュースで割ったスクリュードライバー（レシピは一九九頁）がある。ウオッカは無味無臭に近いうえ、オレンジの風味が表立つため、酒の分量をかなり増やしてもわからない。女性を酔わせるには最適なカクテルなのである。

もっと知られていないものをということなら、ハーベイ・ウォールバンガーあたりがおすすめだ。これは、スクリュードライバーにガリアーノというバニラの香りがするリキュールを加えたカクテル。アルコールは結構強いのだが、スクリュードライバー以上に飲みやすい。

ただし、純粋な愛を示すならピンク・レディやホワイト・レディなど、愛らしいカクテルで気を引くことをおすすめするが……。

カクテルはいつだって恋の媚薬になる。男性諸君、狙っている女性がいたら、ハーベイ・ウォールバンガーを注文してあげては？

ハーベイ・ウォールバンガー

Harvey Wallbanger

味：オレンジ・ジュースの味をベースにバニラや薬草が香る

アルコール度：中

★作り方

氷を入れたグラスにウオッカとオレンジ・ジュースをステアし、ガリアーノを浮かべる。

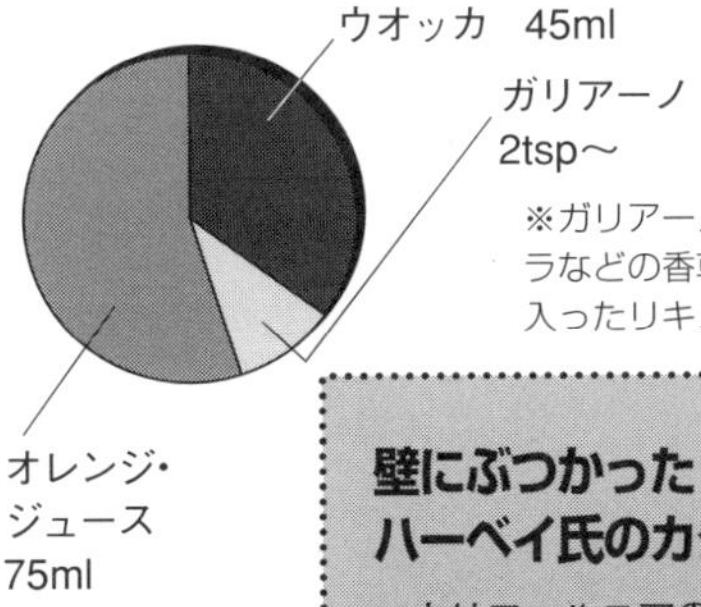

ウオッカ　45ml
ガリアーノ 2tsp～
オレンジ・ジュース 75ml

※ガリアーノは、バニラなどの香草や薬草が入ったリキュール。

見た目はオレンジ・ジュースと同じ。

壁にぶつかったハーベイ氏のカクテル

カリフォルニアのサーファーチャンピオン、ハーベイ氏が、重大な試合に勝った（あるいは負けた）ときに飲んだカクテルといわれる。彼は酔っ払って壁（Wall）にバーン（Bang）とぶつかったことから、この名前がついた。

また、ハーベイ氏はガリアーノのセールスマンで、このカクテルを自分で作って飲み、酔って壁に頭をぶつけながら売り込んでまわったという説もある。

そのほかのおすすめカクテル

ロング・アイランド・アイス・ティー

紅茶を使わないのに、アイスティーの味と色をしている。コーラやレモン・ジュースのほか、蒸留酒を４種類も混ぜる。アルコール度は中（レシピはP198）。

ピンク・レディ

中甘口。卵白が入ってまろやかな口当たり。鮮やかなピンク色。アルコール度はやや強（レシピはP198）。

モスコー・ミュールにシャンディ・ガフ。口当たりのよさで一気飲み

最初の一杯はビールでキメる人が多い。確かに、のどがカラカラにかわいているときのビールは最高にうまい。「生きててよかったあ！」と思わず歓声がもれちゃう至福の一瞬である。

しかし、たまには趣向を変え、カクテルでのどのかわきをうるおしてみてはいかがだろう。ビールとはまたひと味違った爽快感が得られる。

その場合のカクテル選びのポイントは、のどごしがさわやかで、アルコールのあまり強くないものを選ぶことだ。具体的には、ロング・ドリンクのなかでも炭酸で割ったものや、ビールベースのものがおすすめである。

いち押しは、モスコー・ミュールというカクテル。ウオッカをジンジャー・ビアー、あるいはジンジャー・エールで割ったもので、炭酸の刺激とライムの香りが、さわやかにのどのかわきをしずめてくれる。

シャンディ・ガフというカクテルも、かわいたのどにＧｏｏｄ。ビールをジンジャー・エールで割ったもので、昔からイギリスで仕事帰りのビジネスマンに親しまれているカクテルだ。

飲みすぎには注意しよう

Q モスコー・ミュールってどういう意味？

A モスコーはモスクワのことです。ロシアの地酒、ウオッカをベースに使っていることから、この名前がつけられているのでしょう。

ミュールはラバの意味。ラバには後ろ足で蹴る習性があることから、まるでラバにキックされたときのようにすぐきく、パンチのある酒という意味合いです。ミュールにはアルコールを多く含んだ飲み物、あるいは頑固者といった意味もあります。

モスコー・ミュールは、ウオッカがアメリカでポピュラーなお酒となるきっかけを作ったカクテルともいわれています。

モスコー・ミュール
Moscow Mule

味：ジンジャーの香りと炭酸の刺激がのどに爽快

アルコール度：やや弱

★作り方

氷を入れたグラスに材料を注ぎ、軽くステアする。ライムを飾る。

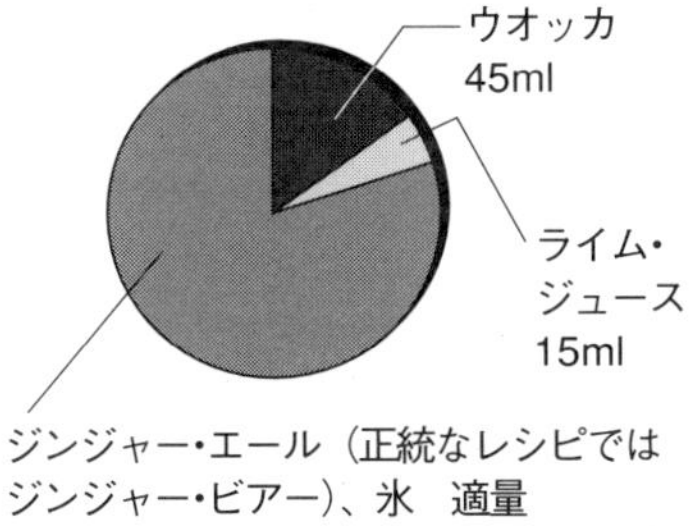
ウオッカ
45ml
ライム・
ジュース
15ml
ジンジャー・エール（正統なレシピでは
ジンジャー・ビアー）、氷　適量

モスコー・ミュールは銅製のマグカップで飲む

モスコー・ミュールは、銅製のマグカップで飲むのが正しいといわれている。

このカクテルを考えたレストランのオーナーが、ウオッカと銅製のマグカップを扱っている友人と協力。

モスコー・ミュールを銅製のマグカップで飲むことを広めた、という話がもとになっている。

ビールを使ったカクテルのアルコール度

カクテルに使う酒の中では、ビールのアルコール度がもっとも弱く、約4度。ただし、ビールを使ったカクテルの中には、アルコール度が倍以上になるものもある。

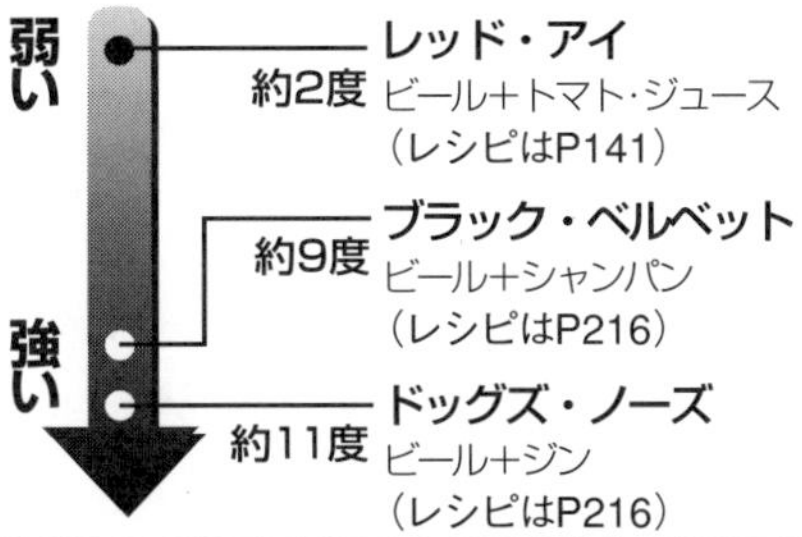
弱い
強い
レッド・アイ
約2度
ビール＋トマト・ジュース
（レシピはP141）
ブラック・ベルベット
約9度
ビール＋シャンパン
（レシピはP216）
ドッグズ・ノーズ
約11度
ビール＋ジン
（レシピはP216）

シャンディ・ガフ
Shandy Gaff

味：ジンジャー・エールがビールと調和。飲みやすい

アルコール度：弱

★作り方

グラスにビールを注ぎ、ジンジャー・エールを満たす。

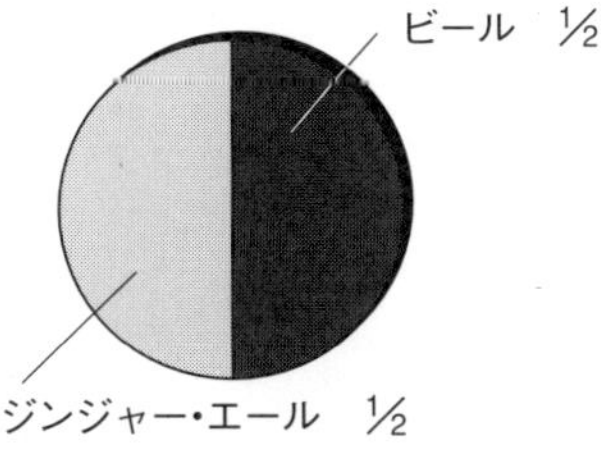
ビール　½
ジンジャー・エール　½

そのほかのおすすめカクテル

ジン・トニック

中辛口。ジンとトニック・ウォーター（P171参照）に含まれる薬草や香草の香りがさわやか。アルコール度はやや弱（レシピはP195）。

モジート

ゴールド・ラム（P116参照）とライム、ミントを使う。すがすがしい味と香り。アルコール度は中（レシピはP202）。

オールドファッションド。昔を思い出しながら一人静かに……

仲間とワイワイ陽気な酒も楽しいが、たまには一人静かに、昔のよき思い出などにひたりながら飲むのもよいものだ。

孤独な酒を味わうなら、ゆっくり時間をかけて飲むタイプのカクテルを選びたい。また、明るく華やかなものより、クラシカルな雰囲気のカクテルのほうが絵になるし、気分も出る。

オールドファッションドは、その〝古典的スタイル〟というネーミングからして、まさに昔を思い出しながら飲むのにピッタリのカクテルといえよう。アメリカ・ケンタッキー州で生まれ、ケンタッキー・ダービーのときに飲まれて広まった。一〇〇年以上もの歴史ある酒だ。マドラーで角砂糖やフルーツをつぶして、自分で味を調整しながら飲む。マドラー片手に、じっくり物思いにふけってほしい。

ギムレットも、一人孤独に味わうのが似合うカクテル。ギムレットとは、大工道具の錐《きり》の一種で、刺すような鋭いのどごしから、その名がついたといわれている。クラシック・スタイルをはじめ、色々なレシピがある。自分のこだわりの味を探すのもいいだろう。

フィリップ・マーロウが登場する小説だよ

Q ギムレットのクラシック・スタイルとは？

A ギムレットは、レイモンド・チャンドラーの小説『長いお別れ』の中に出てきた、「ギムレットには早すぎる」というセリフで一躍有名になったカクテルです。この本の中に、「本当のギムレットは、ジンとローズ社のライム・ジュースを半分ずつ。ほかには何も入れないんだ」というセリフも出てくるのですが、これがすなわちクラシック・スタイルのレシピです。

スタンダードなレシピはジンが3/4にライム・ジュースが1/4。このほか、生のライムをしぼったり、ベースをウオッカに替えたりしたレシピも人気があります。

オールドファッションド
Old-Fashioned

味：フルーツが香る芳醇な味わい
アルコール度：強
★作り方
オールドファッションド・グラス(P70参照)にビターズをしみ込ませた角砂糖を入れる。氷とウイスキーを入れ、スライス・オレンジやスライス・レモン、カクテル・ピンに刺したチェリーを飾る。

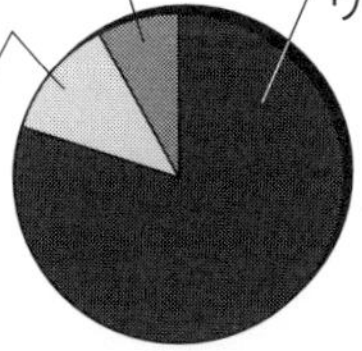
アンゴスチュラ・ビターズ
2dashes
バーボン（またはライ）・ウイスキー　45ml
角砂糖　1個

添えられたマドラーで、グラスに入っているオレンジやレモンをつぶす。飲むときはマドラーをはずす。

ギムレット（クラシック・スタイル）
Gimlet

味：ライムの酸味とほろ苦さが絶妙
アルコール度：中
★作り方
材料をシェークし、カクテル・グラスに注ぐ。

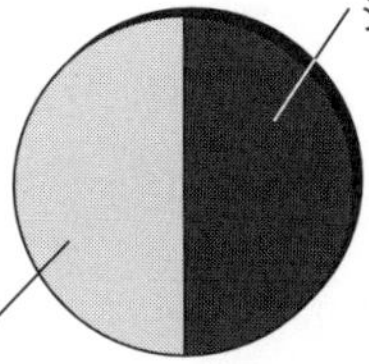
ジン　1/2
ライム・ジュース（ローズ社のもの）　1/2

そのほかのおすすめカクテル
ラスティ・ネイル
コクのある甘い香り。名前は、“さびた釘”、“古めかしい”といった意味。アルコール度は強（レシピはP207）。

1人で飲んで、涙を流したい気分の日だってある

ホット・バタード・ラム。体の芯から温まるホット・カクテル

日本酒に冷酒と熱燗《あつかん》があるように、カクテルにもコールド・ドリンクと、ホット・ドリンクがある。ホット・ドリンクとは、酒に熱湯やホットミルクなどを加えて、熱くして飲むスタイルのカクテルをいう。

カクテルの基本はコールドだが、このホットの存在も知っておくと便利だ。冬の寒い日には、体が芯から温まる。湯気とともに立ちのぼる甘い香りには心身をリラックスさせる効果もある。寝酒としても最適だ。アルコール度が弱いので、酒の弱い人にも向いている。

代表的なものに、ホット・バタード・ラムやホット・ブランデー・エッグ・ノッグ、ホット・ワイン・グロッグなどが挙げられる。

ホット・バタード・ラムは、ダーク・ラムにバターを浮かべたコクのあるカクテル。ホット・ブランデー・エッグ・ノッグは、アメリカではクリスマスや新年に家族で楽しむカクテルで、洋酒入りのミルク・セーキ、もしくは洋風卵酒と思ってもらえばわかりやすいだろう。

いずれも栄養価が高いので、風邪をひいたときや弱っているときにも効き目がある。体だけでなく、心もポカポカしてくるゾ。

ベッドの横に酒を置いておこうかな

Q 寝酒にはどんなカクテルが向く？

A 日本では寝酒ですが、英語でカッコよくいうとナイト・キャップとなります。ナイト・キャップとは、心地よくグッスリ眠れるように、ベッドに入る前に飲むお酒のことです。

どんなお酒も体を温めて、眠りを促す効果があります。基本的には自分の好きなものを選べばよいと思います。ただ、一般的には、ブランデー・ベースのものや卵を使ったものなど、濃厚な味わいのカクテルがナイト・キャップには向いているといわれています。

また、ホット・ミルクには催眠効果があります。ミルクの入ったカクテルもよいでしょう。

ホット・バタード・ラム

Hot Buttered Rum

味：ダーク・ラムの濃厚な味とバターのコクがマッチ。シナモンの香り

アルコール度：弱

★作り方

黒砂糖を少量の熱湯でとかし、ラムをグラスに注いで軽くステアする。バターを浮かべ、好みでシナモン・スティックを添える。

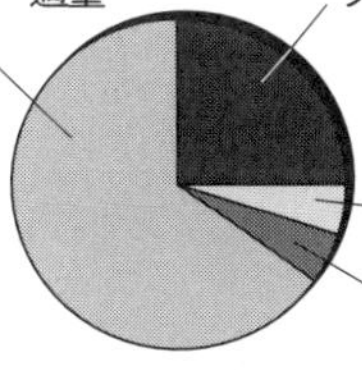
熱湯　適量
ダーク・ラム　45ml
黒砂糖　1tsp
バター　一片

そのほかのおすすめカクテル

ホット・ワイン・グロッグ

温かくした赤ワインに、砂糖やラムレーズン、アーモンドをプラス。アルコール度はやや弱（レシピはP215）。

ホット・ブランデー・エッグ・ノッグ

ブランデーとラムに卵と牛乳が入り、栄養がある。アルコール度は弱（レシピはP209）。

シナモン・スティックが添えてある場合は、マドラーと同じように使ってかき混ぜ、好みの香りに調節する。

こんな寒い日にはバーへ行って熱々のラムでもひっかけるか

アレキサンダー、スティンガー、サイドカー。食後に向く三つの味わい

食後向きのカクテルには、口直しと消化を促進する働きがある。これをアフター・ディナー・カクテルという。リキュールやブランデーを使った甘くて濃厚な味わいのものが多く、デザート感覚で楽しめる。

ここで紹介するのは、澤井氏おすすめのアフター・ディナー・カクテル三品だ。いずれもブランデーがベースになっているが、混ぜるリキュールの違いによって、まったく違う味わいに仕上がっている。

まず一つ目は、カカオのリキュールと生クリームを使ったアレキサンダー。甘い香りとクリーミィーな口当たりは、まるでケーキのよう。

大人の味を好む人は、サイドカーを味わってみるといい。コアントローという、オレンジの果皮でできたリキュールを加えている。第一次世界大戦中のパリで、サイドカー（バイクの横に取り付ける乗り物）を走らせる軍人たちが愛したという、ブランデーの風味豊かなカクテルだ。

口の中をさっぱりさせたい人は、ペパーミント・リキュールを使ったスティンガーを。スティンガーとは〝動物の針〟という意味で、その名のとおり、ピリッと突き刺すような鋭い味わいだ。

ナツメグをふりかけるバーもあるよ

Q アレキサンダーって誰かの名前？

A アレキサンダーは、イギリス皇太子のエドワード７世とデンマーク王女アレキサンドラとの結婚を記念して作られた、といわれているカクテルなんです。そのため、当初は「アレキサンドラ」というネーミングだったのですが、いつの間にか「アレキサンダー」と呼ばれるようになり、今にいたっています。

ちなみに、ジャック・レモンの主演映画『酒とバラの日々』で、主人公の夫がお酒を飲まない妻にすすめて、彼女をアルコール中毒にしてしまったのも、このカクテルなんです。それだけ口当たりがよいということなので、くれぐれも飲みすぎには注意してください。

アレキサンダー
Alexander

味：甘口。カカオの香りと生クリームが濃厚にマッチ

アルコール度：やや強

★作り方
材料をシェークし、カクテル・グラスに注ぐ。

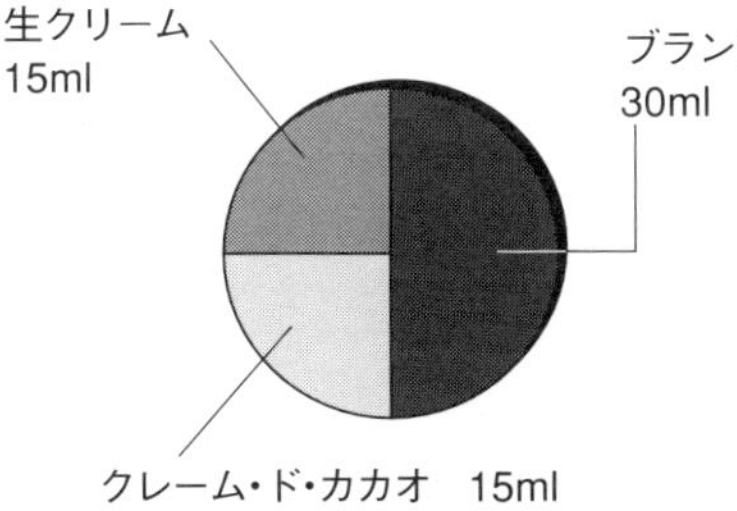
生クリーム
15ml
ブランデー
30ml
クレーム・ド・カカオ　15ml

ベースをウオッカにすると「バーバラ」というカクテルになる。

スティンガー
Stinger

味：舌をピリッと刺すような、ペパーミントの味わい

アルコール度：強

★作り方
材料をシェークし、カクテル・グラスに注ぐ。

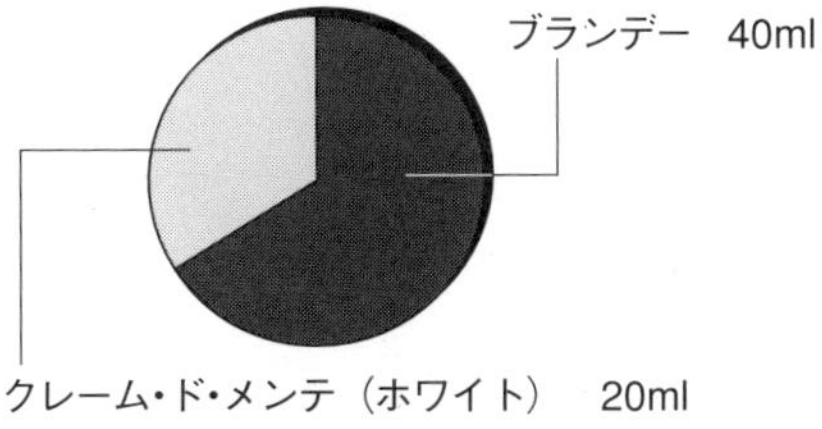
ブランデー　40ml
クレーム・ド・メンテ（ホワイト）　20ml

クレーム・ド・メンテはペパーミントのリキュール。ホワイトとグリーンがある。

サイドカー
Side-Car

味：ブランデーとオレンジのあでやかな香り

アルコール度：やや強

★作り方
材料をシェークし、カクテル・グラスに注ぐ。

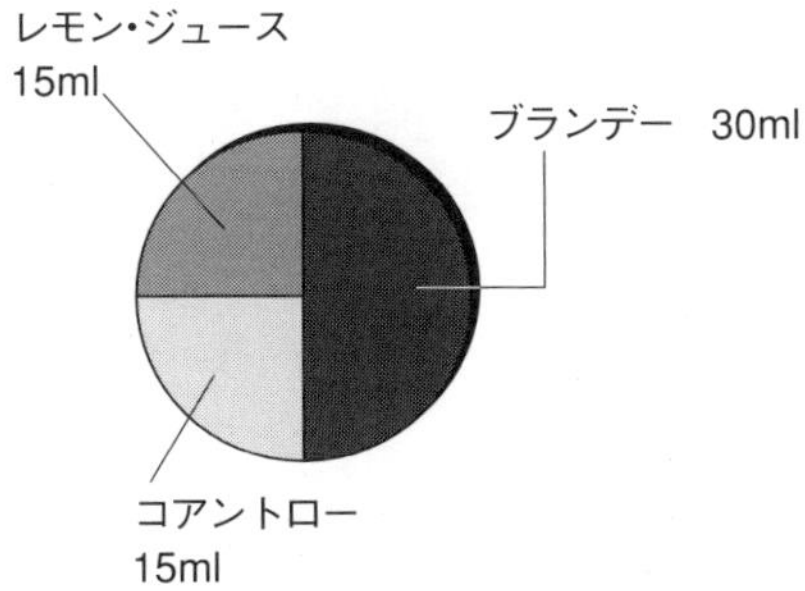
レモン・ジュース
15ml
ブランデー　30ml
コアントロー
15ml

オレンジ色のカクテル。コアントローは、キュラソーと呼ばれるオレンジ・リキュールの代表銘柄（P129参照）。

そのほかのおすすめカクテル

ゴールデン・キャデラック
バニラとカカオの香りが生クリームにとけこむ。アルコール度は中（レシピはP210）。

グラスホッパー
ペパーミントとカカオのリキュールが、生クリームでまろやかに。薄い緑色。アルコール度は中（レシピはP54）。

シャーリー・テンプル、フロリダ。アルコール抜きのカクテルもある

酒は気持ちを高揚させ、コミュニケーションを円滑にする。しかし、酒がまったく飲めない人は、そのテンションになかなかついていけず、職場でも、仲間どうしの飲み会でもつらい思いをする。

このような人は、バーに行ったらノン・アルコール・カクテルを注文することだ。これは、アルコールが入っていないカクテルのことで、酒がまったく飲めない人のための社交用ドリンクといっていいだろう。

代表的なものに、シャーリー・テンプルやフロリダなどが挙げられる。見た目はカクテルそのものなので、その場の雰囲気を壊すこともなく、本人も酒を飲んでいる気分を味わうことができる。

また、こっそりバーテンダーに頼んで、ソフト・ドリンクをスタンダード・カクテルのように見せかけてもらうこともできる。たとえば、ジンジャー・エールにライムを入れて、モスコー・ミュールのように見せたり、カクテル・グラスの縁に塩をつけてからグレープフルーツ・ジュースを入れて、マルガリータ（レシピは五五頁）を装うこともできる。パーティーなどでも使えるほうほうなので、ぜひ覚えておくといいだろう。

ごめんなさい
私　お酒が
飲めないんです

大丈夫
フロリダを
頼んであるんだ

シャーリー・テンプル
Shirley Temple

味：ジンジャー・エールとグレナデン・シロップの甘い味わい
アルコール度：なし
★作り方
レモンの皮をらせん状にむき、端だけ縁にかけてグラスに入れる。氷と材料を入れ、軽くステアする。

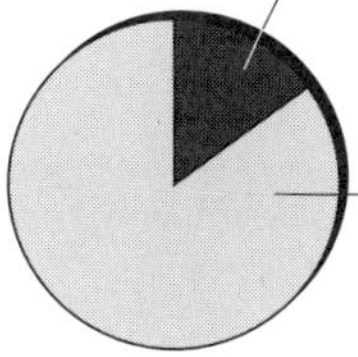
グレナデン・シロップ　20ml
ジンジャー・エール（あるいはレモネード）、氷　適量

グレナデン・シロップは、ザクロで風味をつけた赤いシロップ。レモンの飾り方は、ブランデー・ホーセズ・ネック（レシピはP127）と同じ。

フロリダ
Florida

味：オレンジとレモンでさわやかな酸味
アルコール度：ほぼなし
★作り方
材料をシェークし、カクテル・グラスに注ぐ。

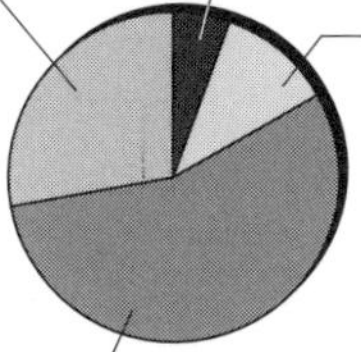
レモン・ジュース
20ml
アンゴスチュラ・ビターズ
2dashes
砂糖　1tsp
オレンジ・ジュース　40ml

ほのかな酒の香り
フロリダは、アメリカの禁酒法時代に生まれた。アンゴスチュラ・ビターズの2dashes（約2ml）のみが、わずかなアルコール分になっている。

同じ名前で、ジンをベースにしたカクテルもある。

そのほかのおすすめカクテル
シンデレラ
オレンジ、レモン、パイナップルのジュースをミックス。甘口（レシピはP217）。
プッシー・フット
オレンジとレモンにグレナデン、卵黄が入る。甘酸っぱい。ピンク色（レシピはP217）。
サラトガ・クーラー
ジンジャー・エールとライム。見た目が「モスコー・ミュール」（P29）に似ている（レシピはP217）。

フローズン・ダイキリ。著名人も恋焦がれた真夏の味

ジリジリと身を焦がす灼熱《しゃくねつ》の太陽の下では、体を冷やしてくれるフローズン・スタイルのカクテルがいい。フローズン・スタイルとは、材料とクラッシュド・アイス（細かく粒状に砕いた氷）をミキサーにかけて、シャーベット状にしたカクテルをいう。

数あるフローズン・スタイルのカクテルのなかで、もっとも人気があるのは、フローズン・ダイキリだ。これは、灼熱の国キューバの鉱山で生まれたダイキリというカクテルを、フローズン・タイプにアレンジしたもの。文豪ヘミングウェイが愛飲していたことでも知られる。

常夏《とこなつ》の国シンガポールで生まれたシンガポール・スリングも、真夏が似合うカクテルだ。シンガポールの名門ホテル、ラッフルズ・ホテルが、シンガポールの夕焼けをイメージして作った。このホテルは、イギリスの作家サマセット・モームが〝東洋の神秘〟と賛美し、こよなく愛したことでも知られる。きっとモーム氏も、シンガポール・スリングのグラスを片手に、ホテルの窓辺から夏の美しい夕焼けを眺めていたに違いない。

『武器よさらば』にもカクテルが登場するよ

Q ヘミングウェイはカクテル好きだった？

A ヘミングウェイといえば、酒豪で知られる人物です。フローズン・ダイキリを砂糖抜きのダブルで10杯飲んでいたとか、パリのリッツ・ホテルでマティーニを１人で50杯も飲んだとか、お酒に関する逸話には事欠きません。

彼の小説にも幾度となくカクテルが登場しています。『海流の中の島々』ではフローズン・ダイキリが、『河を渡って木立の中へ』では、ジンとベルモットの割合を15対１にした超ドライ・マティーニが登場します。彼の男らしい生き方と、乾いた文体でつづられた世界には、ドライ・マティーニがよく似合います。

フローズン・ダイキリ
Frozen Daiquiri

味：中辛口。清涼感のある味わい
アルコール度：弱

★作り方
材料とクラッシュド・アイスをミキサーにかけ、グラスに注ぐ。

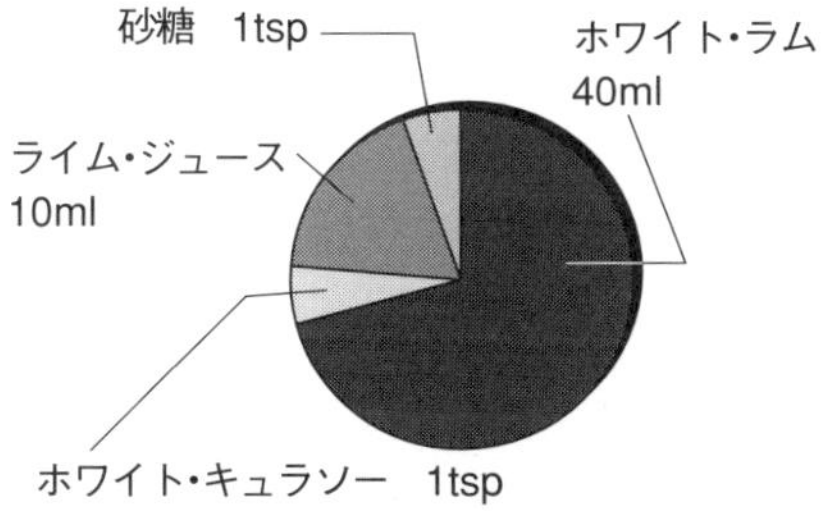
砂糖　1tsp
ホワイト・ラム 40ml
ライム・ジュース 10ml
ホワイト・キュラソー　1tsp

シンガポール・スリング
Singapore Sling

味：ジンとチェリー・ブランデーが複雑な味わい
アルコール度：中

★作り方
ソーダ以外の材料をシェークしてグラスに注ぎ、ソーダと氷を加える。軽くステアし、パイナップルやチェリーなど、フルーツを飾る。

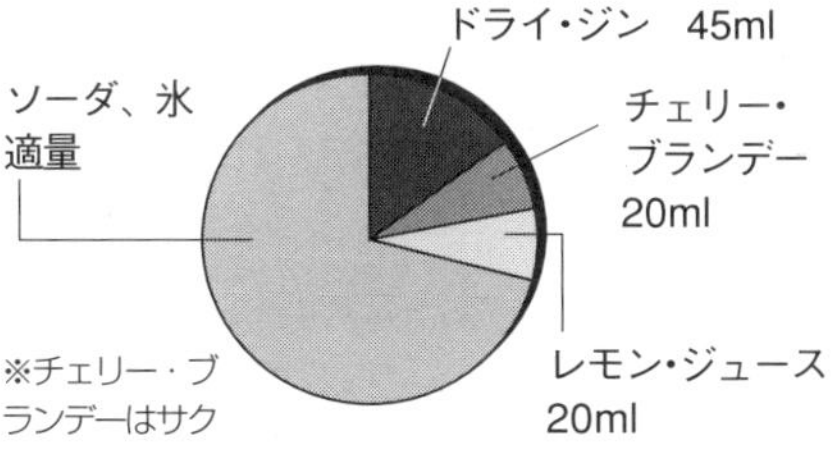
ドライ・ジン　45ml
ソーダ、氷 適量
チェリー・ブランデー 20ml
レモン・ジュース 20ml

※チェリー・ブランデーはサクランボのリキュール。

夕焼けを思わせるピンクがかった赤い色。本家ラッフルズ・ホテルのレシピでは、８種類の材料を混ぜ、何種類ものフルーツを飾る。

そのほかのおすすめカクテル

フローズン・マルガリータ
グラスの縁についた塩をなめながら飲む。冷たいのどごし。アルコール度は弱（レシピはP204）。

フローズン・カクテルをもっともおいしくさせるのは、真夏の太陽。

サンフランシスコ、コペンハーゲン。カクテルで世界旅行に出かけよう

カクテルには街や国をイメージして作られたものがあり、その地名や国名をそのまま名前にしたものも多い。アメリカならニューヨークにマイアミ、サンフランシスコ。ヨーロッパならロンドンにコペンハーゲン。アジアならシャンハイにヨコハマなど、実に様々。

ときには、こうした地名・国名のついたカクテルを選んで、その国を思い浮べながら、居ながらにして異国情緒を味わうのもいいものだ。もっとスケールを大きく、世界一周旅行を夢見るなら、アラウンド・ザ・ワールド（世界一周）なんていうカクテルもある（レシピは一九四頁）。ペパーミントのさわやかな香りと深みのあるエメラルド・グリーンが、果てしない冒険の旅へと誘ってくれるだろう。

海外のバーを空想しながら飲むのも楽しい。バーはアメリカで始まり、ヨーロッパで栄えたといわれる。アメリカのバーはみんなでワイワイ楽しむために、ヨーロッパのバーは落ち着いた重厚なムードがあり、ゆったりリラックスするために行くところだと、澤井氏はいう。ちなみに日本のバーは、その中間に位置しているそうだ。

ベニスのハリーズ・バーが一番有名なんだって

Q 海外のバーのステキなエピソードはありますか？

A ヨーロッパには、ハリーズ・バーという名門バーがあります。ベニス、ローマ、パリの店を、三大ハリーズ・バーといいます。

このうち、パリのバーでは、立って飲む人がいるほど混んでいても、いつも奥のテーブルが１つだけ空いていました。毎晩９時頃になると、杖をついた老女がそこに座り、ポート・ワインを１杯だけ飲むのです。

彼女は、実は若い頃から毎日のように夫とハリーズ・バーに来ていた常連さんでした。夫が亡くなってからも通い続ける彼女のために、店主もほかのお客さんも毎日テーブルを空けておき、彼女が亡くなるまでそれは続いたそうです。

サンフランシスコ
San Francisco

味：甘酸っぱい香り。色は鮮やかな赤

アルコール度：中

★作り方

材料をステアし、カクテル・グラスに注ぐ。カクテル・ピンに刺したレッド・チェリーを飾る。

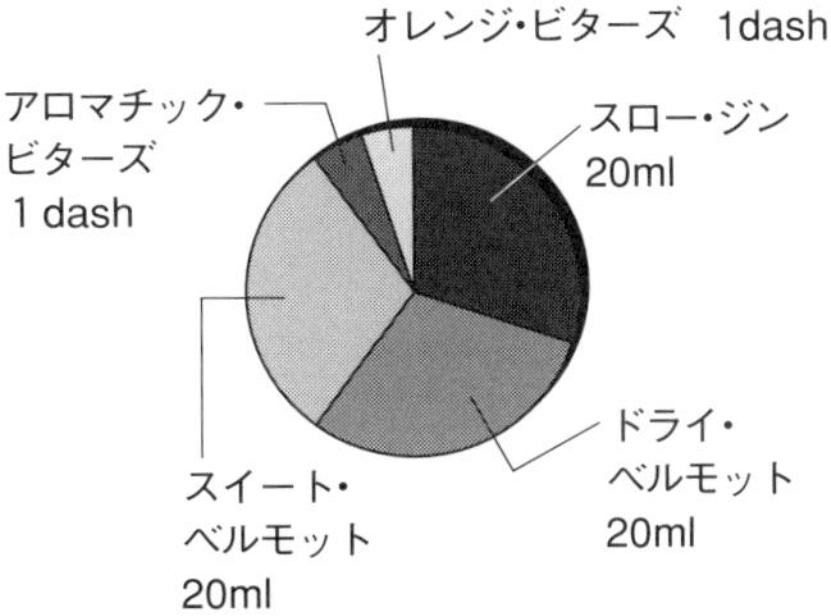

オレンジ・ビターズ　1dash
スロー・ジン 20ml
アロマチック・ビターズ 1 dash
スイート・ベルモット 20ml
ドライ・ベルモット 20ml

※スロー・ジンは、スローベリーというスモモの一種を原料としたリキュール。

そのほかのおすすめカクテル

コペンハーゲン

アクアヴィットというジャガイモを原料とした北欧生まれの酒に、マンダリン（オレンジの一種）のリキュールと、ライム・ジュースが入る。フルーティーな香り。アルコール度はやや強（レシピはP217）。

サンフランシスコでも飲もうぜ
FISHERMANS WHARF OF SAN FRANCISCO
ボオーーッ
うん

パラダイス、ミント・ジュレップ。明るく楽しいイメージのカクテルを

友だちと楽しく酒を飲みたいというときは、気分がウキウキして舌がなめらかになるような、明るいイメージのカクテルを選びたい。楽しいネーミングのものや、気分が華やぐ外見や味わいのものを注文しよう。ただし、アルコール度の強すぎるものは、舌がなめらかになるどころか、舌が回らなくなってしまうのでNG。ほろ酔い気分で話せるように、適度な強さのものを選択することも大事なポイントである。

おすすめなのは、パラダイスというカクテル。ネーミングの響きからして明るくハッピーだし、ひと口飲むだけでアプリコットとオレンジのフルーティーな香りと甘酸っぱさが口いっぱいに広がって、心も自然と浮き立ってくるはずだ。

アルコールは少し強いが、ミントがすっきりさわやかに香る、ミント・ジュレップもいい。時間をかけて飲むように作られているロング・ドリンクなので、会話を楽しみながら飲みたいときにピッタリだ。

アルコールの弱いものなら、アメリカーノやガリバルディがおすすめ。どちらもイタリア生まれのリキュール、カンパリを使う。

ミントで気分
爽快。競馬も
予想的中!?

Q イベントを盛り上げるカクテルは？

A ミント・ジュレップやオールドファッションドは、アメリカ競馬最大のイベントであるケンタッキー・ダービーに欠かせないカクテルです。どちらもベースはアメリカン・ウイスキー。19世紀から現在にいたるまで競馬ファンにずっと愛されてきたものです。当日は、これらのカクテルが飲まれるのだとか。

白ワインをソーダで割ったスプリッツァー（レシピはP53）というカクテルも、イベントには欠かせません。オーストリアのザルツブルク生まれのカクテルで、夏におこなわれるモーツァルト音楽祭で飲まれている、と聞いています。

パラダイス
Paradise

味：中甘口。アプリコット（あんず）とオレンジのフルーティーな香り

アルコール度：中

★作り方

材料をシェークして、カクテル・グラスに注ぐ。

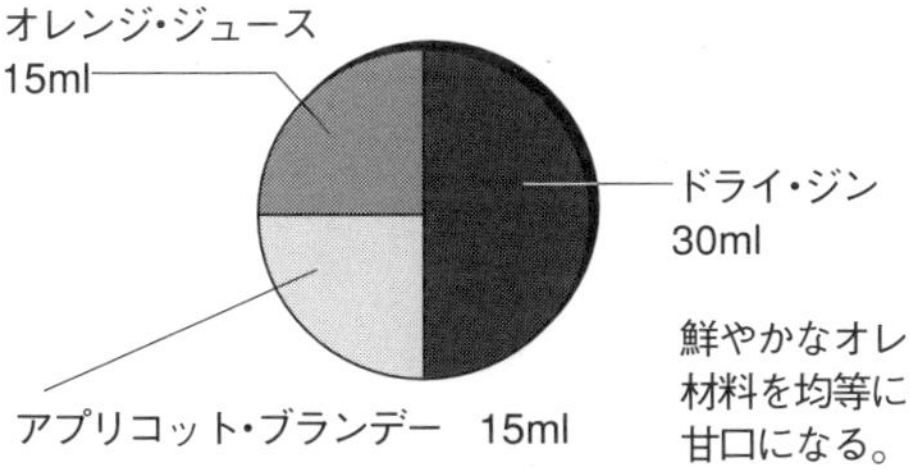
オレンジ・ジュース
15ml
ドライ・ジン
30ml
アプリコット・ブランデー　15ml

鮮やかなオレンジ色。材料を均等にすれば、甘口になる。

そのほかのおすすめカクテル

アメリカーノ

カンパリとスイート・ベルモットをソーダで割る。軽快な口当たり。アルコール度は弱（レシピはP213）。

ガリバルディ

カンパリとオレンジ・ジュースの組み合わせ。カンパリ・オレンジとも呼ばれる。アルコール度は弱（レシピはP210）。

ミント・ジュレップ
Mint Julep

味：ミントのさわやかな香りが、バーボン・ウイスキーに調和

アルコール度：やや強

★作り方

グラスにバーボン・ウイスキー以外の材料を入れ、砂糖をとかしながらミントの葉をつぶしていく。クラッシュド・アイスを詰め、バーボンを注いで、グラスの表面に霜がつくまでステアする。ミントの葉を飾る。

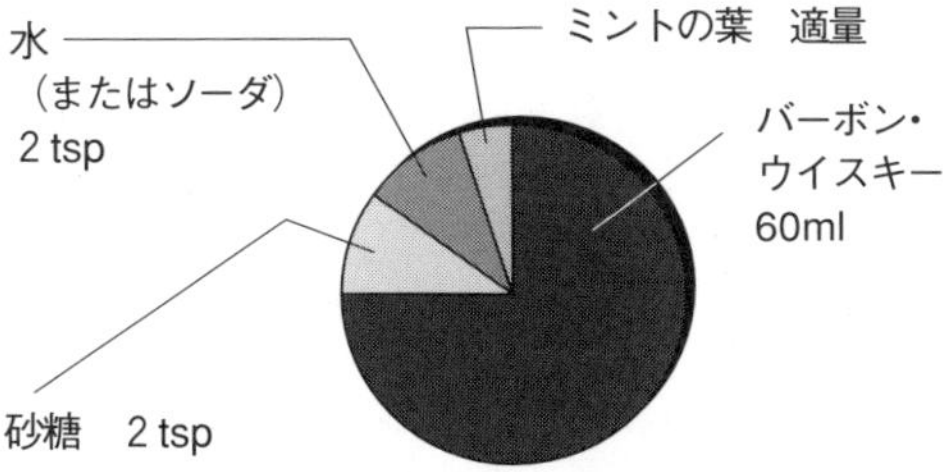
水
（またはソーダ）
2 tsp
ミントの葉　適量
バーボン・
ウイスキー
60ml
砂糖　2 tsp

飾ったミントの葉に、粉砂糖（P178参照）をふりかけてもよい。

ジュレップとは

グラスにクラッシュド・アイスを詰め、スピリッツ（P103参照）とミントの葉を入れるスタイルのこと。

アメリカ南部で誕生したといわれている。

ウオッカ・マティーニ、ミモザ。注文するだけでサマになる

ムーディなサウンドが静かに流れるバーで、カクテル・グラスを片手に一人物思いにふける……な〜んていう楽しみ方は、本物の大人だけに許される特権である。居酒屋もよいけれど、たまにはちょっと気取って、カクテル片手にバーで高尚な物思いにふけってみてはいかがだろうか。

そんなシチュエーションには、誰もが知っている有名なスタンダードカクテルをちょっとアレンジした、バリエーションタイプのカクテルが似合う。たとえば、カクテルの帝王マティーニのバリエーションで、ベースをウオッカに替えたウオッカ・マティーニ、あるいはベルモットをスコッチ（モルト）にしたスモーキー・マティーニなどは、注文するだけでサマになる。

ただ、マティーニの場合は男性的イメージが強い。女性にはミモザなど、色鮮やかでお洒落《しゃれ》なカクテルがいいだろう。ミモザは、南仏の避暑地ニースに咲く明るいオレンジ色のミモザの花に色が似ているカクテル。フランスの上流階級の人々に愛されたカクテルでもある。可《か》憐《れん》で品のある女性を演出したいときにはピッタリだ。

ボンドが飲むからかっこいいのか

Q ジェームズ・ボンドのオリジナル・マティーニとは？

A 本来のマティーニは、ドライ・ジンをベースに、材料をバー・スプーンという道具でかき混ぜる、ステアという方法で作ります。映画『００７』の主人公ジェームズ・ボンドは、このベースにウオッカを混ぜ、ステアではなくシェークといって、材料をシェーカーで振る方法で作る独特のマティーニを好みました。

カクテル界では、このボンドのオリジナル・マティーニは邪道だ、という意見もあります。私もお客さんにはあまりおすすめしていません。確かに映画の中ではかっこいいけれども、雰囲気と実際が違うカクテルもあるということですね。

ウオッカ・マティーニ

Vodka Martini

味：ウオッカとドライ・ベルモット。辛口

アルコール度：強

★作り方

材料をステアし、カクテル・グラスに注ぐ。カクテル・ピンに刺したオリーブを飾る。

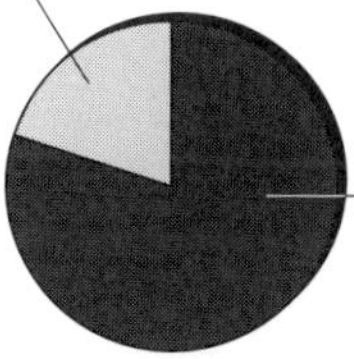

ミモザ

Mimosa

味：オレンジの香りがシャンパンの泡にはじける

アルコール度：弱

★作り方

フルート型のシャンパン・グラスにオレンジ・ジュース、シャンパンを注ぐ。

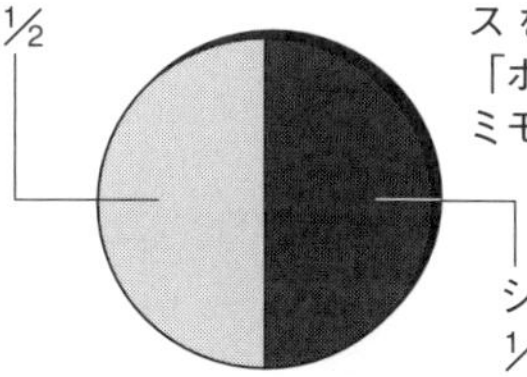

グレープフルーツ・ジュースを使うと「ホワイト・ミモザ」。

そのほかのおすすめカクテル

スモーキー・マティーニ

ジンとモルト・スコッチ・ウイスキーで作るマティーニ。モルトのスモーキーな香りが特徴。アルコール度は強（レシピはP77）。

ビー・アンド・ビー

ブランデーと、ベネディクティンという薬草の入ったリキュールの組み合わせ。中甘口。アルコール度は強（レシピはP208）。

キック力があるという意味からか、ウオッカ・マティーニは「カンガルー」とも呼ばれる

ブル・ショット、ブラッディ・メアリー。スープやサラダの感覚で

カクテルの中には、スープやサラダなど、食事感覚で楽しめるような変わったものもある。

その中でもっと異色なのが、ブル・ショットだ。ブルとは〝雄牛〟のことで、ウオッカにビーフ・ブイヨンスープを混ぜることからこの名がついた。酒とスープのドッキングなんて、よく考えつくものだが、フィンランドなど禁酒デーのある北欧では、その日にブル・ショットをスープ代わりに出すレストランもあるらしい。

もっとスープに近いカクテルもある。ホーク・ショットというカクテルだ。これは〝鷹《たか》の一撃〟という意味で、ブル・ショットのコンソメ版。日本ではあまり知られていないが、アメリカでは有名なカクテルである。

サラダ感覚で楽しむなら、ブラッディ・メアリーがぴったり。〝血まみれメアリー〟なんて、食事どきには似つかわしくない物騒なネーミングだが、実はトマト・ジュースをたっぷり使ったヘルシーなカクテルである。好みでセロリやキュウリを添え、休日の朝食代わりにサラダ感覚で楽しんでみてはいかがだろう。

トマト・ジュースで酔っぱらっちゃう

Q なぜカクテルにトマト・ジュースを使ったの？

A 1920年から33年まで、アメリカ国内ではお酒の製造も飲酒も法律で禁じられていました。この禁酒法時代に、ジンにトマト・ジュースを混ぜて、「これは酒じゃなくてトマト・ジュースだよ」と、取締官の目をごまかそうとしたのがきっかけだといわれています。

このジン＋トマト・ジュースのカクテルは、ブラッディ・サムと呼ばれて人気を集めましたが、40年頃からジンのかわりにウオッカが使われるようになりました。ウオッカのほうが口当たりがやわらかいことから、メアリーという女性的な名前がつけられ、ブラッディ・サムにとってかわる人気を博したのです。

ブル・ショット

Bull Shot

味：中口。ブイヨンの味
アルコール度：中
★作り方
材料をシェークし、氷を入れたオールドファッションド・グラス（P70参照）に注ぐ。

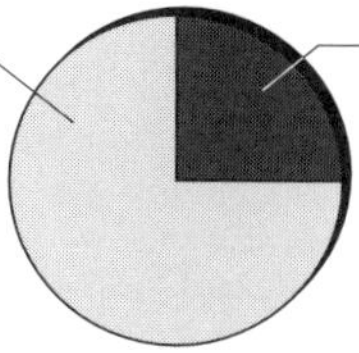

ビーフ・ブイヨン、氷 適量
ウオッカ　45ml

そのほかのおすすめカクテル

ホーク・ショット
コンソメとウオッカ。温めて飲む。アルコール度は中（レシピはP200）。

ブラッディ・メアリー

Bloody Mary

味：トマト・ジュースの味
アルコール度：やや弱
★作り方
材料をグラスに注ぎ、ステアする。

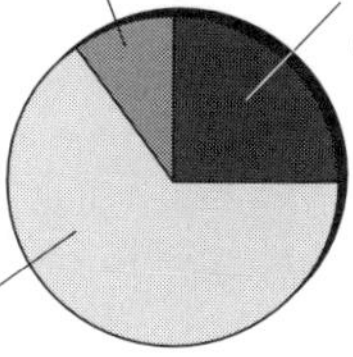

レモン・ジュース 1 tsp
ウオッカ 45ml
トマト・ジュース、氷　適量

好みで塩やコショウ、タバスコ、ウスター・ソースを加えても。キュウリやセロリのスティックが添えられることもある。

“血まみれメアリー”とは、16世紀のイングランドの女王、メアリー1世（在位1553〜58年）のあだ名。プロテスタント教徒を多数迫害したことで知られる。

ブラッディ・メアリーのバリエーション

いずれもサラダ感覚で楽しめる。ブラッディ・サムは禁酒法時代に人気のあったカクテル。飲み比べてみるのも楽しいもの。

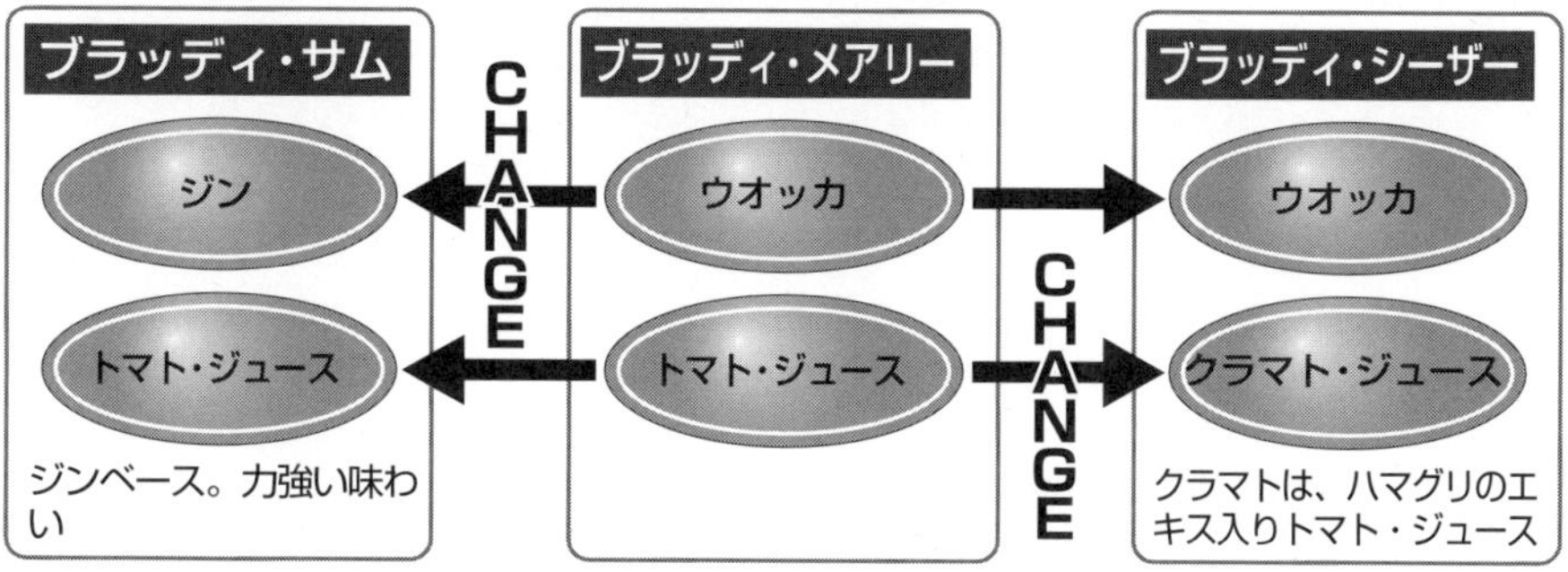

ブラッディ・サム
ジン
トマト・ジュース
ジンベース。力強い味わい
CHANGE
ブラッディ・メアリー
ウオッカ
トマト・ジュース
CHANGE
ブラッディ・シーザー
ウオッカ
クラマト・ジュース
クラマトは、ハマグリのエキス入りトマト・ジュース

ニコラシカ、アースクェイク。今宵はアルコールの強烈な酒に挑戦

酒はエレガントに楽しみたいものだが、ときには悲しみや苦しみから逃れるために、とことん酔っ払ってしまいたくなるときもあるだろう。そんなときは、ビールなどアルコールの弱い酒をチビチビ飲んでいると、かえって悲しみもジワジワとつのってしまう。アルコールの強い酒をストレートで一気にいったほうがいい。そこで、ここではストレートで飲むのに近い、アルコール度の強烈なカクテルを紹介しよう。

その一つであるニコラシカは、外見や味だけでなく、飲み方も非常にインパクトのある酒だ。砂糖がのったスライス・レモンを口に含んでかみ、甘酸っぱい味が口の中に広がったところで、ブランデーを流し込む。このときに初めてカクテルとなるという、なかなか粋な酒なのである。

〝地震〟という意味のアースクェイクは、アルコール度数の高い三種類の酒をブレンドしたカクテルだ。その名のとおり、一～二杯で地面がグラグラと揺れ出すといわれている。

可愛い名前に似合わず、ピンク・ジンというカクテルも強烈だ。ほぼ一〇〇%がジンなので、手っ取り早く酔うには最適である。

飲み方を知っているだけで自慢できるかも

Q 変わった飲み方をする強いカクテルはある？

A ボイラー・メーカーという、変わったカクテルがあります。

まず、注文するとストレートのウイスキーとビール、両方が出されます。飲むときは、ウイスキーの入ったグラスをそのままビールのグラスの中にポン、と落とすんです。あるいは、ウイスキーをストレートであおり、水の代わりにビールを飲むという方法もあります。アルコール度はかなり強いカクテルです。

ボイラーとは“燃料を燃やして蒸気を出す罐《かま》”のこと。飲むと火がついたように熱くなるから、この名前がつけられたのでしょう。

ニコラシカ
Nikolaschka

味：ブランデーの香りとレモンの酸味、砂糖の甘みが口の中で一体になる

アルコール度：強

★作り方

リキュール・グラス（P71参照）に9分目までブランデーを入れ、グラスの上に砂糖を盛ったスライス・レモンをのせる。

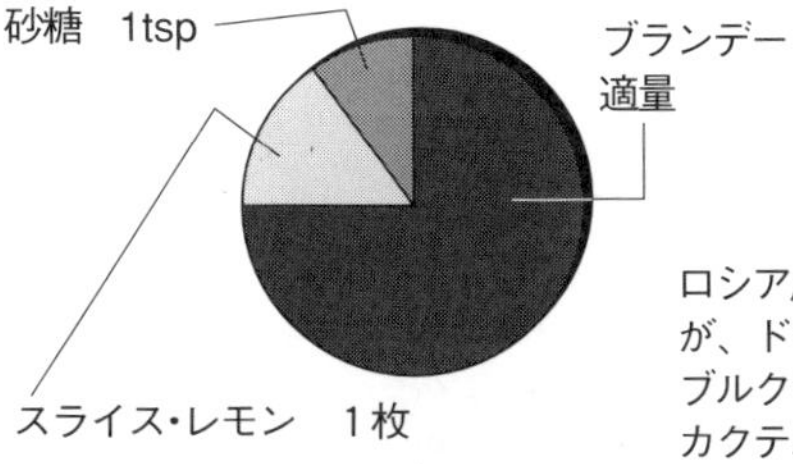
砂糖　1tsp
ブランデー
適量
スライス・レモン　1枚

ロシア風の名前だが、ドイツのハンブルクで生まれたカクテル。

そのほかのおすすめカクテル

アースクェイク

ジン、ウイスキー、アブサンという3種類の強い酒を混ぜる。別名アブジンスキー。アルコール度は強（レシピはP194）。

ピンク・ジン

ジンにビターズをわずかに振り入れたカクテル。ほのかなピンク色。アルコール度は強（レシピはP196）。

ニコラシカの飲み方

ニコラシカは、特殊な飲み方をするカクテル。ブランデー、砂糖、レモンを口の中で混ぜて、味を完成させる。

①スライスしたレモンの上に砂糖をひとさじのせ、砂糖を包み込むように、レモンを口の中に入れる。

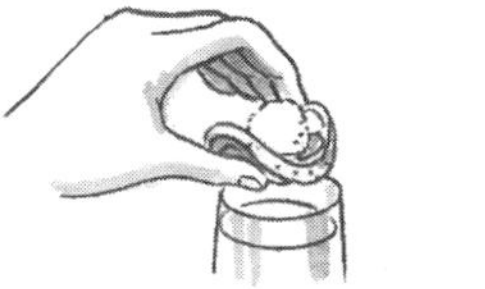

②よくかみ、レモンと砂糖の味が口の中に広がったら、ブランデーを一気に飲む。

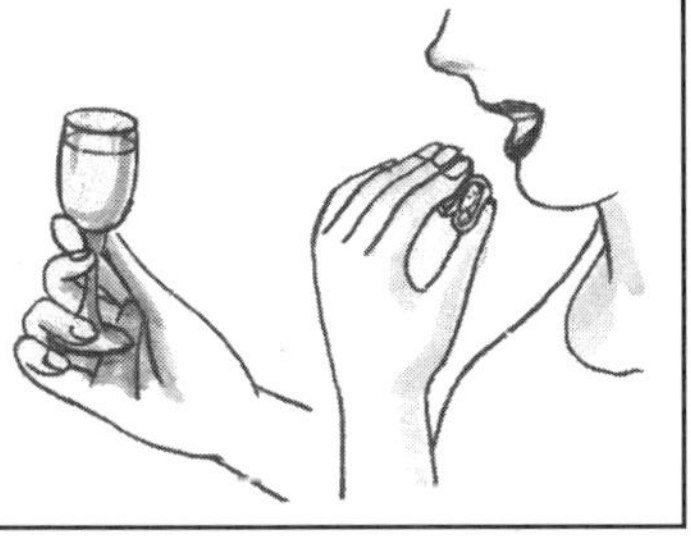

お客さん
カンバン
ですよ

Cocktailコラム

男らしい こだわったカクテルでキメたい

僕は、カクテルを男どうしで飲むのは、何となく気恥ずかしい。かっこうがつかない気がしてしまう。

そこで澤井氏。「『何にしますか』と聞いたときに、『じゃあ、ロブ・ロイを』なんていえる人は、かっこいいと思いますけどね」。

そうか。ロブ・ロイはかっこいいカクテルなのか。聞けば、スコットランドの有名な英雄の名前がついたカクテルらしい。確かに、いわれがある酒は、男どうしで飲んでもかっこいい気がする。

たとえば、三〇頁でもふれているが、レイモンド・チャンドラーの小説『長いお別れ』に登場する、ギムレット。テリー・レノックスという人物が主人公フィリップ・マーロウに、ギムレットのレシピはジンとローズ社のライム・ジュースが半分ずつじゃなくちゃいけない、というこだわりを語る。また、店を開けたばかりの静かなバーで飲む最初の一杯ほどすばらしいものはない、とも。

ロブ・ロイでございます

こんなことを聞くと、僕もまだ明るいうちにバーでギムレットを飲みたくなってしまう。

　ヘミングウェイは、ウオッカをトマト・ジュースで割るブラッディ・メアリーを、二日酔いでダウンしている息子によく作ってあげていたという。迎え酒になるといわれているカクテルで、酒豪の父親らしいふるまいである。

　ジェームズ・ボンドが好んだウオッカ・マティーニについては、澤井氏は邪道という（四四頁を読んでほしい）。まあ、僕が思うに作者のイアン・フレミングは、たとえば「ボンドの朝食はヨーグルトとイチジクだけと決まっている」というように、あらゆるところにこだわりを出したかったんだろう。

　何にしても自分だけのこだわりがあるのはかっこいいもの。僕もいつかはサマセット・モームみたいに、「マティーニに使うベルモットの銘柄は、ノイリー・プラットじゃなくちゃ」なんて、サラッといってみたい。

いい男ほどカクテルが好きだったんだ

プラスα《アルファ》のカクテルを覚えて通を気取りたい

12〜49ページで紹介しきれなかったスタンダードカクテルを12種類挙げている。前出のカクテルと合わせて覚えておきたい。

食前向きのカクテル

ギブソン
Gibson

味：辛口のジンとベルモットに、オニオンの酸味がマッチ

アルコール度：強

★作り方

材料をステアし、カクテル・グラスに注ぐ。カクテル・ピンに刺したパール・オニオンを飾る。

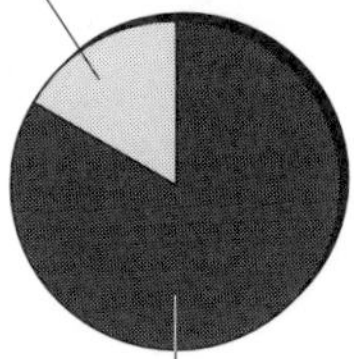
ドライ・ベルモット
10ml
ドライ・ジン　50ml

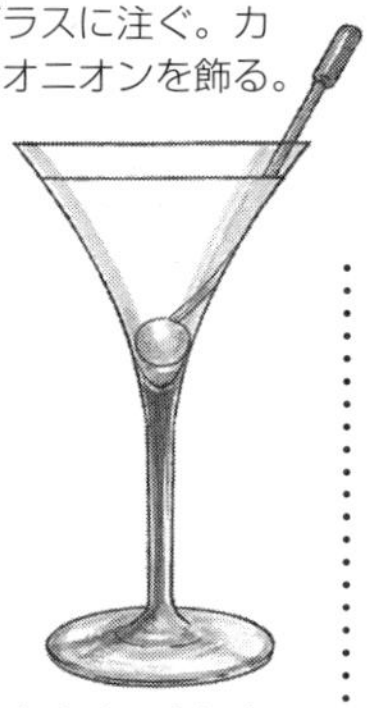

ベースをウオッカにしたウオッカ・ギブソンもよく飲まれる。

ジンとベルモットのカクテルは食前に

ギブソンやマティーニをはじめ、ジンとベルモットを組み合わせたカクテルは多い。

ドライ・ジン$\frac{1}{2}$とドライ・ベルモット$\frac{1}{2}$で「ジン・アンド・フレンチ」、ドライ・ジン$\frac{1}{2}$とスイート・ベルモット$\frac{1}{2}$で「ジン・アンド・イット」というカクテルになる。

いずれも食前向きのカクテルだ。

ちなみに、ギブソンは、アメリカのイラストレーター、チャールズ・ダナ・ギブソンが好きだったため、この名がついたといわれる。

ベリーニ
Bellini

味：ピーチがまろやかに香る、甘くやわらかな味

アルコール度：弱

★作り方

グラスにピーチ・ネクターとグレナデン・シロップを入れてステアし、スパークリング・ワインを注ぐ。

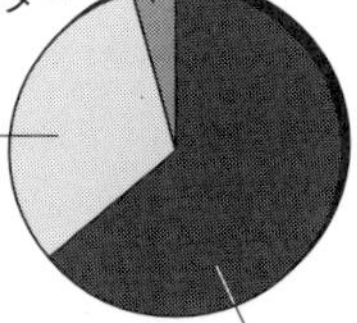
ピーチ・ネクター
1/3
グレナデン・シロップ
1 dash
スパークリング・ワイン　2/3

ベニスのハリーズ・バーで生まれたカクテル。ピーチ・ネクターは桃のジュース。

画家の名前がついたカクテル

ベリーニはルネサンス時代に活躍したイタリアの画家の名前。暖かい色彩に富んだ作品を描いたことで知られる。このカクテルは、彼の作品をイメージして作られた。

「ベリーニ」のピーチ・ネクターの部分を変えて、赤いグレープ・ジュースにすると「ティッツィアーノ」、イチゴのピューレにかえると「レオナルド」となる。

いずれもルネサンスの画家たちの名がついている。

スプリッツァー
Spritzer

味：さっぱりとしている。炭酸入りミネラル・ウォーターに近い味

アルコール度：弱

★作り方
グラスに氷と材料を入れ、軽くステアする。

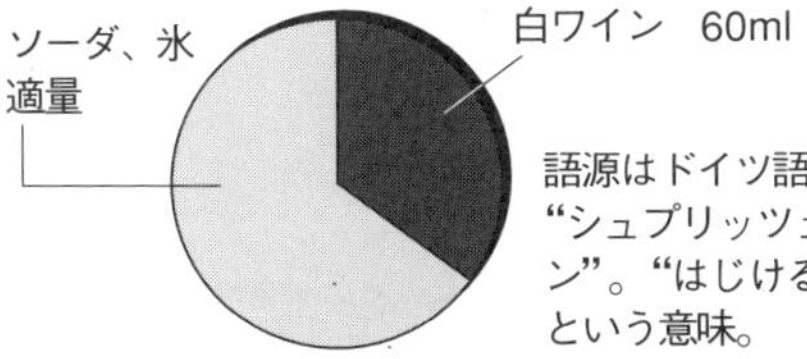

白ワイン　60ml
ソーダ、氷
適量

語源はドイツ語の“シュプリッツェン”。“はじける”という意味。

ダイキリ
Daiquiri

味：切れ味がよく、清涼感にあふれる

アルコール度：やや強

★作り方
材料をシェークし、カクテル・グラスに注ぐ。

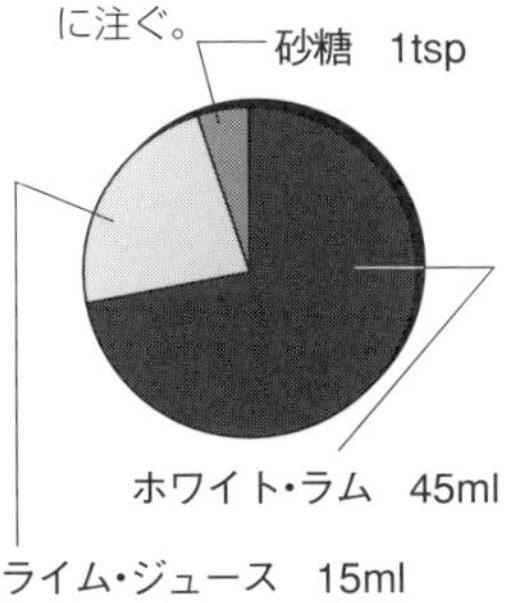

砂糖　1tsp
ホワイト・ラム　45ml
ライム・ジュース　15ml

キューバの鉱山で、暑さをしのぐために飲まれていた。フローズン・スタイルのものも人気がある(P38参照)。

アドニス
Adonis

味：すっきりとした味わいの中に、ベルモットの甘さが香る

アルコール度：中

★作り方
材料をステアし、カクテル・グラスに注ぐ。

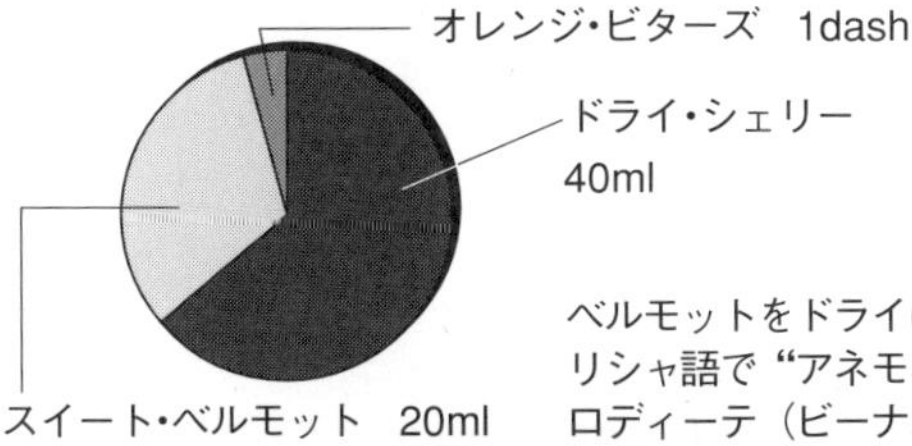

オレンジ・ビターズ　1dash
ドライ・シェリー
40ml
スイート・ベルモット　20ml

ベルモットをドライにすると「バンブー」。アドニスとは、ギリシャ語で“アネモネ”。ギリシャ神話に登場する月の神アフロディーテ（ビーナス）に愛された美少年の名前だ。

そのほかのおすすめ食前向きカクテル5

今まで紹介したカクテルのなかで食前に飲むのに向くものは……

マティーニ（レシピはP25）
マンハッタン（レシピはP25）
シャンパン・カクテル（レシピはP13）
キール（レシピはP15）
ミモザ（レシピはP45）

おいしいわ

食後向きのカクテル

ゴッドファーザー
God-Father

味：アーモンドの香りがただよう重厚な味

アルコール度：強

★作り方

氷を入れたグラスに材料を注ぎ、ステアする。

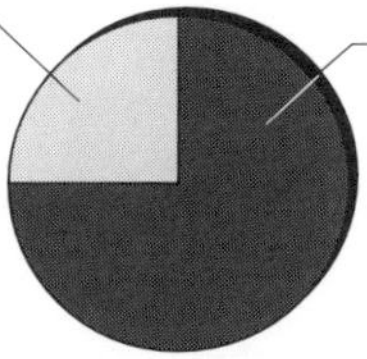

アマレット
15ml
ウイスキー
45ml

＊アマレットは、あんずの種子を原料としたリキュール。杏仁豆腐やアーモンドに近い香りがする。

マフィアの世界を描いた映画『ゴッドファーザー』の公開にちなんで生まれた。ベースをウオッカにすると「ゴッドマザー」になる。

フレンチ・コネクション
French Connection

味：アーモンドの香りがする甘みのある味

アルコール度：強

★作り方

氷を入れたグラスに材料を注ぎ、ステアする。

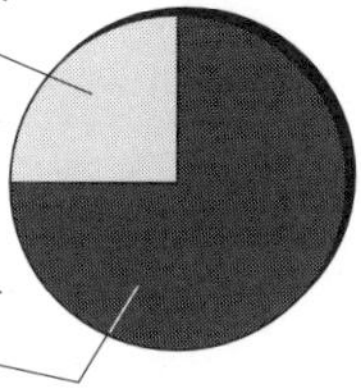

アマレット
15ml
ブランデー
45ml

上記ゴッドファーザーのバリエーション。映画『フレンチ・コネクション』の公開にちなんで生まれた。

グラスホッパー
Grasshopper

味：クリームのソフトな口当たりに、ミントのスッとする香りと、カカオの甘い香りが混じる

アルコール度：中

★作り方

材料をシェークしカクテル・グラスに注ぐ。

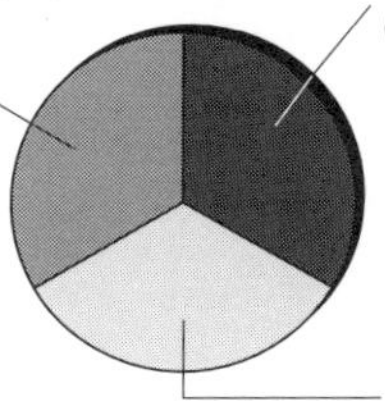

生クリーム　20ml
クレーム・ド・カカオ
（ホワイト）　20ml
クレーム・ド・メンテ
（グリーン）　20ml

グラスホッパーとは“バッタ”の意味。お菓子のような淡いグリーン色。

ミント・フラッペ
Mint Frappé

味：ミントの香り。冷たくてさわやか

アルコール度：中

★作り方

グラスにクラッシュド・アイスを詰め、クレーム・ド・メンテを注ぐ。ストローを添え、ミントの葉を飾る。

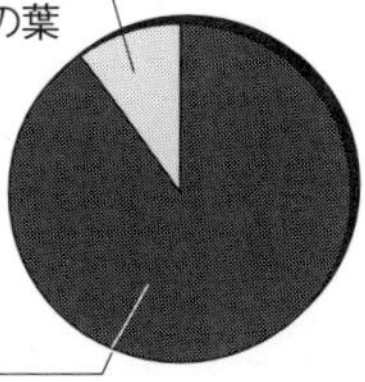

ミントの葉
適量
クレーム・ド・メンテ（グリーン）30〜45ml

ミントのリキュールで作るかき氷。夏にピッタリ。

そのほかのおすすめ食後向きカクテル5

今まで紹介したカクテルのなかで食後に飲むのに向くものは……

アレキサンダー（レシピはP35）
サイドカー（レシピはP35）
スティンガー（レシピはP35）
ゴールデン・キャデラック（レシピはP210）
ビー・アンド・ビー（レシピはP208）

ポート・フリップ
Port Flip

味：甘く濃厚
アルコール度：やや弱
★作り方
材料をシェークしてサワー・グラスに注ぐ。

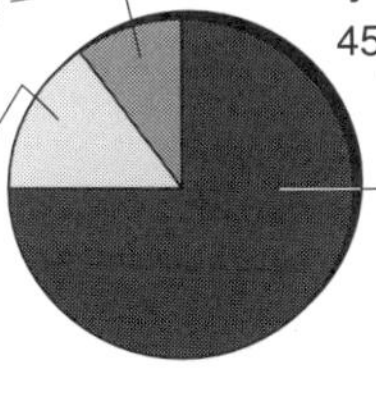

砂糖　1tsp
ポート・ワイン
45ml
卵黄
1個分

ポート・ワインはポルトガルで造られるワインの一種。甘口で、主に食後に飲まれる。

食前、食後に関係なく楽しめるカクテル

スコーピオン
Scorpion

味：オレンジ、ライム、レモンと柑橘系のフルーティーな味わい
アルコール度：中
★作り方
材料をシェークし、クラッシュド・アイスを詰めたグラスに注ぐ。スライス・オレンジとチェリーをカクテル・ピンに刺して飾る。

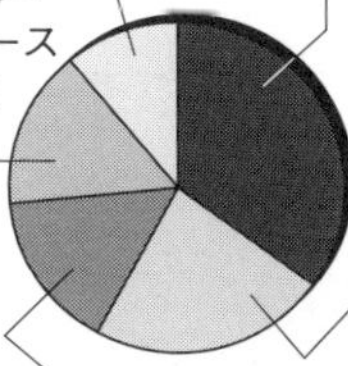

ライム・ジュース　15ml
ラム　45ml
レモン・ジュース
20ml
ブランデー　30ml
オレンジ・ジュース　20ml

口当たりはよいがアルコールは結構強い。“スコーピオン”とはサソリのこと。

マルガリータ
Margarita

味：塩がアクセント。ライムのさわやかな味
アルコール度：やや強
★作り方
材料をシェークし、塩でスノー・スタイル（P189参照）にしたカクテル・グラスに注ぐ。

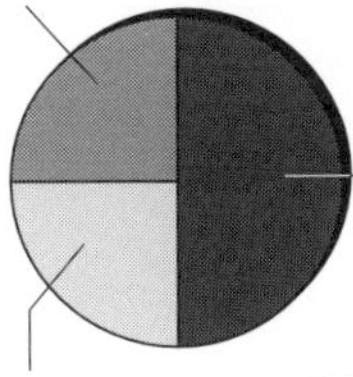

ライム・ジュース　15ml
コアントロー
15ml
テキーラ
30ml

塩をなめ、ライムをかじりながら飲むというメキシコ流のテキーラの飲み方を、カクテルで表現したもの。

澤井氏が紹介したマルガリータ

マルガリータはロサンゼルスのレストラン、テール・オ・コックのチーフ・バーテンダー、ジャン・デュレッサー氏が作ったカクテル。

デュレッサー氏は澤井氏の師匠にあたる人物。このマルガリータを日本に初めて紹介したのが澤井氏なのだ。

カッ
カッ
カッ

AR
in
BAR
gin

第2章

こんな知識があると もっとカクテルが楽しめる

種類無限のミックス・ドリンク。食前か食後かで合うカクテルも違う

そもそも、カクテルとはナニか？　ひと言でいえば、〝酒を基本に何かを混ぜた飲み物〟、つまりはミックス・ドリンクである。酒を飲めない人のことも考えてノン・アルコールのカクテルもあるが、基本的には酒がベースとして使われていることが条件だ。

今もカクテルは世界中でどんどん創作されており、その種類は三千とも五千ともいわれている。ただし、世界中どこのバーに行っても通用するカクテルは約六〇種類ほど。これをスタンダードカクテルという。

カクテルを選ぶうえでまず知っておきたいのは、カクテルにも食前酒と食後酒があるということだ。食前向きのカクテルを一〇種類、食後向きを一〇種類知っていると、海外へ行ってもカクテル通とみなされるらしい。

海外ではバーとレストランがセットになっていることもあり、まずカクテルを楽しんでから食事をし、再びバーで食後の時間を過ごすというのが、最高の遊び方だ。キミもたまにはコースを変え、バーでカクテルを楽しんでから食事に行ってみてはいかがだろう。

Q カクテルという言葉はどういう意味？

色とりどりなのがカクテルの特徴だもんね

A 語源はテール・オブ・コック（Tail of cock）、“雄鶏の尻尾”という意味です。この名前の由来については色々な説がありますが、雄鶏の尻尾がカクテルのように多彩な色をしていることからついたというのが、有力な説です。あるいは、独立戦争たけなわのアメリカのバーで、ミックス・ドリンクの瓶に美しい雄鶏の尻尾がさしてあったことから、兵士がそう呼ぶようになったとか。

ただし、カクテルの発祥はもっと昔です。古代ローマ人はワインに海水や樹脂などを加え、古代エジプト人もビールにハチミツやショウガを混ぜて飲んでいたといわれています。

TPOでカクテルを選ぼう

バーを訪れたとき、一番困るのは最初に何を頼むか、ということ。そんなときは、時間帯や状況、つまりTPOでカクテルを選んでみよう。

これから食事というときに

アペリティフ・カクテル Aperitif Cocktail

アペリティフとは、フランス語で“食前酒”の意味。食欲を増進させるためのカクテルで、さっぱりとした味わいのものが中心（P24参照）。アペタイザー・カクテル、プレ・ディナー・カクテルとも呼ばれる。
52ページに紹介したもの以外にも、以下のようなものがある。バカルディ、アメリカーノ、キール・ロワイヤル、ブル・ショットなど。

食事の後に飲むとき

アフター・ディナー・カクテル After Dinner Cocktail

食後の口直しとしてのカクテル、あるいは消化の働きをよくするカクテル。甘口のもの、アルコール度の高いものが多い（P34参照）。
54ページに紹介したもの以外にも、以下のようなものがある。ラスティ・ネイル・エンジェル・ティップ、ルシアンなど。

食事と関係なく、いつでも

オールデイ・タイプ・カクテル All-day Type Cocktail

食事の有無や時間帯に関係なく、いつ飲んでもよいカクテル。甘みや酸味、苦味がほどほどに効いているものが多い。日本では、このタイプのカクテルがもっともポピュラー。
55ページに紹介したもの以外にも、以下のようなものがある。モスコー・ミュール、ニューヨーク、ジン・トニックなど。

バーテンダーに笑顔で迎えられたら、さあ、何を頼む？

短いグラスなら、飲む時間も短めに。長いグラスなら時間をかけて

　カクテルは、前述のように食前食後など、飲む時間帯のほかに、飲み干す時間、温度、作り方などによっても分類されている。

　このうちぜひ覚えておきたいのは、カクテルは飲み干す時間やグラスの大きさによって、ショート・ドリンクとロング・ドリンクに大別されるということだ。

　ショートとは、短時間で飲むべきカクテルのことだ。たいていカクテル・グラスなどの小さなグラスに入っている。ショートは、冷やしながら作り、氷を入れないで出すものが多いが、このタイプは一〇～二〇分で飲まないとぬるくなって、風味が損なわれてしまう。

　一方、ロングは時間をかけて飲むタイプ。氷や炭酸が入っているため、三〇分ぐらいまでならおいしく飲めるように作られている。ショートに比べると大きいグラスに入っていて、アルコール度の低いカクテルが多い。

　また、ロングの中には、ホット・ドリンクといって、温かいカクテルもある。

Q アルコールの強いロング・ドリンクはある？

まさにレディ・キラー・カクテルだね

A ロング・ドリンクはアルコールが弱くなるのが一般的ですが、なかにはアルコールの強いものもあります。たとえば、ロング・アイランド・アイス・ティーといって、紅茶をまったく使わずに、紅茶の色と味を出したカクテル。見た目も味わいもまるっきりアイス・ティーなので、いかにもアルコールが弱そうに感じるのですが、ジン、ウオッカ、ラム、テキーラと、アルコールの強いお酒を４種類も使っています。調子よく飲んでいるとかなり酔ってしまいます。
　このようにカクテルの場合、見かけや味に惑わされやすいものも多いので、念のためバーテンダーに確かめたほうが無難でしょう。

カクテルにはこんな種類がある

一口にカクテルといっても、タイプは様々。大きく分けると、以下のようになる。

- **カクテル** Cocktail
  - **ショート・ドリンク** Short Drink
  - **ロング・ドリンク** Long Drink
    - **コールド・ドリンク** Cold Drink
    - **ホット・ドリンク** Hot Drink
  - **ノン・アルコール・カクテル** Non Alcohol Cocktail

知っておくと便利なカクテルの形態

カクテルによっては、作り方のスタイルが決まっているものがある。代表的なスタイルを覚えておくと、名前を聞いただけで味が予想できる。

クーラー Cooler

"冷たく涼しげな飲み物" の意味。蒸留酒やワインにレモンやライムなどの果汁と甘みを加え、炭酸飲料で割る。ワイン・クーラーなど、数は少ないが炭酸飲料を使わないものもある。
ex. ハーバード・クーラー、ワイン・クーラーなど。

コリンズ Collins

蒸留酒（主にジン）にレモン・ジュースと砂糖を加え、ソーダで割る。フィズ（P21参照）よりも大きなグラスを使い、量が多い。ジョン・コリンズ氏が作ったといわれる。
ex. ジョン・コリンズ、トム・コリンズなど。

サワー Sour

蒸留酒に、レモン・ジュースや砂糖などの酸味と甘みを加える。ソーダを使うこともある。
ex. ウイスキー・サワー、ブランデー・サワーなど。

ハイボール Highball

酒を炭酸飲料や水で割ったもの。ベースになる酒は、あらゆるものが使われる。
ex. ウイスキー・ハイボール、アメールピコン・ハイボールなど。

バック Buck

蒸留酒（主にジン）にレモンの果肉、果汁、ジンジャー・エールを加える。"キック力のある飲み物" の意味。
ex. ジン・バック、オレンジ・バックなど。

フラッペ Frappé

カクテル・グラスかシャンパン・グラス（ソーサー型）にクラッシュド・アイスを詰め、リキュールなどを注いでストローを添える。材料を氷と一緒にシェークする方法も。"氷で冷やした" の意味。
ex. ミント・フラッペ、アブサン・フラッペなど。

ベースの酒の強さを知っておく。レシピを知れば正確な度数がわかる

あまり酒に強くない人は、アルコール度がもっとも気になるところだろうが、カクテルの名前だけでアルコールの強さを判断するのは素人には無理。バーテンダーに尋ねるのが、一番確実で手っ取り早い。

しかし、ベースに使われる酒のアルコール度を把握しておけば、素人でも大まかな予想をつけることは可能だ。

たとえば、ジンやウオッカ、ウイスキーなどのスピリッツ（蒸留酒）は平均四〇度前後と、アルコール度数が高い。しかし、スピリッツに薬草や果物のエキスを加えたリキュールは、二五度前後と度数は下がる。

当然、マティーニのように、蒸留酒をメインに酒どうしを混ぜたカクテルは強い。逆に、柑橘《かんきつ》類や炭酸飲料を加えたものは、度数が下がる。

より正確な度数を知りたい場合は、レシピがわかれば計算できる（左頁参照）。ただし、人によって体質に合う酒と合わない酒があって、度数の低いリキュールやビールでもダメな人がいる。

普段から様々な酒を飲み比べ、自分の体質に合った酒を知っておくことも大切だ。

アメリカで誕生し、ヨーロッパで発展した?!

Q カクテルはなぜ世界に広まったの？

A カクテルがブームになったきっかけは、アメリカで1920年から約13年間にわたって施行された禁酒法です。当時、アメリカでは法の目をかいくぐって密造酒が出回り、闇の酒場では味の悪い密造酒にジュースやシロップなどを組み合わせて、少しでもおいしく飲めるように工夫をしていました。不幸中の幸いで、これが結果的にカクテルのレベルを高めることとなったのです。

一方、禁酒法のもとで良心的なバーテンダーたちが職を求めてヨーロッパへ渡り、ヨーロッパでカクテルはさらに発展し、世界中へと広まっていったのです。

アルコール度数を概算してみよう

使う材料の比率と、材料になる酒のアルコール度数がわかれば、そのカクテルのアルコール度数を概算することができる。

ホワイト・レディ

White Lady

材料
ドライ・ジン　30ml
コアントロー　15ml
レモン・ジュース　15ml

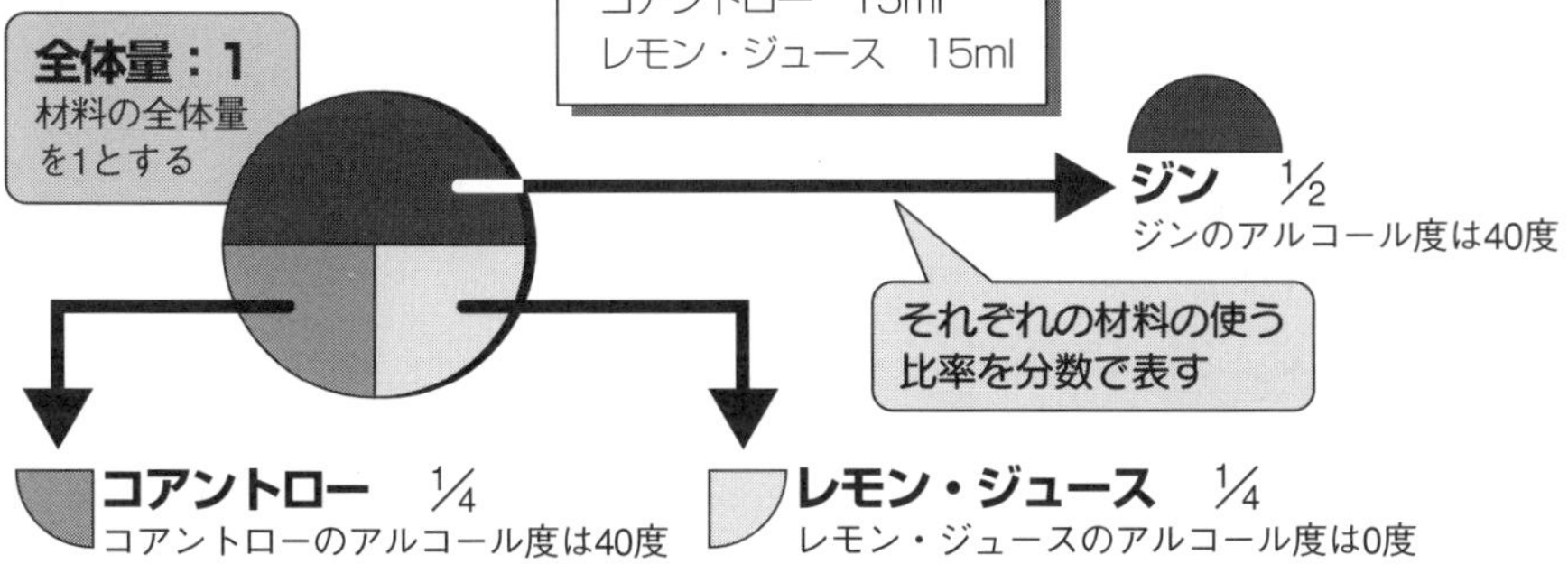

全体量：1
材料の全体量を1とする
ジン　$\frac{1}{2}$
ジンのアルコール度は40度
それぞれの材料の使う比率を分数で表す
コアントロー　$\frac{1}{4}$
コアントローのアルコール度は40度
レモン・ジュース　$\frac{1}{4}$
レモン・ジュースのアルコール度は0度

分数と材料のアルコール度数をかけ、数字を足す

計算式

ジン	$\frac{1}{2}$ × 40度 = 20度
コアントロー	$\frac{1}{4}$ × 40度 = 10度
レモン・ジュース	$\frac{1}{4}$ × 0度 = 0度
	20度 + 10度 + 0度 = 30度

ホワイト・レディのアルコール度は30度

アルコールの強さをよく考えて飲んでくださいね

カクテルの魅力は味だけでない。外見だってやっぱり重要

カクテルの良し悪しは、「味・香り・見た目」の三つで決まる。舌で味わい、鼻で香りを嗅《か》ぎ、目で見て楽しむのが、カクテルなのである。

特に色のバリエーションといったら、無限といっても過言ではない。リキュールやジュースなどを上手に配合すれば、どんな色も出せる。カクテルを注文したら、その色の美しさも十分に堪能してほしい。

飾り付けも楽しみの一つだ。カクテルの飾りは、デコレーションやアクセサリー、あるいはガーニッシュとも呼ばれている。ときどきフルーツの皮や花などが使われることもあるが、カクテルのデコレーションは食べられるものを使うことが基本とされている。酒と一緒に味わうように付けてあるので、遠慮なく食べていい（一五〇頁参照）。

戦前に作られた古いカクテルは、デコレーションの仕方がきちんと決まっていることが多いのだが、戦後に生まれたカクテルは決まったルールがないものがほとんど。特にトロピカル・ドリンクは見た目が華やかなものが多い。バーごとに飾り付けを工夫しているので、それを見比べるのも楽しいだろう。

Q グラスの縁についている砂糖や塩は飾り？

全部なめなくてもいいんだ

A “スノー・スタイル”と呼ばれる製法の１つで、グラスに雪が凍りついたように見えることからこの名があります。代表的なものに、マルガリータ、雪国、ソルティ・ドッグなどがあります。

スノー・スタイルは、単なる飾りではありません。砂糖や塩をなめることで、お酒の味をまろやかにするんです。全部なめる必要はなく、グラスの縁を回しながら、自分で甘さや辛さを調節するわけです。残しても失礼にはなりません。

塩にはアルコールの強さを感じさせなくするという、不思議な働きもあります。レモンにも同様の効果があります。

このカクテルの色はこの材料で決まる

カクテルの色のバリエーションは様々。以下はカクテルとその材料。四角で囲ってある材料が、主にそのカクテルの色を決める。

色	カクテル	色を決める材料（四角で囲った材料）	その他の材料
赤 Red	ジャック・ローズ（レシピはP208）	グレナデン・シロップ	アップル・ジャック ライム・ジュース
	パリジャン（レシピはP196）	クレーム・ド・カシス	ドライ・ジン ドライ・ベルモット
青 Blue	ブルー・マンデー（レシピはP200）	ブルー・キュラソー	ウオッカ ホワイト・キュラソー
黄 Yellow	ジョン・コリンズ（レシピはP205）	レモン・ジュース	ウイスキー 砂糖　ソーダ
	マタドール（レシピはP204）	パイナップル・ジュース	テキーラ ライム・ジュース
緑 Green	メロンボール（レシピはP212）	ミドリ（メロンのリキュール）	ウオッカ オレンジ・ジュース
	アラウンド・ザ・ワールド（レシピはP194）	グリーン・ペパーミント・リキュール	ドライ・ジン パイナップル・ジュース
桃 Pink	テキーラ・サンセット（レシピはP204）	レモン・ジュース ＋ グレナデン・シロップ ＋ オレンジ・ジュース	テキーラ ソーダ
黒 Black	ブラック・レイン（レシピはP214）	ブラック・サンブーカ（ハーブを原料にしたリキュール）	シャンパン
	ブラック・ベルベット（レシピはP216）	スタウト（ビール。P139参照）	シャンパン

Cocktail
コラム

カクテル＆バーブームの再来。おいしいカクテルが味わえる

〝はじめに〟でも述べたが、僕が若い頃には、女の子をバーに誘ったら甘くて口当たりのいいカクテルで相手を酔わせて……、なんてよくいわれていた。だが、最近の若い女性ときたら、本当にカクテルに詳しい。

「キミ、何飲むの？」と聞けば、「私、グラスホッパー」なんてサラリと答える始末である。僕よりずっと飲み慣れているカンジだ。

今、若い人たちの間でカクテルが流行している。いや、三〇年くらい前だったか、僕たちの若いころにもカクテル・ブームはあった。

澤井氏によれば、あのときのカクテル・ブームがすたれた理由は、カクテルを飲むと悪酔いする、といわれたからだという。ただ、当時のカクテルは悪酔いするのは当然だそうで、なぜならリキュールにしてもウイスキーにしても、本物が手に入りにくかったためである。香料や着色料を色々混ぜて、酒とはとても呼べないものがほとんどだっ

スクリュードライバーなんて飲んでみない？

あら　酔わせたいならハーベイ・ウォールバンガーのほうがいいのに

た。

だが、ここ二〇年くらいの間に、だんだんと本物の材料が手に入るようになってきた。同時に経済的にも豊かになってきたし、最近は酒にかかる税金も安い。

カクテルを飲める場所だって、今はバーだけではない。居酒屋からクラブ（踊るほう。念のため）にカラオケ、味のレベルはともかく、あらゆる場所で楽しめる。

流行《はや》っているカクテルも、昔みたいにアルコールの強いものではない。リキュールを炭酸で割ったような、軽い味わいのものが人気があるという。手軽に、日常的に楽しむというのが時代の流れなのだろう。

クラブで踊ってスプモーニを一杯ひっかけ、かわいい女の子をナンパする……。澤井氏には邪道といわれるかもしれないが、こんな今風の楽しみ方を、一度やってみたい。

ボトル入りのカクテルだってあるもんな

グラスにも様々あるが、よく使われるのは五～六種類

どんなに最高級の料理でも、それを盛る器が冴《さ》えなかったら、おいしさは半減してしまう。カクテルも同じだ。グラスは、カクテルの魅力を引き立てる小道具として必要不可欠なものである。

グラスには様々な種類があるが、カクテルによく使われるのは、カクテル・グラス、タンブラー、コリンズ・グラスなど、せいぜい五～六種類だ。どのグラスを使うかは、カクテルの材料や氷の有無、またアルコールの強弱や味の濃さなどによって大体決まっている。

ただ、バーによっては、形式にこだわらないところもある。カクテルに使うグラスは、カジュアルな雰囲気を演出する平底型グラスと、格調高いフォーマルな雰囲気を作り出す脚付きグラスとに大別されている。たとえば、若者向きのカジュアルなバーの場合、カクテルのスタイルに関係なく、平底型を中心に使っていることも多い。

一方、グレードの高いバーでは、グラスの材質にもこだわっている。通常よく使われているのはソーダ石灰のグラスだが、最高級の材質でできたクリスタル・グラスを使っている店もある。

割らないように気をつけなきゃね

Q バカラグラスってよく聞くけれど何？

A バカラは18世紀にフランスで誕生した、最高級のグラスのブランドです。北東部のロレーヌ地方バカラ村に、工場があります。

クリスタル・グラスは酸化鉛を24%以上使うこととされていますが、バカラは30%使っていて、強い輝きがあるのが特徴です。洗練されたデザインと品質のすばらしさで、今でも絶大な人気があります。

そのほか、サン・ルイやラリック、オレフォスなども、有名なグラスのブランドです。

カクテルを飲むとき、グラスにこだわってみるのも通の楽しみ方といえますね。

グラスを材質で分けると3タイプ

ソーダ石灰グラス → 一般的なグラス。主な材質は、珪砂《けいしゃ》、酸化ナトリウム（ソーダ灰）、酸化カルシウム（石灰石）。酸化するとグラスに青みがつく。

ボヘミアン・クリスタル・グラス → 主な材質は珪砂、酸化カルシウム、酸化カリウム。色の変化が少なく、透明感がある。

クリスタル・グラス → 酸化鉛を24%以上含む。そのほかの主な材質は珪砂とカリ。透明感、輝きが強く、重量感がある。

グラスの拭き方

グラスは洗った後そのままにしておくと、しずくのあとが残る。湯で洗ったら、温かいうちにふきん（麻や麻と綿の混紡がよい）等で拭き、汚れが残らないようにしよう。

①ふきんを左手に広げ、端の部分でグラスを包み込むようにして持つ。

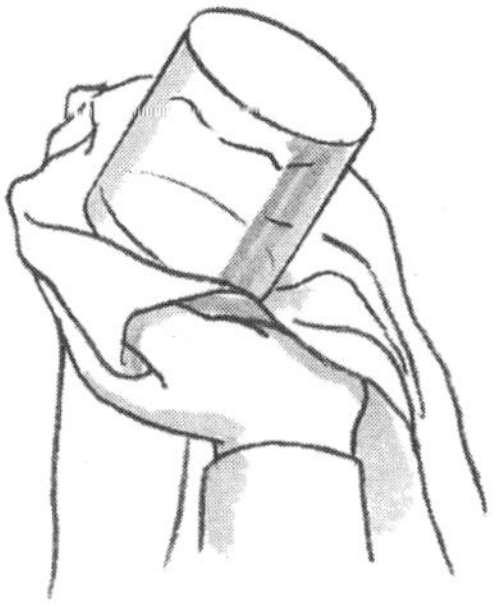

グラスが手に直接触れないように扱う。

②もう一方のふきんの端を右手で持ち、グラスの中に詰める。

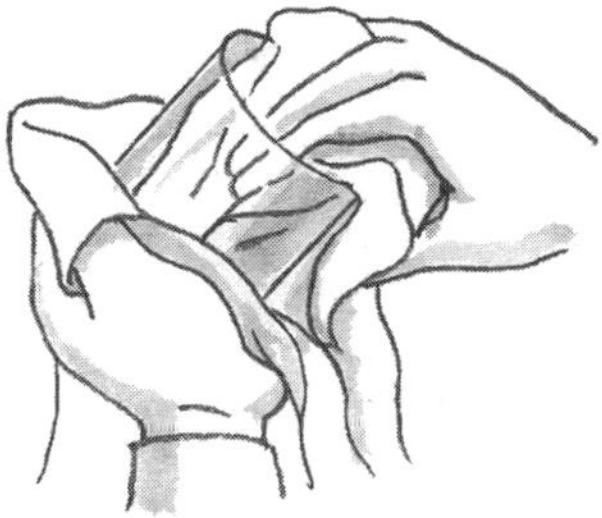

③グラスを左右に回しながら拭く。

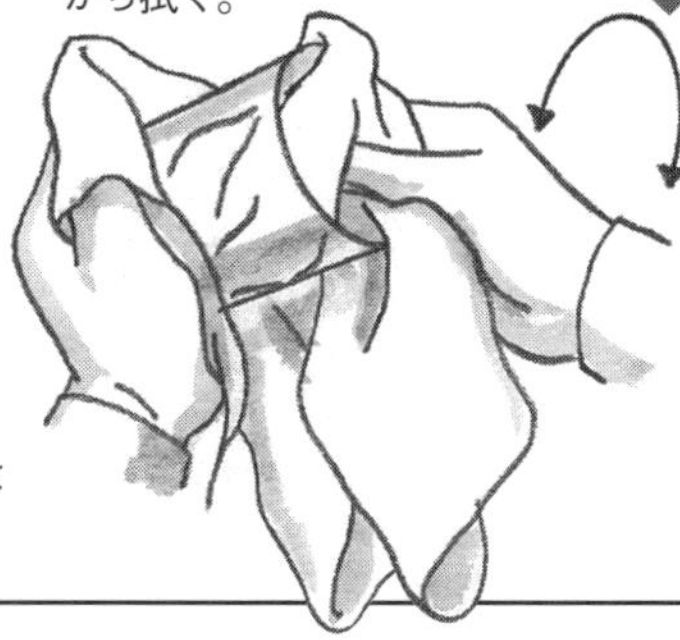

しずくのあとが残らないよう、磨くようにして拭く。

よく使われるグラスを知っておこう

グラスの種類は何十種類もあるが、一般的にバーでよく使われるのは、この6種類。

サワー・グラス
Sour Glass

サワーを飲むためのグラス。容量は120～150ml 程度。脚付きのものがほとんどだが、平底型のものも使われる。

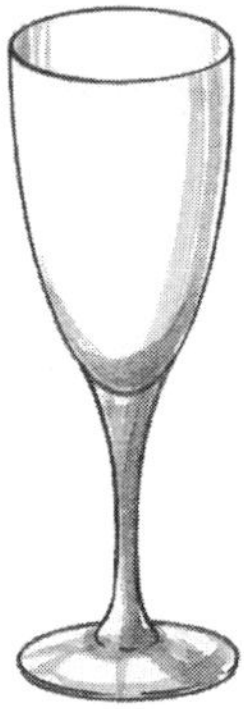

タンブラー
Tumbler

ロング・ドリンクやソフト・ドリンクなどに、広く使われる。容量は180～300mlまで様々あるが、240mlのものが一般的。

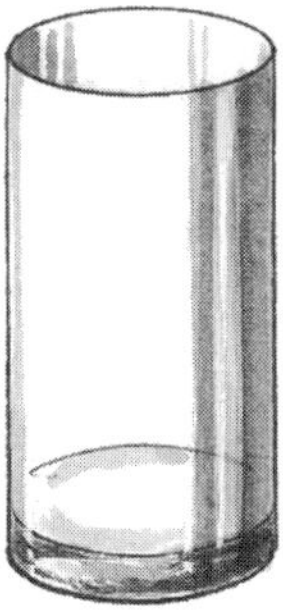

シェリー・グラス
Sherry Glass

シェリー酒を飲むためのグラス。容量は60～75ml程度。ウイスキーのストレートを飲むときにも、使われることが多い。

カクテル・グラス
Cocktail Glass

ショート・ドリンクを飲むための専用グラス。逆三角形が特徴。容量は90ml。60ml分のカクテルを注ぐ。

オールド ファッションド・グラス
Old-Fashioned Glass

ウイスキーなどをオン・ザ・ロックスで飲むときに使われる。背が低く、グラスの口が広い。容量は180～300ml。ロック・グラスとも呼ばれる。

コリンズ・グラス
Collins Glass

背が高く、300～360ml 入る大型のグラス。コリンズ・スタイルのカクテルなど、炭酸系のカクテルに使われる。

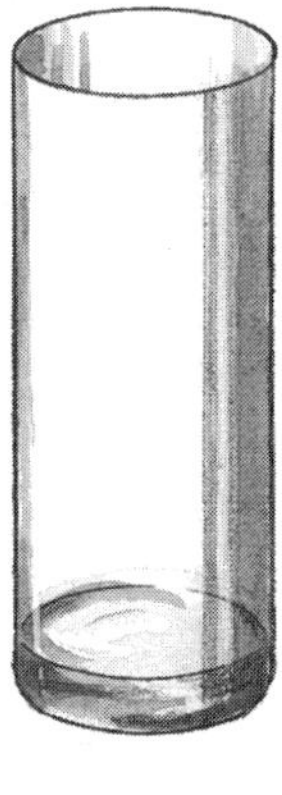

バーで使われるそのほかのグラス

リキュール・グラス

リキュールをストレートで飲むためのグラス。容量は30ml程度。

ブランデー・グラス

ブランデーをストレートで飲むためのグラス。丸い形が特徴で、口のすぼまっている部分に香りが集まるようになっている。グラスの大きさに関係なく、ブランデーは30ml程度注ぐ。

ゴブレット

ビールやソフト・ドリンクのほか、氷を使うロング・ドリンクに用いられる。容量は300ml程度。

ウイスキー・グラス

ウイスキーをストレートで飲むためのもの。シングル（30ml）とダブル（60ml）の２タイプがある。ショット・グラスとも呼ばれる。

シャンパン・グラス

シャンパンやスパークリング・ワインを飲むのに使われる。口の部分が広いソーサー型と、背が高く細身のフルート型の２種類ある。

ソーサー型は主に乾杯用。フローズン・スタイルのカクテルに使われることも多い。

フルート型は口が狭いので、炭酸が抜けにくい。食事をしながら、ゆっくり楽しむことができる。

ワイン・グラス

ワインを飲むためのグラスだが、赤ワインや白ワインなど、ワインの種類によって、グラスのデザインや大きさも異なる。１つのグラスで兼用する場合は、右の条件を満たしているものを選びたい。

理想的なワイン・グラスの条件

①ワインの色を楽しめるよう、無色透明であること
②グラスが薄いこと
③縁がやや内側にカーブし、ワインの香りがグラスにこもること

カクテルに合うオリーブ。海外では代表的なつまみ

酒につまみはつきもので、バーでもチーズやチョコレートなど、多種多様なつまみを用意している。しかし、実はこうした習慣は日本独特のもので、海外ではまず見られない。

海外では、バーで食事をする習慣はない。カクテルのつまみといえば、せいぜいオリーブである。オリーブはどのカクテルにもマッチし、海外では値段も安いので、つまみとしてもっともよく使われているのだ。

つまみを選ぶときは、味や香りのきついものは避けたい。カクテルの風味を壊してしまうからだ。同じチョコレートでも、とかしたチョコレートをイチゴの先につけて冷やし固めたものなどは、フルーティー系のカクテルにマッチする。

そのほか、ピッツァや、ハムとチーズをパンにはさんで焼いたクロック・ムッシュなどもおすすめである。

どうせつまみをとるなら、もちろんおいしいほうがいい。バーにも料理人を置いているところと、置いていないところがある。つまみにもこだわる人は、確かめてから行くといいだろう。

酸味のあるワインにも合いそうだね

Q 通が好むつまみは？

A ワインとチーズという組み合わせは、日本でもすっかりポピュラーになりましたが、シャンパン＆パルメザン・チーズというのは意外と知られていないのではないでしょうか。パルメザン・チーズはチーズの中でも辛口で酸味が強く、これをかじりながらシャンパンを飲むと、シャンパンの味がよりいっそう引き立ちます。

つまみとはちょっと違いますが、食後のデザートを食べ終わってから、ブランデーとコーヒーを一緒に飲むのも、海外ではポピュラーな楽しみ方です。女性なら、ブランデーよりもミントのリキュールとコーヒーの組み合わせのほうがオシャレかもしれません。

相性のいいつまみで酒を飲みたい

うん！うまい
モグモグ
ガツガツ
よく食うな
もう残ってないぞ

つまみがうまいと酒もすすんじまう

おかわりください！
おつまみも

いい酒といいおつまみ最高に幸せな気分だ

海外ではオリーブのほか、チーズをのせたカナッペや、ナツメヤシをベーコンで巻いて焼いたものなども人気がある。

バーにはオリジナルドリンクが。おいしくて値段もリーズナブル

初めてのバーに入るのは、ちょっとドキドキするものだ。なめられまいと気負うあまり、かえって失態を演じてしまう気の毒な人もいる。

そんなときは、下手《へた》に知ったかぶりをするのではなく、「この店のスペシャルカクテル（あるいはオリジナルドリンク）をください」と注文するのが、もっとも利口な方法だと澤井氏はいう。どこのバーでも、スタンダードカクテルのほかに、その店だけで飲めるスペシャルカクテルなるものを二つか三つは必ず用意しているものなんだそうだ。

スペシャルカクテルは、その店のバーテンダーが知識とテクニックを駆使して、もっともおいしいと思う味に作り上げたもの。つまり、その店自慢のカクテル。失敗が少なく、しかもリーズナブルな値段で楽しめるのだ。スペシャルカクテルの存在を知らない人も多いので、バーテンダーに「なかなか通な客だ」と思わせる効果もあるとか。

ただし、ある店で飲んだスペシャルカクテルがおいしかったからといって、それをほかの店でも作ってくれと頼むのはマナー違反。バーでは、他店を誉めるのもけなすのも礼儀に反した行為なのだ。

「憲史カクテル」
も作ってほしい
なぁ……

Q オリジナルドリンクの誕生秘話を教えて

A 左ページにも紹介していますが、「ペル・ドマーニ」というカクテルは、私の長年の友人から「我が社のカクテルを作ってほしい」と頼まれて、2002年に誕生した最新のオリジナルドリンクです。作るときはその会社のイメージに合った色、女性の多い会社だから女性が好む味などを考えて、材料を組み合わせていくんです。

会社という１つの組織が社歌ならぬ社カクテルを持つことで、日本発の新しいカクテル文化が生まれたら、との願いも込めています。「これが我が社のカクテルです」「うちの会社のカクテルも試してみてください」などと、会話がはずんでいったらうれしいですね。

“ST.SAWAIオリオンズ”のオリジナルカクテル

我らが師匠、澤井慶明氏のバーで味わえる、オリジナルカクテルのレシピを公開しよう。

ペル・ドマーニ
Per Domani

味：バナナとピーチのフルーティーな香り
アルコール度：中
★作り方
材料をシェークし、カクテル・グラスに注ぐ。

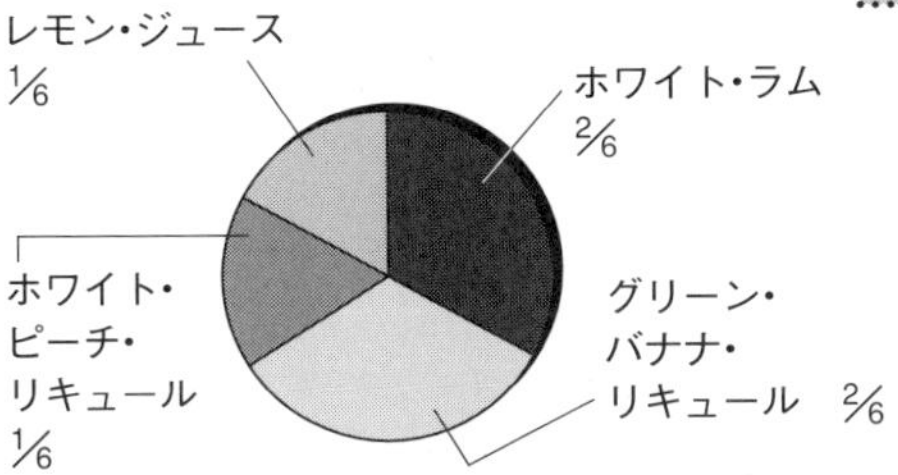

レモン・ジュース 1/6
ホワイト・ラム 2/6
ホワイト・ピーチ・リキュール 1/6
グリーン・バナナ・リキュール 2/6

緑色のバナナの酒を使う

ペル・ドマーニとは、イタリア語で“明日のために”という意味。明日へのさわやかなイメージを出すために、イエローよりも酸味があってさわやかなグリーン・バナナ・リキュールを使用。

フルーツの甘い香りがただよう。淡いグリーン色。

とっておきのカクテルがあるんです

ミスターK
Mr.K

味：バニラの香り。口当たりはまろやか。甘口
アルコール度：中
★作り方
材料をシェークし、カクテル・グラスに注ぐ。「K」の文字を切り抜いた紙の上からチョコレート・パウダーをふり、デコレーションする。

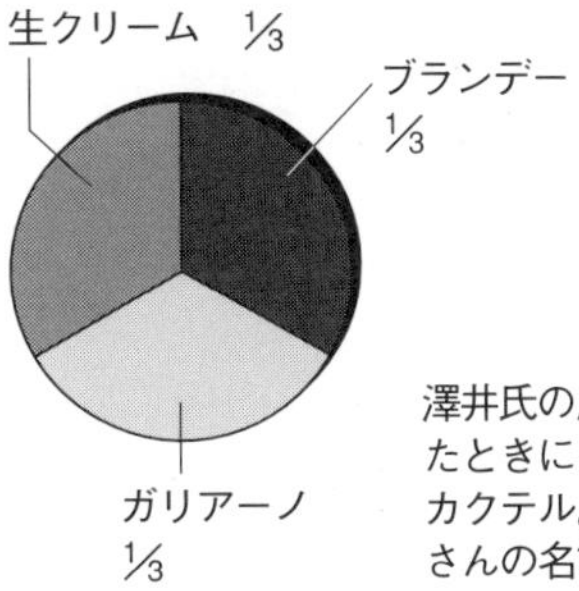

生クリーム 1/3
ブランデー 1/3
ガリアーノ 1/3

澤井氏の息子さんが誕生したときに、記念して作ったカクテル。「K」とは息子さんの名前から。

ピーチ・アモーレ
Peach Amour

味：ピーチのフルーティーな香り。やや甘酸っぱい
アルコール度：中
★作り方
材料をシェークし、カクテル・グラスに注ぐ。

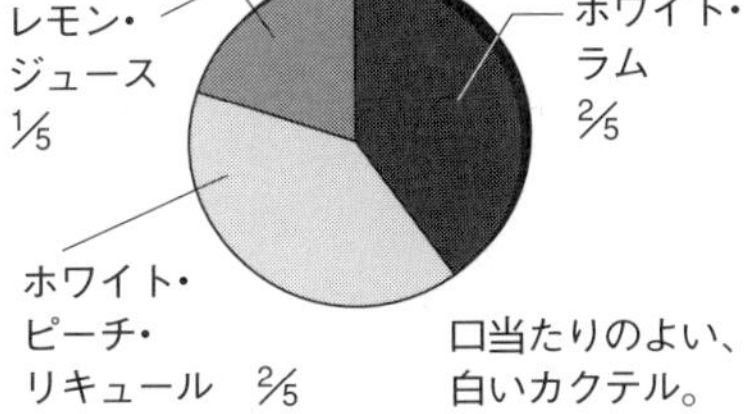

レモン・ジュース 1/5
ホワイト・ラム 2/5
ホワイト・ピーチ・リキュール 2/5

口当たりのよい、白いカクテル。

マティーニ、ジン・フィズ。単純なものほどセンスの違いが出る

同じカクテルを注文したのに、前に飲んだものとまったく味が違う、という経験をした人は多いのではないだろうか。それもそのはず、カクテルの中には、一つではなく、何十、何百というレシピを持つものがあるのだ。

その代表格がマティーニである。アメリカで一九七九年に出版された『ザ・パーフェクト・マティーニ・ブック』には、なんと二六八種類ものマティーニが紹介されている。マティーニにこだわりをもつプロは多く、それぞれのバーがよりよい味を出そうと研究しているので、正確にはもっと多く、数えきれないほどの種類があるはずだ。それだけに、バーテンダーや店の個性がもっとも出るカクテルといえるだろう。

ジン・フィズも、酸味と甘みのバランスが難しく、店によってまったく味が異なる。料理と同じで、シンプルなレシピのものほど、バーテンダーの腕前やセンスがはっきり出るのだ。

おいしいカクテルに出会いたいなら、たくさんのバーを訪れよう。同じカクテルを飲み比べ、自分の好みの味を舌で覚えることだ。

恋愛も同じよ
個性のある
男性が
好きなの

マティーニはレシピの数も王様

１つのカクテルに多くのレシピがあるのは、何といっても「マティーニ」。以下に、レシピの一部を紹介しよう。

マティーニ

標準のレシピは、ドライ・ジンが$\frac{3}{4}$とドライ・ベルモットが$\frac{1}{4}$（P25参照）。ドライ・マティーニは$\frac{4}{5}$と$\frac{1}{5}$。

エクストラ・ドライ・マティーニ
Extra Dry Martini

★作り方　材料をステアして、カクテル・グラスに注ぐ。好みでオリーブを飾る。

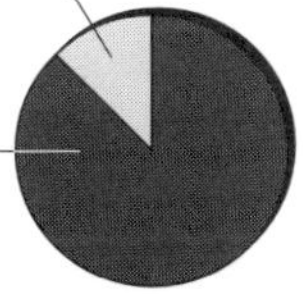

ドライ・ベルモット $\frac{1}{8}$
ドライ・ジン $\frac{7}{8}$

スイート・マティーニ
Sweet Martini

★作り方　材料をステアしてカクテル・グラスに注ぐ。レッドチェリーを飾る。

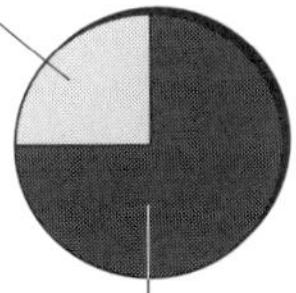

スイート・ベルモット $\frac{1}{4}$
ドライ・ジン $\frac{3}{4}$

ベルモット・スプレー・マティーニ
Vermouth Spray Martini

★作り方　グラスにジンを注ぐ。ベルモットを香水スプレー（アトマイザー）に入れ、ふりかける。

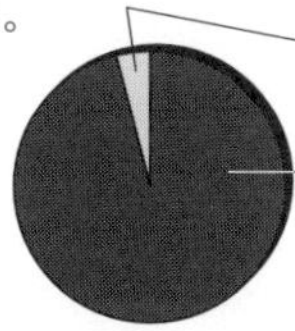

ドライ・ベルモット 微量
ドライ・ジン 1 grass

スモーキー・マティーニ
Smoky Martini

★作り方　材料をステアしてカクテル・グラスに注ぐ。レモン・ピールをしぼる。

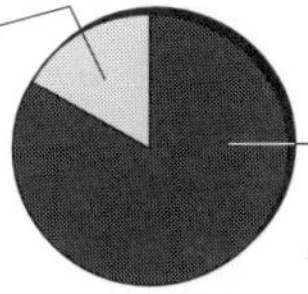

モルト・ウイスキー $\frac{1}{6}$
ドライ・ジン $\frac{5}{6}$

ベースの違いで広がるバリエーション

カクテルは、ベースがかわると全く別の名前になる。たとえば「サイドカー」のベースをかえると下のようになる。

サイドカー（レシピはP35）
ブランデー・ベース

- ジン・ベース → **ホワイト・レディ**（レシピはP63）
- ウオッカ・ベース → **バラライカ**（レシピはP200）
- ラム・ベース → **エックス・ワイ・ジィ**（レシピはP201）
- ウイスキー・ベース → **ウイスキー・サイドカー**（レシピはP205）

バリエーションの広がり方を覚えておけば、名前も覚えやすい。

第3章

バーでもっともよく飲まれるのは、やっぱりウイスキー

麦芽で造るビールの親戚。「バーボン」も「スコッチ」もウイスキー

バーで一番飲まれる酒といえば、日本ではやっぱりウイスキーである。カクテルやワインなどと違って、女性にはとっつきにくいイメージがあるかもしれないが、その魅力を知ればやみつきになるに違いない。

ウイスキーの原料はビールと同じ、大麦麦芽などの穀物だ。つまり、ビールとウイスキーは親戚筋にあたるのだが、育ちが違う。穀物を醸造するまでは一緒だが、ウイスキーはさらに蒸留という手間がかけられているのだ。醸造酒を蒸留した酒を「蒸留酒」といい、ウイスキーはジンやウオッカなどと同じ蒸留酒グループに属している（一〇三頁参照）。

では、ウイスキーとジンとでは、どこが違うのか。そこで注目してほしいのが〝色〟だ。あのウイスキーのとろりとした琥珀《こはく》色は、蒸留酒をさらに樽の中で熟成させることによって生まれる。穀物醸造、蒸留、樽熟成という三つの条件を満たして、初めてウイスキーと呼べるのである。

現在、ウイスキーは世界中で造られているが、主な産地はスコットランド、アイルランド、アメリカ、カナダ、日本。これを世界の五大ウイスキーと呼ぶ。

密造酒から発展したのか

Q ウイスキーが造られたのは？

A 中世のアイルランドで造られた「アクア・ビテ（生命の水）」が、ウイスキーの始まりといわれています。錬金術師たちが、醸造酒を蒸留する技術を発見し、その燃えるような味わいにビックリして、生命の水と名づけたのです。

その後、これがスコットランドに伝わり、アクア・ビテ造りが広まっていきました。しかし、国の法令で麦芽税がかされたことから、ウイスキーは山間で密造されるようになり、シェリー樽に詰めて隠されました。ところが皮肉にも、これが酒の味わいを高める結果となり、現在の樽熟成させるウイスキーが誕生したのです。

世界の5大ウイスキー

スコットランド、アイルランド、アメリカ、カナダ、日本。世界中で飲まれているウイスキーは、主にこの5地域で造られる。産地によって、味わいは異なる。

スコットランド（イギリス）

スコッチ・ウイスキー

スモーキーな香りが特徴。世界でもっとも愛飲されている。麦芽で造ったモルト・ウイスキーは、蒸留所（ウイスキーを製造する所）によって味わいが異なる。
→P82参照

カナダ

カナディアン・ウイスキー

軽い口当たりと、なめらかな味わい。カクテルベースにもっともよく使われる。アメリカでも人気がある。
→P96参照

日本

ジャパニーズ・ウイスキー

バランスのよい風味をもつ。スコッチと比べて、スモーキーな香りがおさえられている。
→P96参照

アイルランド

アイリッシュ・ウイスキー

香り高く、軽やかな舌触りが特徴。歴史の古いウイスキー。
→P92参照

アメリカ

アメリカン・ウイスキー

主にケンタッキー州で造られるバーボン・ウイスキーは、日本でもおなじみ。
→P94参照

スモーキーな香り、コクのある味。世界で一番人気のあるウイスキー

数あるウイスキーのうち、世界中でもっとも愛飲されているのが、イギリスのスコットランド地方で造られているスコッチ・ウイスキーだ。

スコッチは、原料や製造法の違いにより、モルトとグレーンという種類に分けられ、さらにそれらを混ぜたブレンデッドという種類がある。

モルトは、大麦麦芽のみを原料としたもの。個性の強い風味が特徴だ。

グレーンはトウモロコシなどが主な原料で、クセがなくマイルドである。

モルトとグレーンを混合したブレンデッドは、約一五〇年前に誕生した。二つを混ぜることによって味が平均化して、万人ウケする味わいとなり、スコッチの名が世界中に広まったのである。

スコッチの一番の特徴は、コクのある味わいと、スモーキーな香りだ。

モルトは、麦芽を乾燥させる際に、ピートという泥炭を燃料として使う。このピートを燃やしたときの香りが酒にしみ込み、麦を焦がしたようなスコッチ独特の香りが生まれるのである。

最近は、この原酒の個性を味わおうと、シングル・モルトの人気が世界的に高まってきている。

ピーティな
香りって
ききますが？

Q ピート（泥炭）ってどういうもの？

A 植物が堆積《たいせき》し、何千年という長い年月をかけて泥炭に変化したものをピートといいます。ピート層は、寒冷地や湿地にできるといわれ、スコットランドはピートの質にかけても保有量にかけても、世界有数の産地です。

使うときは数m、あるいは数十mにもおよぶピート層を切り出し、乾燥させます。気候や堆積する植物などの違いで、スコットランド内でも場所によってピートの質や香りは異なります。

日本でも北海道の一部の地域に量は多くありませんが、ピートがあります。

スコッチの種類

モルト・ウイスキー

大麦麦芽だけを原料とするウイスキーのこと。一般的に単式蒸留機（P85参照）で2回蒸留し、ホワイト・オーク樽で熟成する。

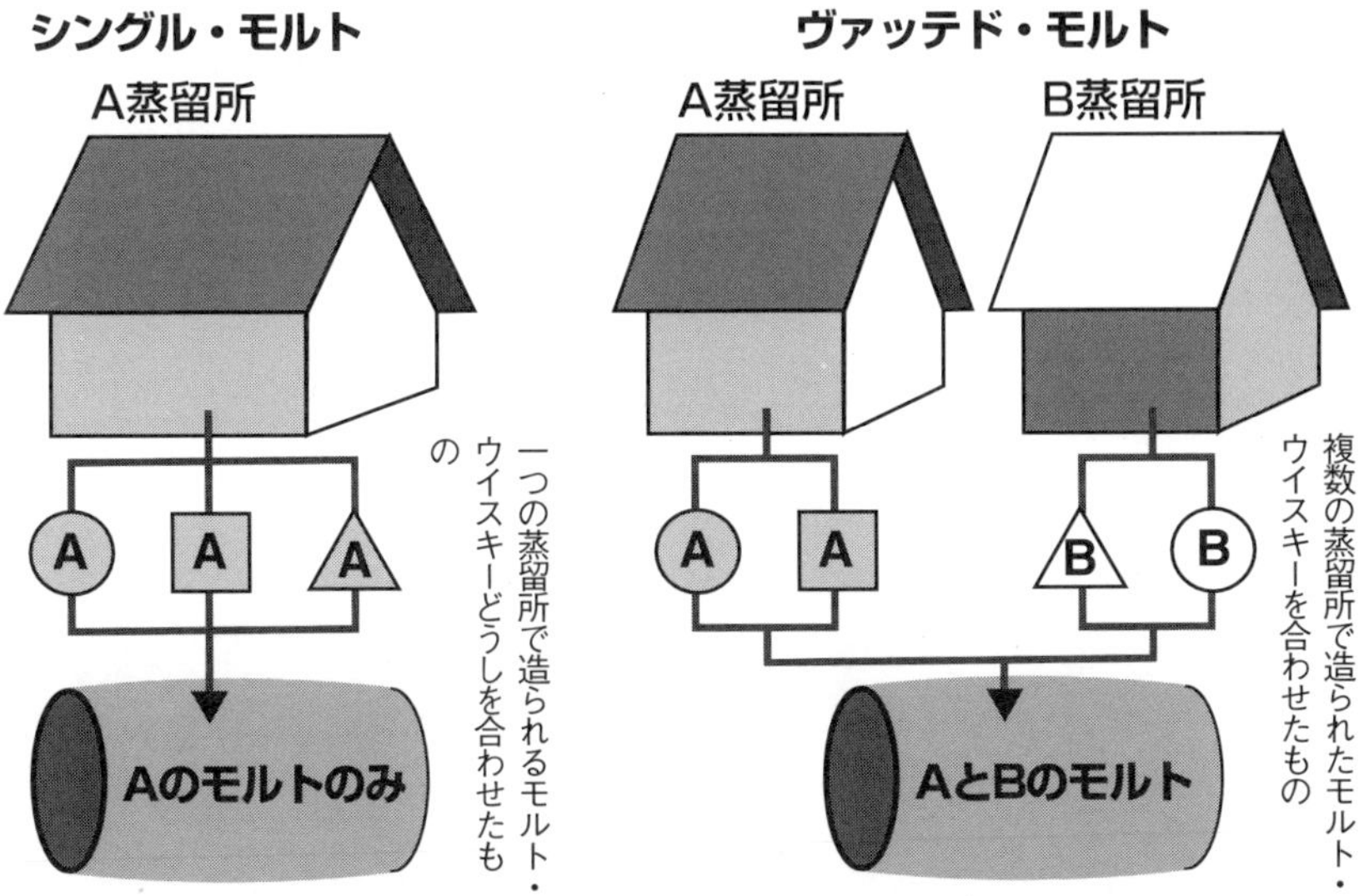

シングル・モルト
A蒸留所
A
A
A
Aのモルトのみ
一つの蒸留所で造られるモルト・ウイスキーどうしを合わせたもの
ヴァッテド・モルト
A蒸留所
B蒸留所
A
A
B
B
AとBのモルト
複数の蒸留所で造られたモルト・ウイスキーを合わせたもの

グレーン・ウイスキー

トウモロコシや小麦などを主な原料とするウイスキー。連続式蒸留機（P85参照）で蒸留する。

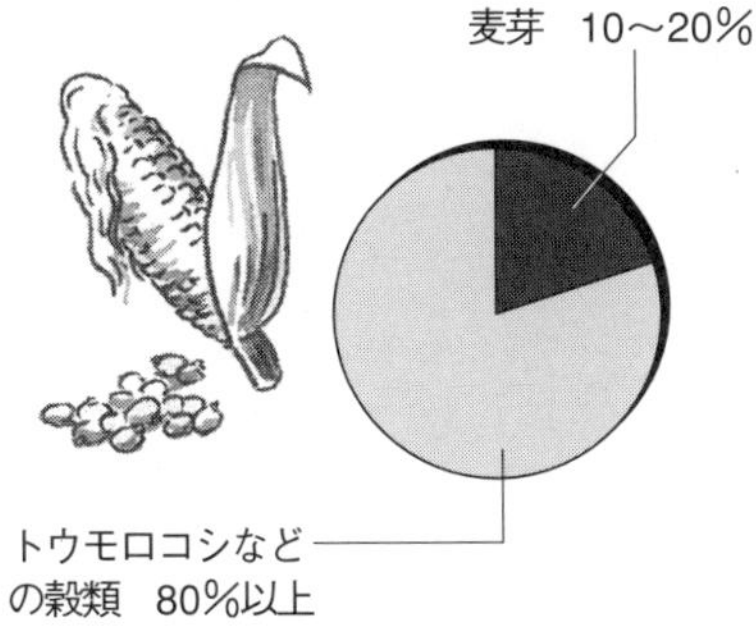

麦芽　10〜20％
トウモロコシなどの穀類　80％以上

ブレンデッド・ウイスキー

数十種類のモルト・ウイスキーに、数種類のグレーン・ウイスキーを混ぜたもの。

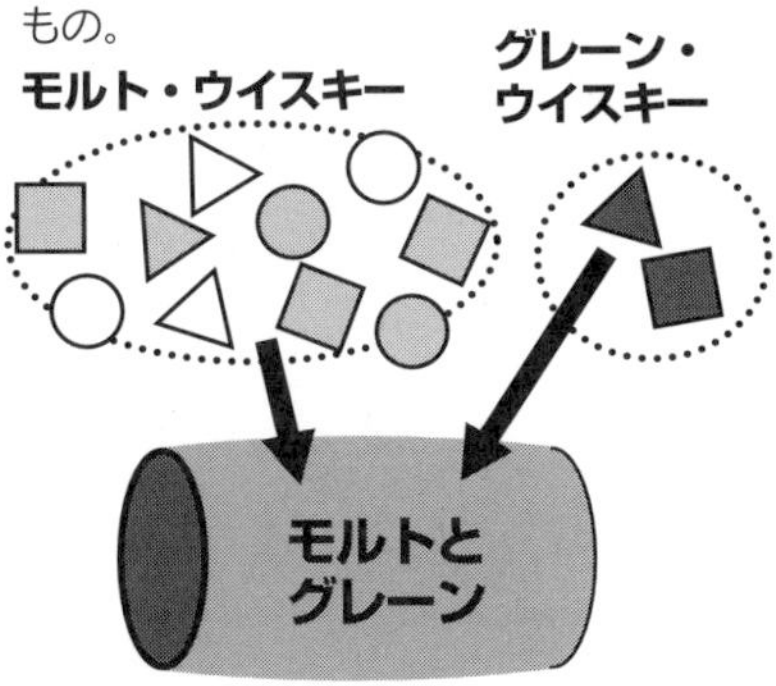

モルト・ウイスキー
グレーン・ウイスキー
モルトとグレーン

られる

世界各地で造られているほかのウイスキーも、この製法が基本になっている。

モルト・ウイスキー

原料は、二条大麦という種類の大麦のみ。でんぷんが多いため糖化《とうか》しやすく、たんぱく質が少ないという特徴がある。

発芽

大麦を水に浸し、発芽させる。

乾燥

ピートを焚き、麦芽を熱風で乾燥させる。このときに生じるスモーキーな香り（ピート香）が、モルト・ウイスキー独特の味わいを生む。乾燥したら根を除き、粉砕《ふんさい》する。

ピートは香りづけ

ピートを使うのは、スコットランドと日本の一部のウイスキー。
現在は燃料としてよりも、香りづけとしての役割のほうが重視されている。

糖化・発酵

糖化槽に粉砕した麦芽と温水を入れて、麦芽に含まれる糖化酵素を分解する。このときに入れる温水を仕込み水といい、ウイスキーの味を左右する。これに酵母を加えて発酵させると、もろみ（発酵液）ができる。

グレーン・ウイスキー

トウモロコシや小麦などが主な原料。単独で瓶詰めされることはほとんどなく、主にブレンド用として造られる。

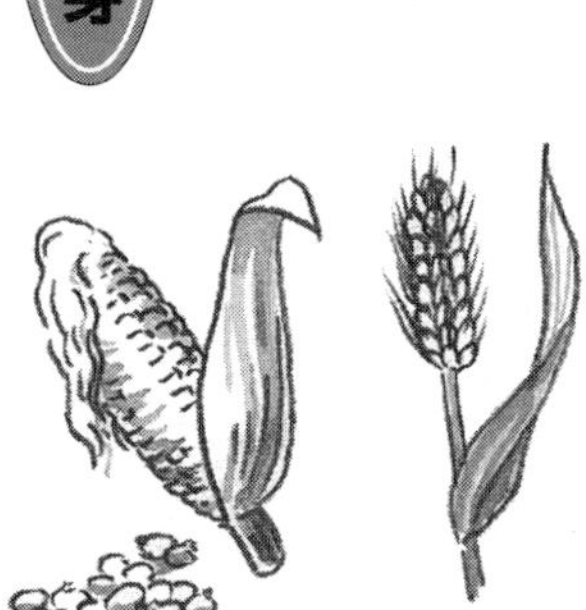

蒸煮・発芽

大麦以外の穀類は粉砕し、蒸気圧で蒸煮する。大麦はモルト・ウイスキーと同じように発芽させる。

糖化・発酵

糖化槽に粉砕した原料と仕込み水を入れ、酵母を加えて発酵させる。

スコッチ・ウイスキーはこうやって造

蒸留

単式蒸留機で二回蒸留する。最初の蒸留（初留）では味が粗くアルコール分も弱いので、もう一度蒸留（再留）して七〇度前後のアルコール液を取り出す。

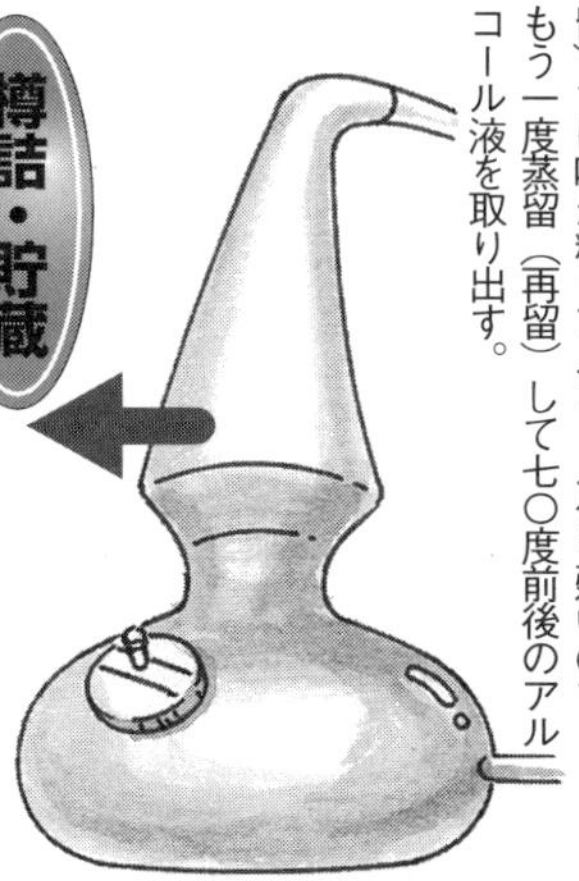

単式蒸留機（ポット・スチル）とは

銅製の簡素な構造の蒸留機。1回蒸留するごとに発酵液を入れ替える。蒸留機の形や加熱する方法により、味が異なる。

香り高い蒸留液ができる。

樽詰・貯蔵

ホワイト・オークの樽に詰める。アメリカのバーボン・ウイスキーは、樽の内側を焦がして使う。樽の大きさや貯蔵する場所によって、味が異なる。

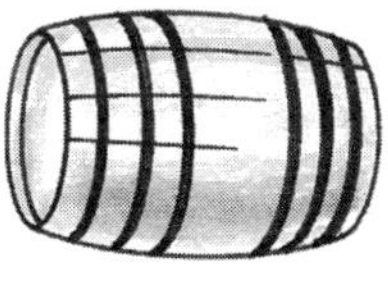

モルト・ウイスキー

ブレンド

モルトとグレーンを合わせ、再び熟成（後熟）させる。

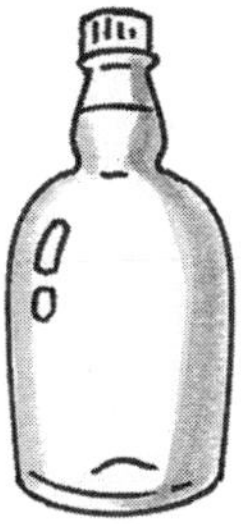

ブレンデッド・ウイスキー

蒸留

連続式蒸留機で蒸留する。アルコール度九〇度以上の濃度の高い蒸留液ができる。

連続式蒸留機とは

単式蒸留機をいくつもつないだ構造の蒸留機。発酵液を入れ替えず、一度で蒸留できるため、大量生産ができる。味の個性は弱い。

樽詰・貯蔵

ホワイト・オークの樽で熟成する。グレーンの場合、熟成によって味が変化することはあまりない。

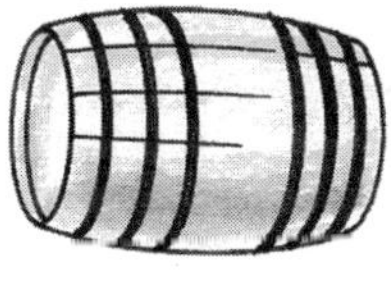

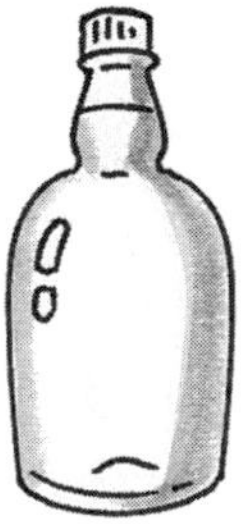

グレーン・ウイスキー

※どのタイプのウイスキーも、水を加えて度数を低くしてから（40度前後）瓶詰めされる。

ブレンデッドは香りのオーケストラ。誰にでも好かれるバランスのとれた酒

ブレンデッドとは、二〇～四〇種類のモルトに、三～四種類のグレーンをブレンドしたものをいう。個性の強いモルトにシンプルなグレーンを組み合わせることで、クセのない、まろやかな味わいに仕上がるのだ。

この絶妙なバランスを作り出しているのは、ブレンドする専門家・ブレンダーだ。彼らは、ウイスキーを味見するのではなく、一樽ごとに原酒を鼻で嗅ぎ分けて、ブレンドするのである。

ヨーロッパの伝統あるウイスキー・メーカーでは風味を守るために、ブレンダーは同じ家系から雇う。生まれもった体質も育った環境も同じなら、同じ嗅覚が養われるからだといわれる。なかには、何千種類もの香りを嗅ぎ分けることができるブレンダーもいるという。

スコッチ初級者は、まずブレンデッドを味わってから、シングル・モルトに進みたい。澤井氏によれば、そのほうが飲みやすいだけでなく、シングル・モルトの個性がより理解しやすくなるんだそうだ。

ブレンデッドを注文するなら、プレミアムの一二年ものがおすすめだ。手ごろな価格で、おいしいブレンデッドを味わうことができる。

ブレンドのタイプは４種類

各ブランドによって差はあるが、ブレンデッド・ウイスキーは、モルト・ウイスキーを混ぜる割合によって、大きく４つのタイプに分けられる。

デラックス…………モルト・ウイスキーを全体の50％以上使っている最高級品。ブレンドした後、15年以上熟成したものがほとんど。

プレミアム…………モルトを40～50％使用。ブレンド後、12年以上熟成している。

セミ・プレミアム…10～12年もののモルトを40％前後使っている。ブレンド後の熟成年数は表記していない。

スタンダード………5～10年もののモルトを30～40％使用。ブレンド後の熟成年数は表記していない。

ブレンダーの傑作を味わおう

「バランタイン30年」の深みのある味わいは、まさにスコッチの最高峰。島耕作もお気に入りの一本。

知っておきたいブレンデッド・ウイスキー

ジョニー・ウォーカー

「ジョニー・ウォーカー赤ラベル」は、端正《たんせい》な香り。秘蔵の古酒をブレンドしたブルー・ラベルは、澤井氏もすすめるブレンデッド・ウイスキーの絶品。

バランタイン

ブレンデッド・ウイスキーのトップブランド。「バランタイン・ファイネスト」は、リーズナブルに楽しめる人気ウイスキー。やわらかな風味のスコッチだ。

ホワイト&マッカイ

19世紀後半に、ジェイムズ・ホワイト氏とチャールズ・マッカイ氏によって生まれたブランド。なめらかでコクがある。「ホワイト&マッカイ12年」は、熟成12年のプレミアム・ウイスキー。

味見しながら
ブレンドしていたわけ
ではなかったのか

ブレンダーは一樽
ごとに香りを嗅いで
どの樽を混ぜるかを
決めていくのよ
鼻の技術者とも
いえるわね

シングル・モルトでスコッチの個性をくらべる

気候、風土、水。蒸留所によって風味が異なる

ブレンデッドでスコッチの風味に親しんだら、お次はシングル・モルト・ウイスキーでスコッチの個性を味わってみたい。シングル・モルトとは、ほかの蒸留所で造られたモルト原酒を一切混ぜず、ただ一つの蒸留所だけで造られたモルトを瓶詰めにしたものをいう。それだけに味わいもシンプルで、素性のはっきりしたウイスキーなのである。

現在、モルトの蒸留所は約一一〇ヵ所あり、ほとんど蒸留所の名前がそのままウイスキーの名前になっている。ただし、種類は一一〇ではない。熟成年数や蒸留年の違いなどで、一〇〇〇種類以上はあるといわれている。シングル・モルトもワイン同様、実に多種多様なのだ。

モルトの風味は、蒸留所の立地や気候、さらに水やピートなどの差で、蒸留所ごとに味わいが異なる。その蒸留所があるのも、ハイランド、スペイサイド、ローランド、アイラ、キャンベルタウン、アイランズなどの地域。大まかではあるが、地域ごとに味の特徴がある。

おいしいモルトを手軽に味わうなら、ブレンデッド同様、やはり一二年もの、もしくは一七年ものがおすすめである。

かなり濃い色をしたウイスキーなんだって

Q 思い出深いシングル・モルトはありますか？

A 数年前、ベルギーで有名なホテルのバーへ飲みに行ったときのことです。カウンターにジーンズ姿で座っていた40代ぐらいの男性客が、私の肩書きを聞いて、「ぜひご馳走させてください」と、鍵付きの棚に陳列されていたウイスキーを指差しました。見れば、シングル・モルトのロールスロイスと絶賛されているマッカランの60年もの！　日本では何百万円もする代物です。

その香りと味わいは、生涯忘れられないほど素晴らしく、今もそのときのグラスは記念にとってあります。ちなみに、男性はアメリカの大財閥の御曹司で、このボトルを入れたのは２度目だったそうです。

モルト・ウイスキーの産地

以下の産地のほかに、アイラ島以外の島で造られるモルトをアイランズ・モルトと呼ぶ。スカイ島のタリスカーや、ジュラ島のアイル・オブ・ジュラなどが代表銘柄。

ハイランド Highland
グリーノック、ダンディーという地域を結び、その線より北側がハイランド地方。ピート香が穏やかで、バランスのよい辛口がハイランド・モルトの特徴。代表銘柄は、バルブレア、ダルモア、エドラダワー、グレンモーレンジなど。
スペイサイド Speyside
（ハイランド地方の一部）
スペイ川流域を指し、半数の蒸留所が集中している。優雅な風味とキレのよいピート香が特徴。代表銘柄は、アベラワー、クラガンモア、グレンフィディック、マッカランなど。グレンフィディックは、スコットランド最大の蒸留所。
エドラダワー
スコットランドでもっとも小さな規模の蒸留所。食前に飲めるほど、軽くさわやか。
マッカラン12年
フルーティーで華やかな香り。マッカランは1824年創業以来、原料や製造法の伝統を守り続けている蒸留所。そのバランスのとれた深みのある風味は、世界のブレンダーから絶賛されている。
アイラ Islay
スコットランドの西側の大西洋に浮かぶ、アイラ島を指す。海に囲まれているため、ピートに潮の香りが混じる。個性的で濃厚な味わいのものが多い。代表銘柄は、アードベッグ、ボウモア、ラフロイグなど。
スコットランド
ダンディー
Dundee
ローランド
Lowland
ハイランドの境界線から南側を指す。ピート香が控え目で、やわらかく軽い口当たり。気候もハイランドより穏やか。代表銘柄は、オーヘントッシャン、リトルミルなど。
グリーノック
Greenock
ボウモア・ダーケスト
潮の香りとピート香が複雑に混ざる、アイラ島のモルト。創業は1779年。
イングランド
キャンベルタウン
Campbeltown
スコットランドの西、キンタイア半島の南端。ピート香が強く、マイルドな口当たり。代表銘柄は、スプリングバンクなど。
スコットランド
アイルランド
イングランド

Cocktail
コラム

日本のウイスキーの真価はこれから。

スコッチのシングル・モルトが人気上昇中

物思いにふけりながらバランタイン三〇年、可愛い女子社員に誘われてサントリー・オールド、ときには、美女とベッドでジャック・ダニエル……。僕は、島耕作がウイスキーを飲む場面を、漫画の中で度々登場させている。

ウイスキーは日本人にとって、なじみの深い、愛着のある酒だ。

そもそも、日本でウイスキーが誕生したのは一九二九年。寿屋（現サントリー）の「白札」が国産第一号ウイスキーだ。スコットランドに単身留学し、スコッチの製法をみっちり学んできた竹鶴政孝という人物が造った、努力の賜物である。その後、竹鶴氏は寿屋をやめ、北海道・余市に新たな蒸留所を建てる。これが、現ニッカウヰスキーの前身である。

日本のウイスキーは、誕生してまだ一〇〇年にも満たない。ウイスキーは長い年月がたたないと真価がわからないため、日本のウイスキーはこれ

ウイスキーに
くわしいね
私
ウイスキー党なの

からが期待できる、と澤井氏も確信している。

ところで、最近は若い人を中心に、スコッチのシングル・モルトに人気が集まっている。数百種類のシングル・モルトをそろえるバーが増え、国内の販売量は右肩上がりだとか。インターネットでもシングル・モルトの情報が飛び交う。蒸留所ごとに味わいが異なるウイスキーの人気で、いよいよ個性の時代が到来したということか。

ちなみに、澤井氏から聞いたウイスキーのおトクな情報を教えよう。マンハッタンやロブ・ロイなどのカクテルは、シングル一杯分よりも使うウイスキーの量が多いとのこと。値段は同じくらいだから、水割りよりもカクテルを頼んだほうがウイスキーを安く多く飲めることになる。

竹鶴氏は日本の
ウイスキーの父
といえるね

歴史の古いアイリッシュ・ウイスキー

アイルランドはウイスキー発祥の地。香り高く、個性的

アイリッシュはスコッチに比べると知名度が低く、世界的なシェアはまだごくわずかだ。しかし、一九七〇年代にブレンデッドが登場してからというもの、アイリッシュ・ファンも増えてきている。

そもそもアイルランド島は、ウイスキー発祥の地。一二世紀から穀物を蒸留した酒を飲んでおり、いわばアイリッシュは世界最古のウイスキーなのである。その誇りからか、アイルランドでは今も麦芽を乾燥させる際、ピートではなく石炭を使い、蒸留回数も他のウイスキーのように二回ではなく三回と、昔ながらの製法を守り続けている。

澤井氏によれば、古い製法ならではの伝統的な味わいがするという。スコッチよりもドライでなめらかだが、濃厚な香りがある。すっきり洗練された美女より、ややクセのある個性的な女性に惹《ひ》かれる男もいるのと同じで、スコッチよりアイリッシュの風味を好む人も多い。

かつては数十ヵ所の蒸留所があったアイルランドだが、現在稼働しているのはアイルランド最古の蒸留所といわれているブッシュミルズのほか、ミドルトン、クーリーの三ヵ所のみである。

アイルランドのウイスキーってのは ちょっぴり原始的で 懐かしい味がするんですよ

アイリッシュ・ウイスキーはこんなウイスキー

原料
大麦麦芽、ライ麦、小麦、発芽していない大麦など。

製造法
例外もあるが基本的にはピートは用いず、石炭を燃料にして麦芽を乾燥させる。単式蒸留機で蒸留を３回おこない、３年以上熟成させる（ストレート・アイリッシュ・ウイスキー）。

味
軽くなめらかな舌触り。コクもある。

種類
ストレート・アイリッシュ・ウイスキーとグレーンをブレンドしたアイリッシュ・ブレンデッド・ウイスキー。ブレンデッドが現在の主流。

知っておきたい アイリッシュ・ウイスキー

ブッシュミルズ
1608年に設立された、世界最古の蒸留所。大麦麦芽だけで原酒を造り、グレーンをブレンド。軽くさわやかな味わい。

タラモア・デュー
ライトな口当たりのブレンデッド。タラモアとは、アイルランドの町の名前。

ジェムソン
アイリッシュのトップブランド。なめらかな舌触り。「ジェムソン1780」は甘みのある豊かな香りのブレンデッド。

本当だ
口当たりは軽いが
深みのある
味わいだ……

12
JAMESON
1780
12
ジェムソン
1780

トウモロコシがメインのバーボン。くせのある味が好まれる

何事も法律が徹底しているアメリカでは、ウイスキーの原料や製造法も連邦法で細かく規定されている。その範囲内で何とか個性を出そうと造られたのが、バーボン、ライ、コーンなどである。

このうちもっとも人気があるのは、主にケンタッキー州バーボン郡で造られているバーボンである。原料に五一％以上八〇％未満のトウモロコシを使い、内側をバーナーで焦がしたオーク樽で二年以上熟成させたものを、バーボンという。ほかのウイスキーに比べると、いぶしたような香りが強く、かすかに甘みがあるのが特徴だ。また、バーボンの場合、熟成に使った樽は二度と使用してはならないと、法律で定められているため、なかなか金のかかった酒ともいえる。

法律上はバーボンの一種なのだが、テネシー州で造られ、テネシー産のサトウカエデの木炭で濾過《ろか》してから樽熟成したものはテネシー・ウイスキーと呼ばれ、区別されている。マイルドな味わいが特徴だ。

ライは、カクテルによく使われているウイスキーだ。ライとコーンは、ウイスキーとしての格はあまり高くなく、庶民的な酒といえるだろう。

知っておきたいアメリカン・ウイスキー

ジム・ビーム
バーボンの代表的なブランド。200年以上の歴史がある。

I.W.ハーパー
トウモロコシを多く使用した、なめらかなバーボン。アルコールの香りが強い。

ワイルド・ターキー
風味豊かで舌にピリッとくる味わい。アイゼンハワー大統領（在任1953～61年）が愛飲していたことで有名なバーボン。名前は“野生の七面鳥”の意味。

ジャック・ダニエル
まろやかで甘い香りが特徴のテネシー・ウイスキー。「ブラック」は、バニラやカラメルのような香りがする、とよく表現される。あと口はドライ。

ジャック・ダニエル・ブラック

アメリカン・ウイスキーはこんなウイスキー

原料 ライ麦、トウモロコシなどの穀物。

味 香ばしく個性的な味わい。

製造法 アルコール度95度未満で蒸留し、オーク樽で熟成。あるいはそれにスピリッツをブレンド。バーボンは内側を焦がした新樽で熟成させる。ピートは使わない。

種類 ストレート・ウイスキー、ブレンデッド・ウイスキー、ライト・ウイスキーなど。

ストレート・ウイスキー

内側を焦がした樽で２年以上熟成させたもの

- **バーボン・ウイスキー**：原料に51～80％未満のトウモロコシを使う。ストレート・バーボンの中には、蒸留残液などを加えて発酵させる“サワー・マッシュ”という独特の方法がある。テネシー・ウイスキーもこの方法で発酵される。
- **ライ・ウイスキー**：ライ麦を51％以上使用。コクがある。
- **コーン・ウイスキー**：トウモロコシを80％以上使う。例外的に、古樽か焦がしていない新樽で熟成。

ブレンデッド・ウイスキー

ストレート・ウイスキーを20％以上使い、スピリッツなどをブレンドする。ブレンデッド・バーボン・ウイスキー、ブレンデッド・ライ・ウイスキー・ブレンデッド・コーン・ウイスキーなどがある。

ライト・ウイスキー

アルコール度80～95度未満で蒸留し、内側を焦がさない樽で貯蔵。軽い口当たり。

テネシー・ウイスキーを飲んでいたらいい雰囲気になってきた

ライトなカナディアン、期待度の高いジャパニーズ

世界五大ウイスキーのうち、カナディアンはもっとも軽快で、独特なさわやかさを備えたウイスキーである。クセがないことから、カクテルのベースに一番よく使われているウイスキーでもある。

カナディアンの主原料はトウモロコシ、ライ麦、大麦麦芽だが、ほかのウイスキーと違って、間を置かずに蒸留する連続式蒸留法を採用している。この製法上の違いに加え、カナダには安定した良質の水が豊富なことが、独自のさわやかさを生み出す秘訣らしい。ちなみにアメリカでは、自国のバーボンより、カナディアンのほうが圧倒的に人気が高い。

一方、日本のウイスキーはまだ歴史が浅いこともあって、残念ながら海外での知名度はあまり高くない。しかし、ジャパニーズ・ウイスキーは、ウイスキーのトップに君臨しているスコッチと製法も味もよく似ている。スコッチに比べると、香りは控え目だが、水割りにしても崩《くず》れにくいのが特徴だ。

勤勉な日本人気質のおかげで、製法も風味もどんどん進歩してきている。今後が期待できるウイスキーといえるだろう。

日本のウイスキーは歴史が浅い分、これからが楽しみ

カナディアン・ウイスキーはこんなウイスキー

原料　トウモロコシ、ライ麦、大麦麦芽など。

味　軽くまろやか。ストレートでも飲みやすい。

製造法　トウモロコシを主体に連続式蒸留機で蒸留したものをベース・ウイスキーといい、ライ麦を主体に連続式、単式両方の蒸留機で蒸留したものをフレーバリング・ウイスキーという。この２つをブレンドする。

種類　ベース・ウイスキーとフレーバリング・ウイスキーをブレンドしたタイプのみ。その中でも、ライ麦を51％以上使っていれば、ライ・ウイスキーと呼ばれる。

知っておきたい カナディアン・ウイスキー

カナディアン・クラブ

軽快な口当たりと華やかな香り。アメリカに輸出したときに大変な人気が出たため、1890年にアメリカとカナダのウイスキーを区別する法律ができたほどだ。

カナディアン・クラブ

ジャパニーズ・ウイスキーはこんなウイスキー

原料　大麦麦芽。グレーンはトウモロコシや小麦など。

味　のびやかな香りとマイルドな味わい。ピート香は少ない。

知っておきたい ジャパニーズ・ウイスキー

響

サントリーのブレンデッド・ウイスキー。優雅でバランスのよい香り。

鶴

熟成したモルトとグレーンをブレンドした、ニッカのウイスキー。深い味わい。

サントリー響30年

製造法　モルト、グレーンともスコッチと同じ。ピートを使わない場合も多い。ブレンデッドは、ウイスキーにブレンド用アルコールを加える場合がある。

＊ブレンド用アルコールとは、糖蜜を原料にして蒸留したクセのない蒸留酒。ニュートラル・スピリッツとも呼ばれる。

種類　モルト・ウイスキーとグレーン・ウイスキー、ブレンデッド・ウイスキー。

冷やしすぎなければＯＫ。ウイスキーに正しい飲み方はない

ウイスキーはストレートかロックに限る！　とお思いの方も多いようだが、ウイスキーに正当な飲み方はない。もちろん、そのまま飲んだほうがウイスキー本来の味が楽しめることは事実だが、酒に弱い人は水割りだってかまわない。あくまで自分の好みで決めればいいのだ。

ただし、水割りを注文する場合は、「氷は少なめに」と付け加えよう。ワインと違って、ウイスキーに適温というものはないが、氷をたくさん入れて冷やしすぎてしまうと、本来の味が損なわれてしまうからだ。

もし、炭酸飲料で割るときは、カナディアン・ウイスキーがおすすめ。個性が強くない分、ほかの材料に味がなじむ。コーラで割ったカナディアン・コークなどは、アメリカ人なら誰でも知っている人気のウイスキー・カクテルである。

また、ウイスキーは軽いものならば食前にも飲めるが、一般的には食後にバーでゆっくり飲むのが一番向いている。ストレートで飲むときは、飲んだ後にグラスをテーブルに伏せて三～四秒置いてから、鼻に近づけてみて。飲んでいるとき以上に、芳醇な香りが楽しめる。

マンハッタンは別名〝カクテルの女王〟だよ

Q　ウイスキーが変わるとカクテル名も変わる？

A　ライ・ウイスキーを使ったマンハッタンが、代表的な例です。

マンハッタンとはご存じのとおり、アメリカ・ニューヨークの地名。それにちなんで、ベースには必ずアメリカのウイスキー（ライ）を使うのがきまりなんです。

このベースをスコッチにかえると、ロブ・ロイという名前に変わります。ロブ・ロイとは、17世紀後半に貴族と闘ったスコットランドの国民的英雄、ロバート・マクレガーという人物の愛称です。

ちなみに、ブランデーを使うとキャロルという名前のカクテルになります。

使うウイスキーが決まっているカクテル

ウイスキーベースのカクテルは、使うウイスキーの種類が決まっているものが多い。スコッチ、バーボン、ライ、アイリッシュを使う主なカクテルを、以下に挙げた。

ウイスキー

スコッチ

ロブ・ロイ
ピートの香りと甘い味がとけあう。アルコール度は強（レシピはP207）。

ボビー・バーンズ
薬草の香りがアクセント。アルコール度は強（レシピはP206）。

チャーチル
ライムが香る、甘酸っぱい味。アルコール度はやや強（レシピはP206）。

バーボン

ミント・ジュレップ
ミントの香りが強い。アルコール度はやや強（レシピはP43）。

カウボーイ
バーボンとミルクが調和。アルコール度はやや弱（レシピはP205）。

ライ

ニューヨーク
中辛口。ライムが心地よく香る。アルコール度はやや強（レシピはP206）。

マンハッタン
ロブ・ロイよりも口当たりが軽い。アルコール度は強（レシピはP25）。

オールド・パル
カンパリの苦味がライとマッチ。アルコール度はやや強(レシピはP205)。

アイリッシュ

アイリッシュ・コーヒー

Irish Coffee

大西洋を渡る飛行機が給油のために、アイルランドの空港に立ち寄っていた時代、乗客に配られていた、という。

味：コーヒーと生クリームの濃厚な味

アルコール度：やや弱

★作り方

グラスに生クリーム以外の材料を入れてステアし、軽く泡立てた生クリームをのせる。

ベースをブランデーにすると「ロイヤル・コーヒー」。

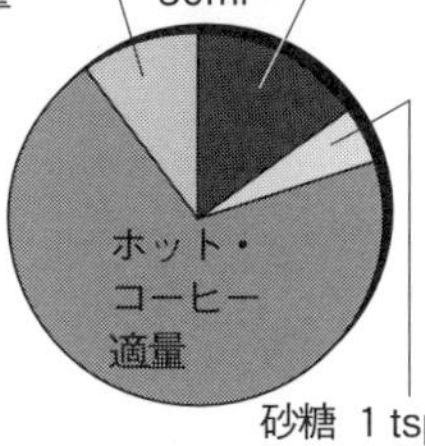

生クリーム
適量
アイリッシュ・
ウイスキー
30ml
ホット・
コーヒー
適量
砂糖 1 tsp

第4章

ベースに使われる酒を知る

酒とはエチル・アルコールを含む飲料のこと。三つのタイプに分けられる

ベースとなる酒について知っておくと、カクテルの魅力がますますわかり、自分の気に入った味も見つけやすくなる。

まず〝酒〟とは何なのか？　日本の酒税法では、「アルコール分一度以上の飲料」と定義されている。これは、一〇〇mlの液体の中に一ml以上のエチル・アルコールを含む飲料を指す。含有率が一％で、アルコール度が一度となるわけだ。

このアルコール度数の表示方法は、世界でも広く使われているものだが、アメリカでは「プルーフ（Ｐｒｏｏｆ）」という単位が使われている。水を〇プルーフ、一〇〇％のアルコールを二〇〇プルーフで表す。つまり、日本のアルコール度数×二と考えればよく、たとえば日本でアルコール三〇度の酒は、アメリカでは六〇プルーフの酒となる。イギリスでもプルーフが使われているが、この場合ちょっと複雑だ。アルコール一〇〇％で一七五プルーフとなる。

酒は、製法の違いで、醸造酒・蒸留酒・混成酒の三タイプに大別される。このうち、カクテルによく使われるのは蒸留酒と混成酒である。

無色透明のスピリッツはホワイト・スピリッツ
色がついたものはブラウン・スピリッツというんだ

酒は大きく分けると3種類

醸造酒

発酵させて造る酒。果実やハチミツなど、糖質の原料を直接アルコールに変えるものを単発酵酒、麦や米などデンプン質の原料を糖に変化させてからアルコールに変えるものを、複発酵酒と呼ぶ。

前者はワイン、後者はビールや清酒など。

酒

混成酒

醸造酒や蒸留酒をもとにして、フルーツのエキスや香料、糖分などを混ぜたり、再蒸留したりしてできた酒。蒸留酒をベースにした混成酒は、リキュールと総称される。

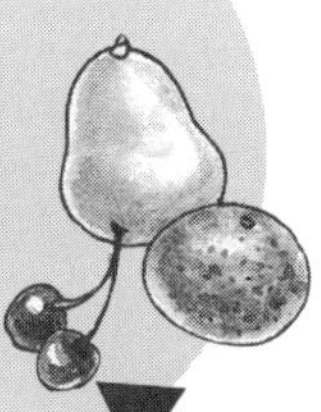

蒸留酒

醸造酒などを蒸留して造った酒。一般的にアルコール度が高い。

カクテルのベースにもっともよく使われる。

“スピリッツ” とも呼ばれる。

ウイスキー、ブランデー、ジン、ウオッカ、ラム、テキーラなど。

蒸留酒は蒸気からアルコール分を取り出す

蒸留とは、液体の沸点（沸騰する温度）の違いを利用して、成分を分離することをいう。

水の沸点は100℃だが、エチル・アルコールはそれよりも低く、78.325℃。液体を加熱していくと、初めにアルコールを多く含んだ蒸気が発生する。これを冷却して液体に戻すと、アルコール濃度の高い液体を取り出せる。これが蒸留酒になる。

沸点

水	100℃
エチル・アルコール	78.325℃

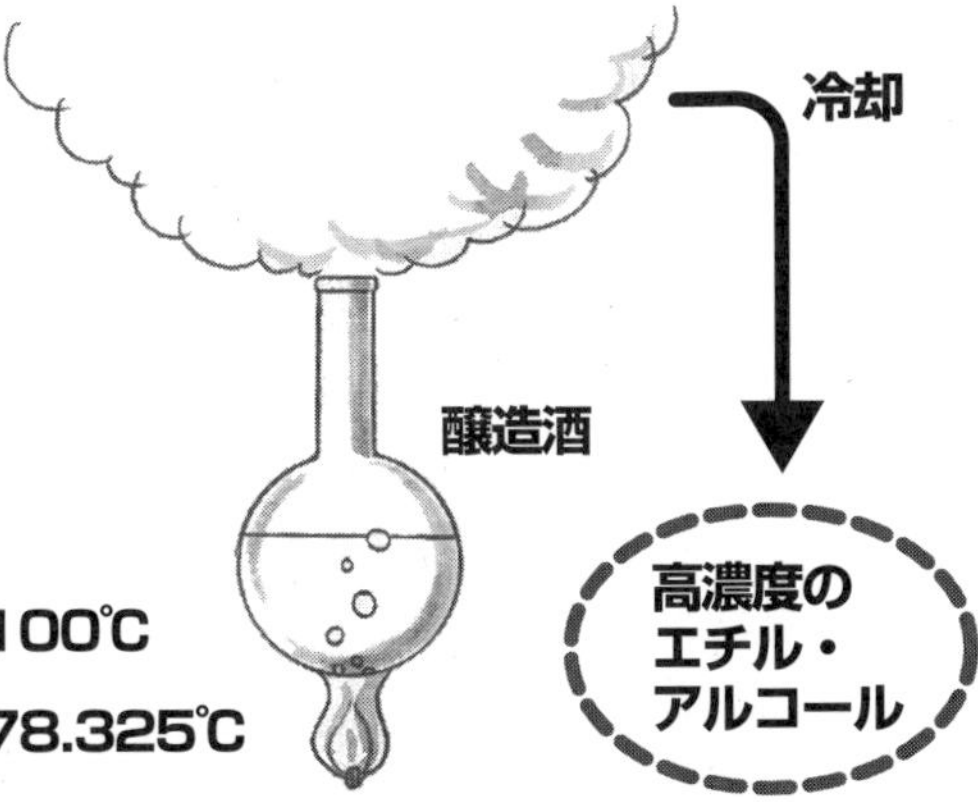

られている

酒は、世界のほとんどの国に存在する。以下はカクテルのベースによく使われる酒の、主な生産国。

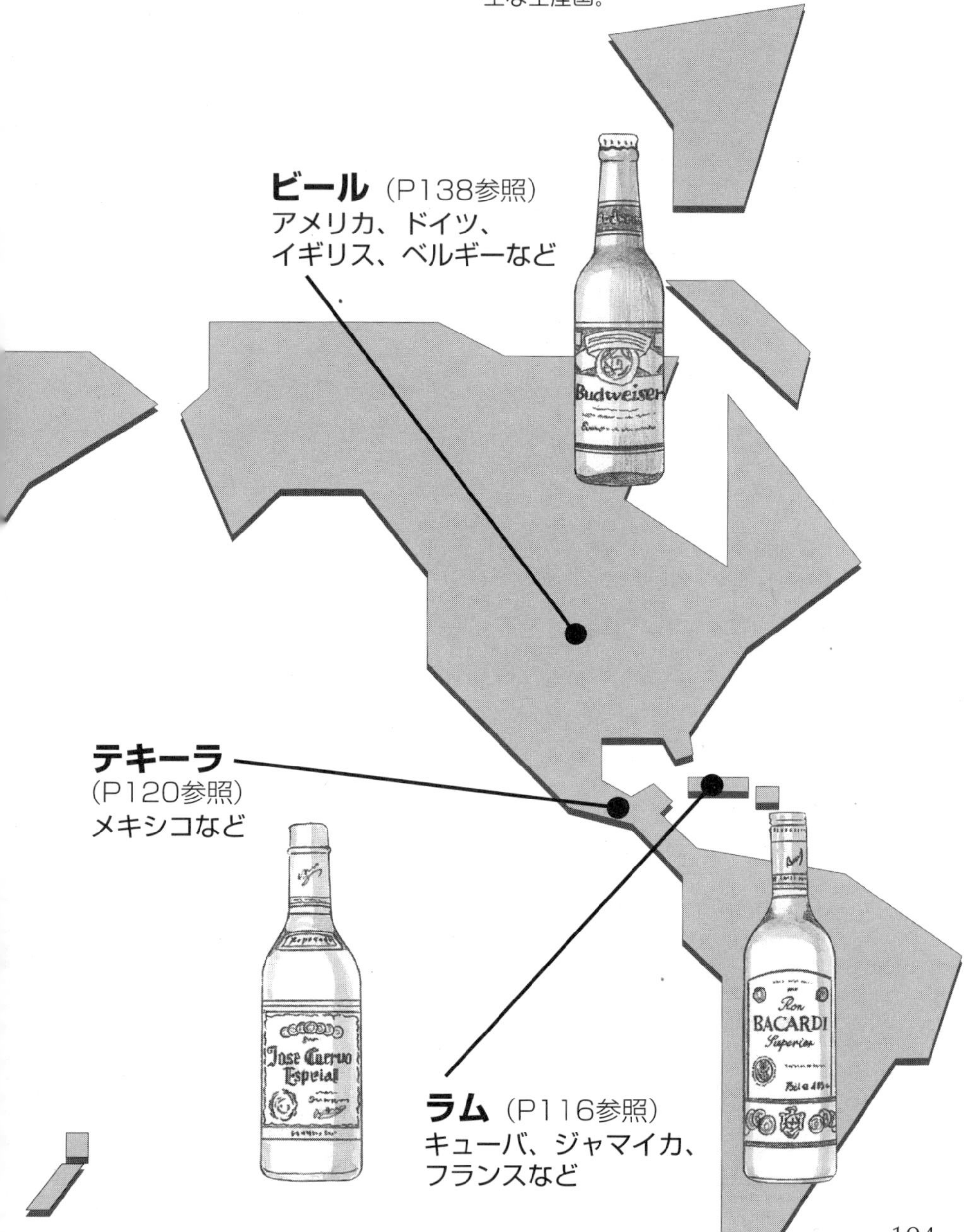

ビール（P138参照）
アメリカ、ドイツ、
イギリス、ベルギーなど
Budweiser
テキーラ
（P120参照）
メキシコなど
Jose Cuervo
ラム（P116参照）
キューバ、ジャマイカ、
フランスなど
Ron
BACARDI
Superior

ベースになる酒は主にこの国で造

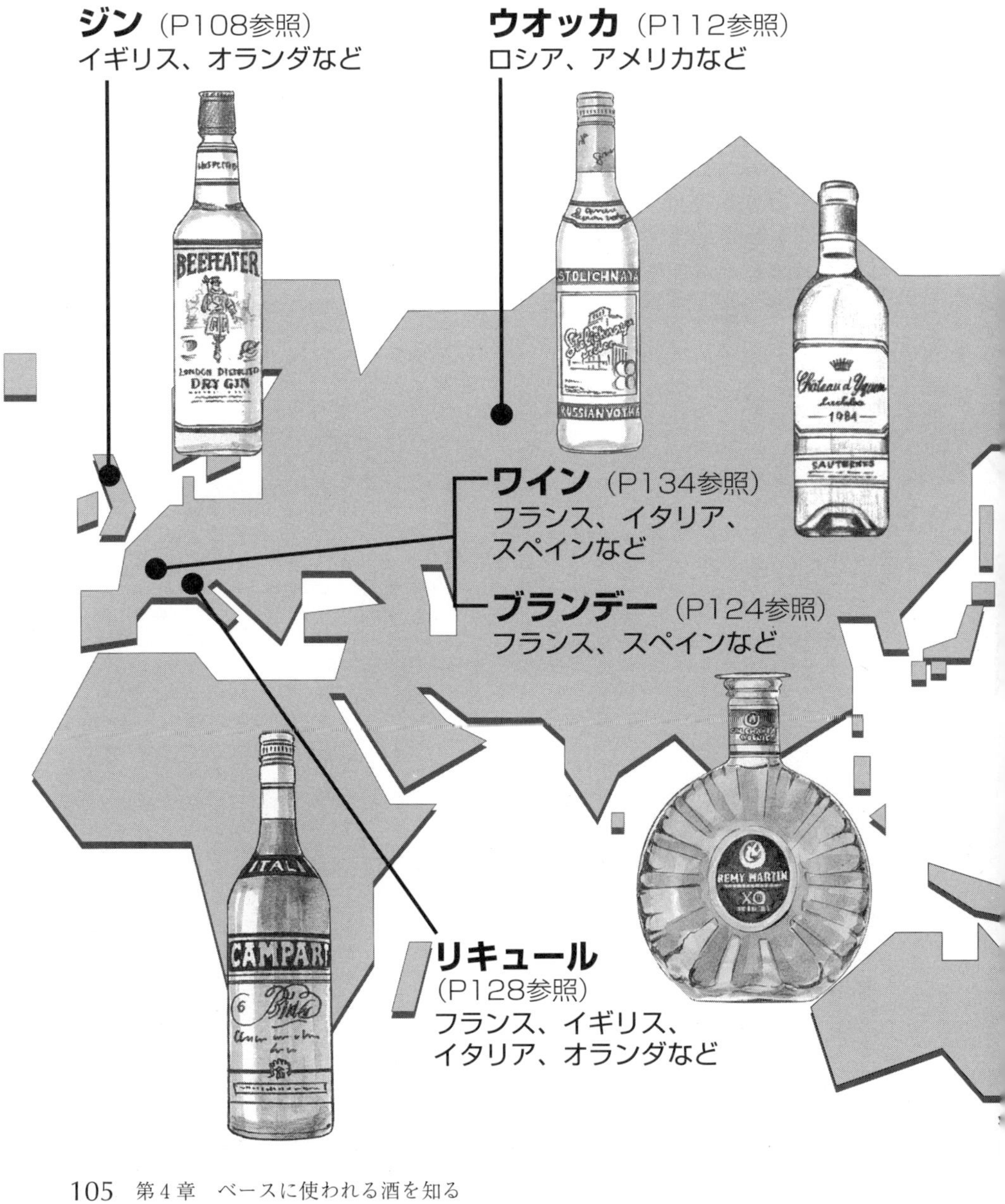

ジン（P108参照）
イギリス、オランダなど
ウオッカ（P112参照）
ロシア、アメリカなど
ワイン（P134参照）
フランス、イタリア、
スペインなど
ブランデー（P124参照）
フランス、スペインなど
リキュール
（P128参照）
フランス、イギリス、
イタリア、オランダなど
BEEFEATER
DRY GIN
STOLICHNAYA
SAUTERNES
REMY MARTIN
XO
CAMPARI

Cocktail コラム

ビールの合い間にアクアヴィット。胃の調子をよくする上手な飲み方がある

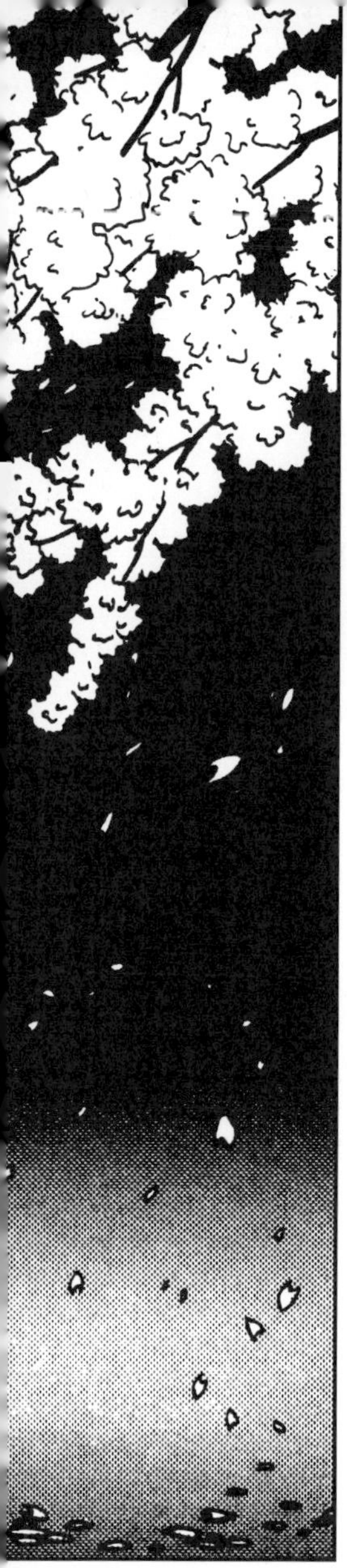

フランス料理を考えてみる。何種類もの材料を合わせて作った色とりどりのソースを、肉や魚にからめていただく。混ぜて飲む、というカクテルがヨーロッパで発達した理由が、短絡的ではあるがわかるような気がする。

澤井氏によると、酒にはその国の歴史が作った飲み方の習慣があるという。たとえば、北欧の酒アクアヴィット。北欧ではこれをフリーザーでキリキリに冷やして、生のニシンとエシャロットをはさんだサンドウィッチにかぶりつきながら飲む。すると、ニシンのうまさが上等のトロ以上に引き立つ。

また、ビールはアルコールが弱い酒だが、飲みすぎるとほかの酒よりも悪酔いするらしい。〝カールスバーグ〟で有名なビールの国デンマークでは、ビールを飲みすぎたときには途中でアクアヴィットをキュッとやる習慣がある。そうすると、胃の調子が蘇《よみがえ》って悪酔いしないのだとか。

そういえば、僕もワインをたらふく飲んで酔ったとき、食後にエスプレッソをヒュッと飲むと、不思議と胃が引き締まる。日本にもそういった飲み方はないものか。

日本酒を考えてごらんなさい、と澤井氏。お通しがあって料理があって、食べながら酒を飲むというスタイルは、悪酔いを防ぐための、日本の歴史が作ってきた習慣なんだそうだ。

そういうことを知って飲むと、酒をより楽しめる。

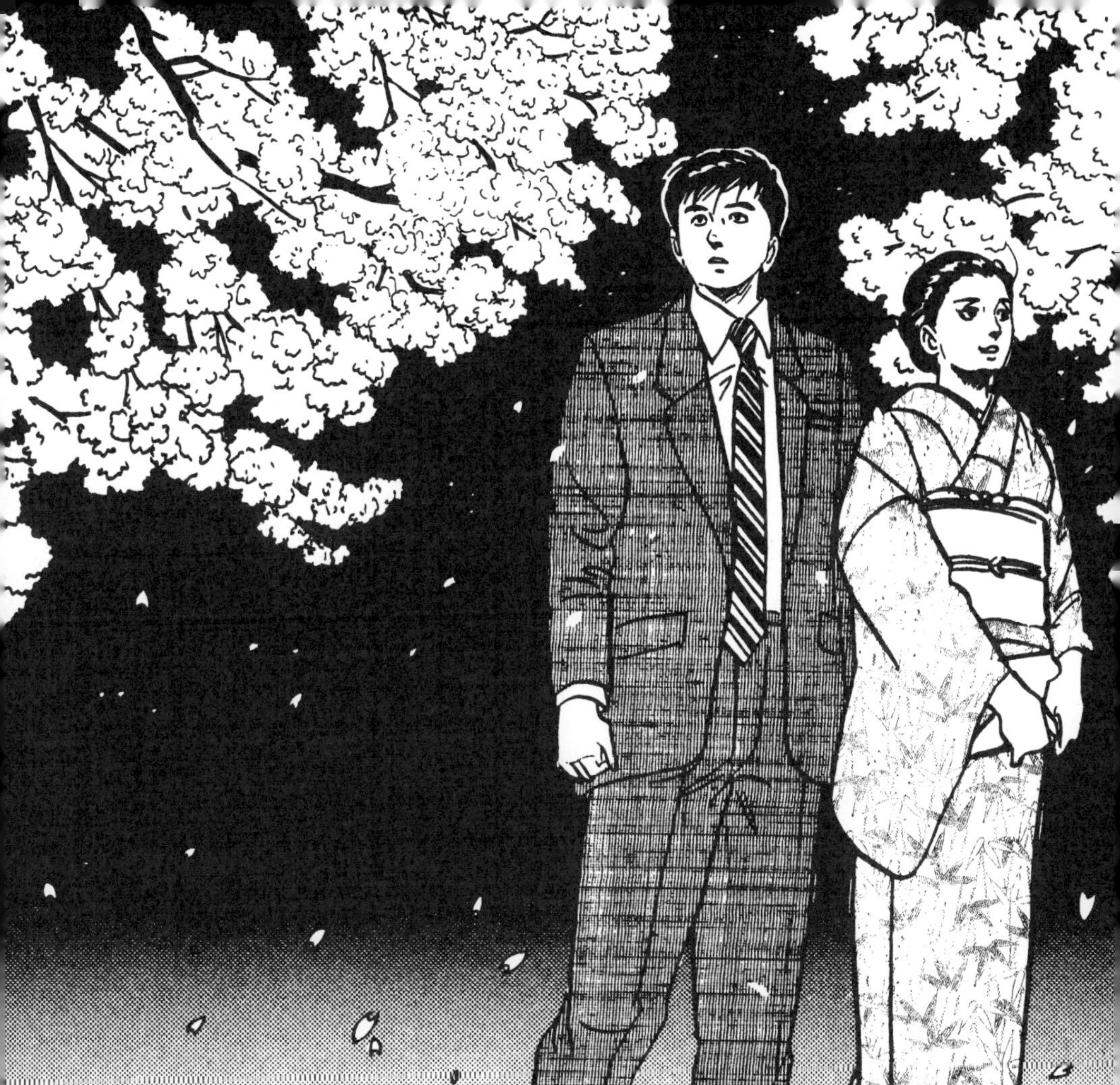

国によって酒の楽しみ方は様々だ

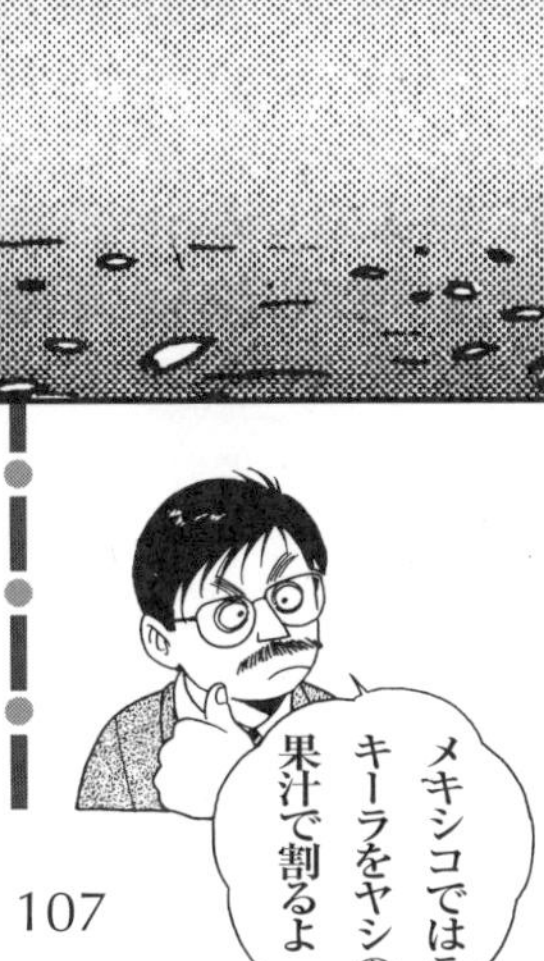
メキシコではテキーラをヤシの果汁で割るよ

薬酒としてオランダで誕生。ハーブの香りがさわやかな酒

ジンは、トウモロコシや大麦麦芽などの穀物を主原料とし、一回蒸留したものにジュニパー・ベリー（杜松《ねず》の実）をはじめ、様々なハーブを加えて再蒸留した酒をいう。無色透明で、さわやかなハーブの香りと切れ味のある風味が特徴だ。

ジンが誕生したのは、一七世紀のオランダ。シルヴィウス医学博士が、ジュニパー・ベリーをアルコールに浸漬して蒸留し、解熱薬として発売したのが始まりだ。ところが、その効用よりも、さわやかな風味に注目が集まり、ジュニパー・ベリーのフランス語「ジュニエーヴル」という名で、酒として大流行したのである。この流行はイギリスへと飛び火し、ジュニエーヴルを短縮した〝ジン〟という通称で、より洗練された酒へと生まれ変わった。その後、ジンはカクテルの本場アメリカへと渡り、カクテルベースに格好の酒として一躍脚光を浴びたのである。

ジンといえば一般的には辛口のドライ・ジンを指すが、このほかにも濃厚で個性の強いオランダ・ジンや、砂糖で甘口に仕上げたオールド・トム・ジン、フルーツ風味のフレーバード・ジンといった種類がある。

知っておきたいジン

ゴードン
ロンドンにある、もっとも代表的なジンのブランド。杜松の実とコリアンダーで香りづけをした、伝統的なスタイルのドライ・ジン。

ビーフィーター
ロンドンで生まれたブランド。ラッフルズ・ホテルのシンガポール・スリング（P39参照）のベースに、このジンが使われた。爽快な味と香り。

ボルス・ジュネバ
17世紀からジンを製造しているオランダのメーカー。シンプルな味わい。

タンカレー
ロンドン市内を流れる湧き水を利用して、1830年に誕生。鋭く切れのある味わい。

ボンベイ・サファイヤ
辛口でスパイスの効いた風味の中に、まろやかさもあるドライ・ジン。

タンカレー

ジンはこんな酒

原料
トウモロコシ、大麦麦芽などの穀類と、ジュニパー・ベリー（杜松の実）、コリアンダーなどの香味原料。

味
杜松の香り（松ヤニに近い香り）がする。ややクセのある味。切れ味がよい。

主な生産国
イギリス、オランダなど。

製造法
穀類を発酵させ、連続式蒸留機で蒸留。香味原料を加えて単式蒸留機でもう一度蒸留し、香りづけする。ジュネバ・ジンは単式蒸留機で3回蒸留。香味原料を加え、再蒸留する。

種類
大きく分けると、以下の４種類。

ジン
- **ドライ・ジン**　もっとも一般的。イギリスで生まれたタイプで、ロンドン・ジンとも呼ばれる。切れ味のよい辛口。
- **オランダ・ジン**　オランダで造られるタイプ。香りが強く、主にストレートで飲まれる。「ジュネバ」とも呼ばれる。
- **オールド・トム・ジン**　ドライ・ジンに糖分を１～２％混ぜ、甘口にしたもの。
- **そのほかのジン**　生のジュニパー・ベリーを発酵させて造るドイツのシュタインヘーガー、フルーツなどで香りづけをしたフレーバード・ジンなど。

この香りは一度好きになると　ヤミツキになるな
そうね　私はオランダ・ジンを冷やして飲むのが好きよ

カクテルのベースとして大活躍。ストレートでもキリリとおいしい

様々ある酒の中で、ジンはカクテルのベースとしてもっともよく使われている酒だ。重厚でクセのあるオランダ・ジン（ジュネバ）は別として、ジンはほかの材料となじみやすく、それでいて己れの個性もしっかり生かすという、優れた性質を備えているためである。

カクテルに一番よく使われているのは、ドライ・ジンだ。現在、ドライな味わいの酒が世界的に人気が高いこともあるが、ドライ・ジンは柑橘類と非常に相性がよいからだと澤井氏。カクテルは柑橘類を使うものが多いが、ジンは柑橘類と混ぜることで、逆にクセがとれて、万人受けする味わいとなるのだという。確かに、ジンにライムやレモンの果汁をミックスしたジン・トニックや、ジン・フィズを嫌う人はめったにいない。

ただし、同じジンでも、銘柄によって配合するハーブの種類や分量が異なり、それによってカクテルの味わいも違ってくる。特にマティーニやギムレットなどを注文する際は、銘柄を指定して頼む人も多い。

ジンはストレートで飲んでもおいしいので、まずは色々な銘柄のものを飲み比べ、自分好みのジンを見つけるのも楽しいだろう。

疲れているときに飲むとスッとするよ

Q ジンのおいしい飲み方を教えて

A ジンはほかの材料を組み合わせることで、ますます個性が引き立つお酒ですが、ウイスキーのように普通の水で割ってもおいしくありません。トニック・ウォーター（イギリス産のほろ苦い炭酸飲料）や柑橘類のジュースがマッチするので、自宅でジンを味わうときはこれらの材料を混ぜて飲むとよいでしょう。

ただし、オランダ・ジンは何も混ぜず、ストレートで飲むことをおすすめします。ジンにはヴィンテージものが少ないのですが、オランダ・ジンにはおいしいヴィンテージも出ています。フリーザーで冷やしてから飲むとおいしく飲めますよ。

ジンを使った代表的なカクテル

ジン

ショート・ドリンク

ギブソン
材料はジンとベルモットで、マティーニと同じ。パール・オニオンを飾る。アルコール度は強（レシピはP52）。

ヨコハマ
オレンジのフルーティーな味わいと、ハーブの香り。アルコール度は中（レシピはP198）。

青い珊瑚礁
ペパーミントの香りが効いた緑色のカクテル。アルコール度は強（レシピはP194）。

マティーニもジンベース　レシピはP25を見て

ロング・ドリンク

ジン・リッキー
ジン、ライム、ソーダだけで作る、酸味のあるシンプルな味わい。アルコール度はやや弱（レシピはP171）。

ネグローニ
カンパリのほろ苦さとスイート・ベルモットの甘さが、ジンと調和。アルコール度はやや強（レシピはP196）。

ジン・フィズ
Gin Fizz

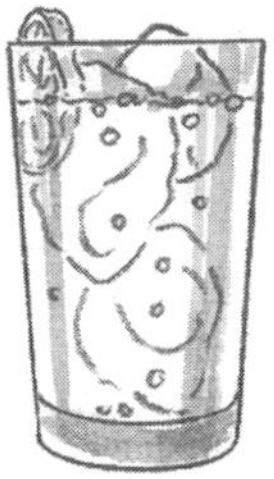

レシピはシンプルだが、甘みと酸味のバランスの良し悪しが顕著に表れる。

味：ジンの香りに砂糖の甘さとレモンの酸っぱさが混ざる

アルコール度：やや弱

★作り方

ソーダ以外の材料をシェークし、氷を入れたグラスに注ぐ。ソーダを入れてステアし、好みでレモンを飾る。

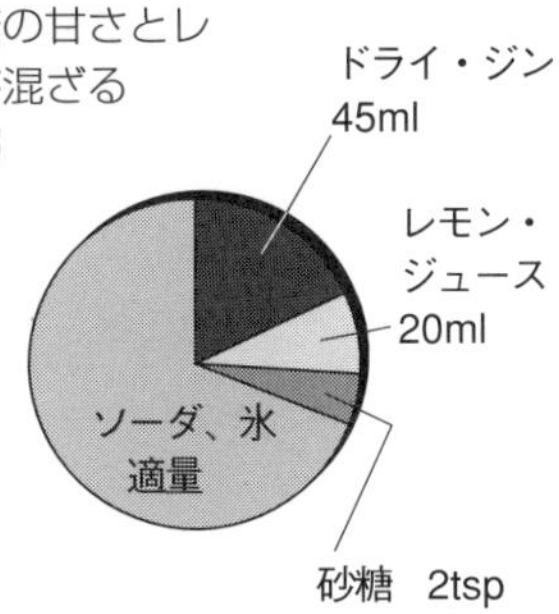
ドライ・ジン 45ml
レモン・ジュース 20ml
ソーダ、氷 適量
砂糖　2tsp

白樺の炭で濾過した透明の酒。クセのなさがカクテルに重宝

ウオッカは、ジンとともにホワイト・スピリッツと呼ばれ、無色透明でクセのない味わいが特徴だ。水を除けば、アルコール以外の成分はほとんど含まれていないに等しく、アルコールそのもののおいしさを味わえる酒といってよいだろう。

こうした特性を生み出す秘訣は、その独特な製法にある。原料は大麦やライ麦、ジャガイモ、トウモロコシなどの穀物だが、これを醸造・蒸留してアルコール度の高いスピリッツを造った後、水を加えてアルコール度を下げる。次に、色や風味にクセを出す刺激成分を除去するために、白樺の活性炭で濾過《ろか》するのだ。それによって、ウオッカならではの軽やかな芳香と味わいが完成するのである。

ウオッカの歴史は古く、一二世紀ごろロシアの農民たちの間で飲まれ出したのが始まりといわれている。これがロシア革命後、世界中に広まり、様々な国で生産されるようになった。なかでもアメリカ人の舌に合ったようで、ロシアの地酒ではあるが、近年はアメリカが生産量世界一を誇っている。

スミノフ

知っておきたいウオッカ

スミノフ
世界一の売り上げを誇る、アメリカのブランド。切れ味がよい。

ストリチナヤ
モスクワで生まれたロシアのウオッカ。繊細な香り。瓶ごとフリーザーで冷やして、キャビアと一緒に飲むのが最高といわれる。

アブソルート
スウェーデン産。口当たりがやわらかく、ほのかに甘みがある。

ズブロッカ
ポーランドのブランド。ズブロッカという香草からエキスを抽出して混ぜる。甘い香り。牛の絵が描かれたボトルが特徴。

ウオッカはこんな酒

原料 大麦、ライ麦、トウモロコシ、ジャガイモなどの穀類。

味 シンプルでまろやか。クセのない味わい。

主な生産国 ロシア、アメリカ、ポーランド、フィンランド、カナダ、スウェーデンなど。

製造法 穀物を発酵させ、連続式蒸留機でアルコール度85〜96度のスピリッツを造る。それを水で40〜60度に薄めて白樺の炭で濾過する。

種類 大きく分けると無味無臭に近いレギュラータイプのウオッカと、香りづけをしたフレーバード・ウオッカの2種類。
フレーバード・ウオッカの中には、ズブロッカという甘い香りのする香草で香りづけをしたウオッカがあり、日本で人気が高い。

ランチに
ウオッカを
飲むのもいいわね
ああ
あの酒は不思議と
酒臭くならないからな
君は強いから
顔も赤くならないしね

ウオッカは、ほかの酒に比べるとアルコールの匂いが残らない。仕事の合間に飲んでもバレないかも……

あらゆる材料にすんなりなじむ。ただし、飲みすぎにはご用心

ウオッカもまたカクテルのベースには欠かせない存在だ。無色透明で、ほとんど無味無臭に近いため、どんな材料にもなじみやすいという点では、まさにジン以上といってもいいだろう。

それを証明する代表的なものに、二六頁で紹介したスクリュードライバーやハーベイ・ウォールバンガーがある。両方ともウオッカにオレンジ・ジュースを混ぜたカクテル（ハーベイのほうはガリアーノというリキュールも入る）だが、オレンジの風味にすんなりなじんで、ほとんどアルコールを感じさせない。ジュース感覚でゴクゴク飲めてしまうことから、レディ・キラー・カクテルという栄えある異名（？）を頂戴しているのである。

また、ウオッカの中には非常にアルコール度数の高いものがあり、最高で「スピリタス・ウオッカ」の九六度！　瓶のラベルには火気に注意と記されており、もちろんそのままでは飲まない。こうしたアルコール度数の強い酒は、お菓子やカクテルにちょっと垂らす。すると、一気に浸透して、素材の香りをうんと引き出すことができるのだ。

ごめんなさい
あたし酔っぱらって
道がわかんない
大丈夫だよ
西麻布の
ダイヤモンド
パレスだろ

ウオッカを飲んで酔ったふりをするのもいいかも……

ウオッカを使った代表的なカクテル

ウオッカ

ショート・ドリンク

ルシアン

Russian

味：カカオの香り。中甘口。口当たりがよい

アルコール度：強

★作り方

材料をシェークしてカクテル・グラスに注ぐ。

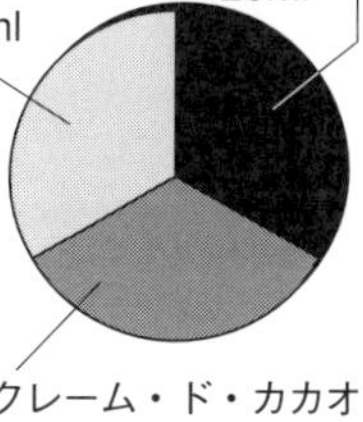

ウオッカ
20ml
ドライ・ジン
20ml
クレーム・ド・カカオ　20ml

口当たりはよいがアルコールは強い。ウオッカ（40ml）とコーヒー・リキュール（20ml）をロックにするとブラック・ルシアン、それに生クリームを適量のせるとホワイト・ルシアンになる。

バラライカ

ホワイト・キュラソーとレモン・ジュースで、さわやかな味。アルコール度はやや強（レシピはP200）。

雪国

雪に見立てたスノー・スタイルのグラスに、グリーンのミント・チェリーが映える。アルコール度は強（レシピはP200）。

ロング・ドリンク

カミカゼ

辛口。ライムが香る。アルコール度はやや強（レシピはP199）。

スクリュードライバー

オレンジ・ジュースにほぼ近い味。アルコール度はやや弱（レシピはP199）。

ソルティ・ドッグ

Salty Dog

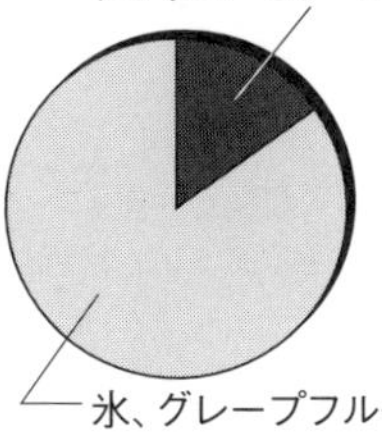

ウオッカ　30～45ml
氷、グレープフルーツ・ジュース　適量

味：グレープ・フルーツのさわやかな香り

アルコール度：やや弱

★作り方

グラスの縁を塩でスノー・スタイル（P189参照）にし、氷を入れる。材料を注いでステアする。

塩をつけなければ、グレイハウンド（P171参照）というカクテルになる。

カリブ海生まれの酒。飲めばたちまち陽気な気分に

ラムは、砂糖の原料であるサトウキビで造った酒。サトウキビのしぼり汁を煮詰めて、砂糖の結晶を取り除いた後、残った糖蜜を水で薄めて発酵、蒸留する。

ラムの生まれ故郷は、カリブ海に浮かぶ西インド諸島。コロンブスが新大陸発見の折りに持ち込んだサトウキビが、この土地の気候とマッチして、瞬《また》く間に繁殖した。そして一七世紀、この地に移住したイギリス人が、これらのサトウキビから酒を造ったのが始まりといわれている。

現在、ラムは様々なタイプのものが造られている。これを色で分類すると、ホワイトとゴールド、ダークの三種類。風味で分けると、ソフトで繊細な風味のライト・ラム、個性的で濃厚な味わいが特徴のヘビー・ラム、その中間のミディアム・ラムがある。

このほか、ヴィンテージものもある。ラムは糖分が多いため、ブランデーやワインのように長期間の熟成が可能だからだ。三〇〜五〇年ぐらいのものもザラ。良質で高価なヴィンテージ・ラムは、ブランデーのような芳醇な香りが楽しめる。

知っておきたいラム

バカルディ

やわらかな風味のライト・ラムを生んだキューバのブランド。世界一のラムの出荷量を誇る。

マイヤーズ

ジャマイカ産。カラメルを焦がしたような香りがするダーク・ラムが人気。8年熟成している。

マイヤーズ

ディロン

マルティニク島産。「ディロン・トレ・ヴィユー」は、12年以上熟成したまろやかな味わい。

ハバナ・クラブ

キューバの老舗ブランド。「シルバー・ドライ」は、カクテルのベースによく使われるクセのないホワイト・ラム。

ラムはこんな酒

原料　サトウキビ。

味　芳醇な香り。風味の軽いものから重いものまで、タイプによって味わいは異なる。

主な生産国　キューバ、ジャマイカ、プエルトリコ、フランスなど。

製造法　糖蜜（サトウキビのしぼり汁を煮詰め、砂糖の結晶を取り除いたもの）を発酵させ、アルコール度95度未満で蒸留する。タイプにより、製造法は異なる（以下を参照）。

種類　風味と色で分類できる。風味の軽いライト・ラム、重いヘビー・ラム、中間のミディアム・ラム。色で分けると、ホワイト・ラム、ゴールド・ラム、ダーク・ラム。ゴールドとダークはヘビー、ミディアムがほとんど。

ラムの製造法

ライトはキューバ、ヘビーはジャマイカやガイアナ、ミディアムはマルティニク島で主に生産される。タイプは同じでも、造り方は国によって異なる。

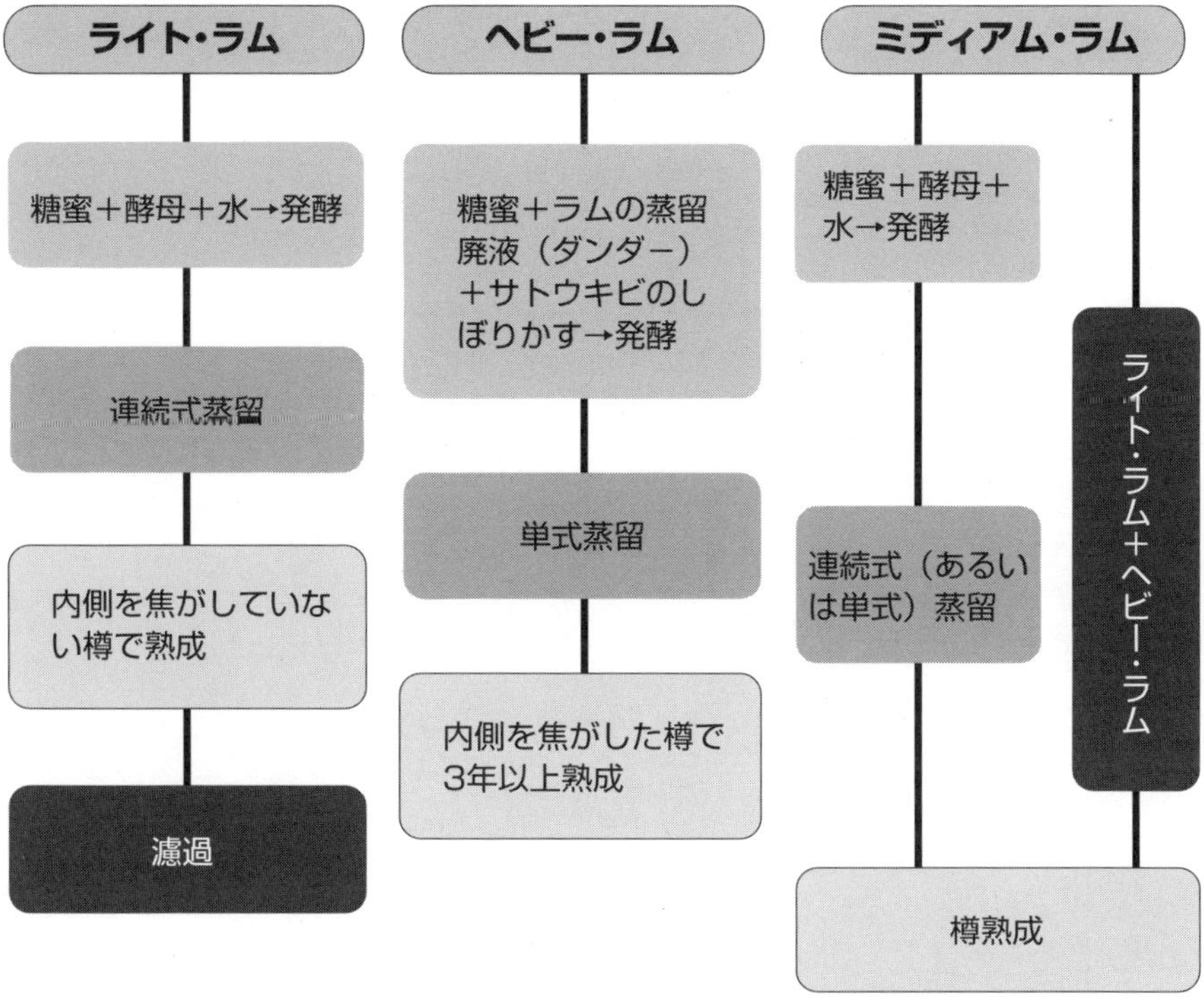
ライト・ラム
糖蜜＋酵母＋水→発酵
連続式蒸留
内側を焦がしていない樽で熟成
濾過
ヘビー・ラム
糖蜜＋ラムの蒸留廃液（ダンダー）＋サトウキビのしぼりかす→発酵
単式蒸留
内側を焦がした樽で3年以上熟成
ミディアム・ラム
糖蜜＋酵母＋水→発酵
連続式（あるいは単式）蒸留
ライト・ラム＋ヘビー・ラム
樽熟成

タイプごとに相性のよい材料が。何でも合うのはホワイト・ラム

南国生まれの酒のせいか、ラムはダイキリやマイタイなど、トロピカル・ドリンクのベースに使われることが多い。ラムの中でももっともカクテルに用いられているのは、無色透明のホワイト・ラム。ジンやウオッカと同じで、どんな材料ともマッチするからだ。

たとえば、よく飲まれるキューバ・リバーといったラム&コーラのカクテル（レシピは一七一頁）には、ホワイト・ラムが使われる。

それ以外のラムは、マッチする材料がそれぞれ異なるので、使いこなすのがけっこう難しい。

ただし、ヴィンテージもののラムは混ぜるよりも、ウイスキーやブランデー同様、食後にストレートで味わってほしい。良質のラムはシガーとも合うので、試してみてはどうだろう。

このほか、ロンリコ一五一やレモン・ハート・デメララ一五一という、アルコール度が七五・五度もあるラムもある。こういった酒は、そのまま飲むものではない。スピリタス・ウオッカと同じで、カクテルやお菓子の風味を増すために、ちょっと混ぜるのが正しい使い方である。

ラムの水割りは
グロッグというのよ

ラムを使った代表的なカクテル

ラム

ショート・ドリンク

バカルディ
Bacardi

味：ライムの香り。食前向き
アルコール度：やや強
★作り方
材料をシェークして、カクテル・グラスに注ぐ。

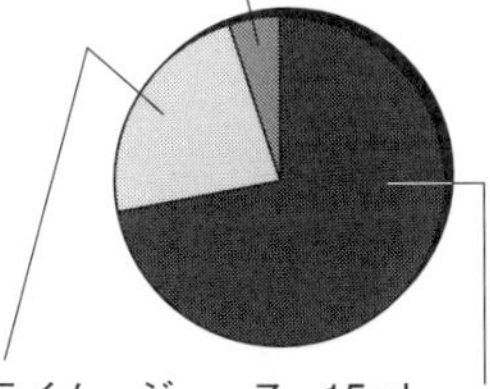

グレナデン・シロップ　1tsp
ライム・ジュース　15ml
バカルディ社のホワイト・ラム　45ml

バカルディ社が作ったカクテル。他社のラムを使ったバーが訴えられ、「『バカルディ』には、バカルディ社のラムを使うこと」と判決が下された話は有名。

ダイキリ
ホワイト・ラムとライム・ジュースがキリリとさわやか。中辛口。アルコール度はやや強（レシピはP53）。

マイアミ
ミントのリキュールとレモンで爽快な香り。アルコール度は強（レシピはP202）。

ロング・ドリンク

キューバ・リバー
ラムとコーラで、明るくはじけるようなのどごし。アルコール度はやや弱（レシピはP171）。

ボストン・クーラー
レモンが香る、すっきりとした味わい。アルコール度はやや弱（レシピはP202）。

マイタイ
オレンジ、パイナップル、レモンと、フルーツをたっぷり使ったトロピカル・カクテルの代表格。アルコール度は強（レシピはP202）。

ラムは「ネルソンの血」

　イギリスの軍人ネルソン（1758〜1805年）が戦死したとき、腐乱を防止するために、その遺体をラムの樽に漬けて運んだ。ところが、到着して樽を開けてみると、中はほとんど空。水兵たちがネルソンの栄光にあやかりたいと、ラムを飲み干してしまったのだ、という ちょっと気味の悪い話がいい伝えられている。

　このことからラムはネルソンズ・ブラッド（ネルソンの血）と呼ばれることがある。

テキーラ／蘭の茎から造られる

メキシコの太陽を浴びた情熱の酒。ライムや塩と相性バツグン

メキシコの特産酒テキーラは、灼熱の太陽と乾いた大地から生まれた酒だ。原料は竜舌蘭《りゅうぜつらん》。サボテンと同じ多肉植物（水分を蓄えるために茎や葉が肥厚した植物）の一種で、その茎を発酵・蒸留して造られる。

言い伝えによれば、一八世紀半ば、メキシコのアマチタン村で大きな山火事があり、焼けて黒焦げになった竜舌蘭がたくさん転がっていた。辺り一面にいい香りがただよっていたため、村人が試しにつぶしてなめてみたところ、独特の甘みが口に広がった。そこで竜舌蘭の汁を使って酒を造ってみたのが、テキーラの始まりといわれている。

以来、そのまろやかな味わいがメキシコ庶民の間で流行し、今も大衆的な飲み物として親しまれている。メキシコ流の飲み方は、塩をなめ、ライムをかじって口の中がスッとしたところで、テキーラを一気にグイッとあおる。いわば口の中でカクテルを作るようなもので、カクテルの名作マルガリータはこの飲み方をもとにして創作されたものだ。

ただし、原料となる竜舌蘭の生産地や生産量が限られているため、残念ながらテキーラをベースにしたカクテルはそう多くはない。

ワサビや
明太子でも
試してみる？

Q テキーラの個性的な楽しみ方を教えて

A 南米には、ブラッディ・メアリーをアレンジして、ウオッカの代わりにテキーラを混ぜた「ストロー・ハット」という人気のカクテルがあります。メキシコでは、トウガラシをひと口かじってトマト・ジュースを飲み、テキーラをあおるという飲み方をする人もいます。テキーラは刺激の強い材料と相性がよく、双方の刺激で食欲が増進するので、レストランで食前に飲む人も多いのです。

日本のバーでも、こういった飲み方をしたいと頼めば作ってもらうことができます。また最近では、テキーラにもヴィンテージものが出ています。ストレートやロック、炭酸で割って飲むのもよいでしょう。

テキーラはこんな酒

原料 竜舌蘭（メキシコでは“アガベ”と呼ばれる）の茎。

味 独特の香りとまろやかな風味。

主な生産国 メキシコ。

製造法 竜舌蘭の球茎から糖分をしぼり、発酵させる。単式蒸留機で2回蒸留し、アルコール50～55度の蒸留液を取り出す。濾過して、タンクや樽で貯蔵する。

種類 ステンレス・タンクで貯蔵したホワイト・テキーラ、オーク樽で熟成させたゴールド・テキーラ。1年以上樽熟成させるとテキーラ・アニェホ。

テキーラを使った代表的なカクテル

テキーラ

マルガリータ
塩をなめ、ライムをしぼって飲むという、ストレートでの飲み方をカクテルにしたもの。アルコール度はやや強（レシピはP55）。

マタドール
パイナップル・ジュースのまろやかな甘みと調和。アルコール度はやや弱（レシピはP204）。

テキーラ・サンライズ
Tequila Sunrise

味：オレンジの香りとコクのある味

アルコール度：やや弱

★作り方

テキーラとオレンジ・ジュースを氷を入れたグラスに注いでステアし、グレナデン・シロップ（P178参照）を入れる。オレンジを飾る。

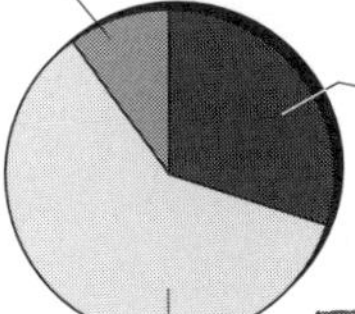

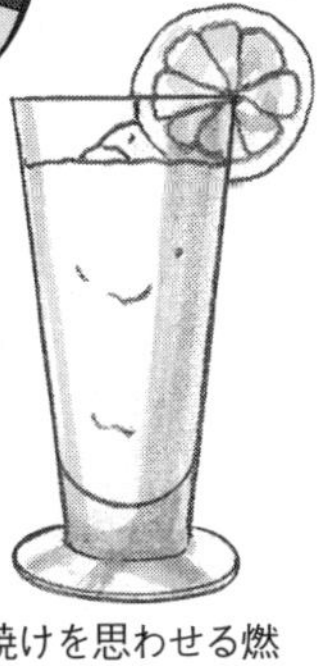

朝焼けを思わせる燃えるようなオレンジ色。日の入りを表した「テキーラ・サンセット」（レシピはP204）もある。

知っておきたいテキーラ

クエルボ
アメリカで人気の高い、メキシコ・テキーラ町のブランド。「クエルボ1800」は、風味の豊かなテキーラ・アニェホ。

サウザ
クエルボとともに、テキーラの二大ブランド。「サウザ・シルバー」は、メキシコ国内でもっとも知られているホワイト・テキーラ。

Cocktail
コラム

春は苦く、夏は酸っぱく。四季に合うカクテルを選ぶ

春はタラの芽やフキノトウのほろ苦さに緑の息吹を感じ、秋はリンゴや栗のジンワリとした甘みに実り豊かな季節を想う。

澤井氏によれば、人の味覚は、それぞれの季節で一番おいしく感じる味があるという。カクテルも季節によって選び方を変えるのが、よりおいしく飲むコツである。

たとえば、春なら苦味のあるカクテルがいい。カンパリ・ソーダなど、薬草系のリキュールを使ったものがおすすめだ。

夏は酸味のあるものを。ジン・フィズやウイスキー・サワー（ウイスキー四五mlにレモン・ジュースを二〇ml、砂糖一さじを加えたもの）など、フィズ系、サワー系のカクテルが向く。

果物が豊富に実る秋には、カクテルもフルーティーで甘みのあるものがおいしく感じる。オレンジ・ジュースとあんずの酒を使った、パラダイスなんかはどうだろう。

冬の厳しい寒さには、辛口でアルコール度の高いものがいい。一年のうち、マティーニがもっともおいしく飲めるのは冬である。ちょっと変わったものならば、ゾンビというカクテルに挑戦してみるのもおすすめ。これは、ライト・ラム、ゴールド・ラム、ダーク・ラムなどを混ぜ、最後にアルコール度七五・五度のデメララ・ラムを注ぐという、一杯で心臓がドキドキしてしまいそうな強いカクテルである。

澤井氏は、カクテルを飲む時間というのは、自分と向き合い、憩うための時間だという。考え事をするときでも、バーでカクテルを飲んでいると、完璧に考え抜くことができるらしい。

四季に合ったカクテルを飲めば、自分だけの時間をさらに楽しむことができそうだ。

ビールもいいが、たまにはカクテルを気軽に

ワインを蒸留したエレガントな酒。コニャック地方産のものが有名

広い意味では、フルーツを原料とした蒸留酒を総称してブランデーと呼ぶ。しかし世間一般では、ブランデーといえば、ブドウで造ったワインを蒸留して樽に詰め、長い時間をかけて熟成させた酒を意味している。リンゴやサクランボなど、ブドウ以外の果実で造ったものは、フルーツ・ブランデーと呼び、ブランデーとは区別されている。

ブランデーの発祥については諸説あるが、スペインの錬金術師がワインを蒸留したのが始まりで、これがヨーロッパ各地に広まったといわれる。当初はフランス語で「オー・ド・ヴィー（生命の水）」と呼ばれていたが、オランダの貿易商が「ブランデウェイン（焼いたワイン）」と名づけ、これが短縮されてブランデーと呼ばれるようになったという。

現在、ブランデーは世界中で生産されているが、代表産地はフランスのコニャック地方とアルマニャック地方。二大ブランデーと呼ばれている。

コニャックは、全般的にエレガントで芳醇な香りが魅力。アルマニャックは糖分が多く、野趣に富んだ骨太な味わいを特徴としている。

コニャックの格付け

コニャックでは、熟成年数を表す単位としてコント（compte）が使われる。
ブドウは秋に収穫され、翌年の3月31日までに蒸留することが決められている。蒸留がすべておわった4月1日から数え始め、翌年の3月31日までをコント0、翌々年の3月31日までをコント1というように数えていく。
コント2以上にならないと、コニャックとは呼ばれない。
ブレンドした原酒のうち、一番熟成の若いものを基準に、次のように表記される。

コント2以上……　☆☆☆（スリースター）
コント4以上……　V.S.O.P（Very Superior Old Pale）、Réserve
コント6以上……　X.O.（Extra Old）、EXTRA、NAPOLEON

ブランデーはこんな酒

原料　ブドウ（ユニ・ブラン種など、酸味が強く糖分が少ない品種が使われる）。

味　芳醇な香りと、まろやかで重厚な風味。

主な生産国　フランス、スペインなど。

製造法　ワインを蒸留（コニャックは単式蒸留）し、樽で熟成させた原酒を何種類かブレンドする。

種類　ブドウ以外のフルーツを原料としたフルーツ・ブランデーもある。カルバドス、キルシュワッサーなど。

コニャックの生産区域

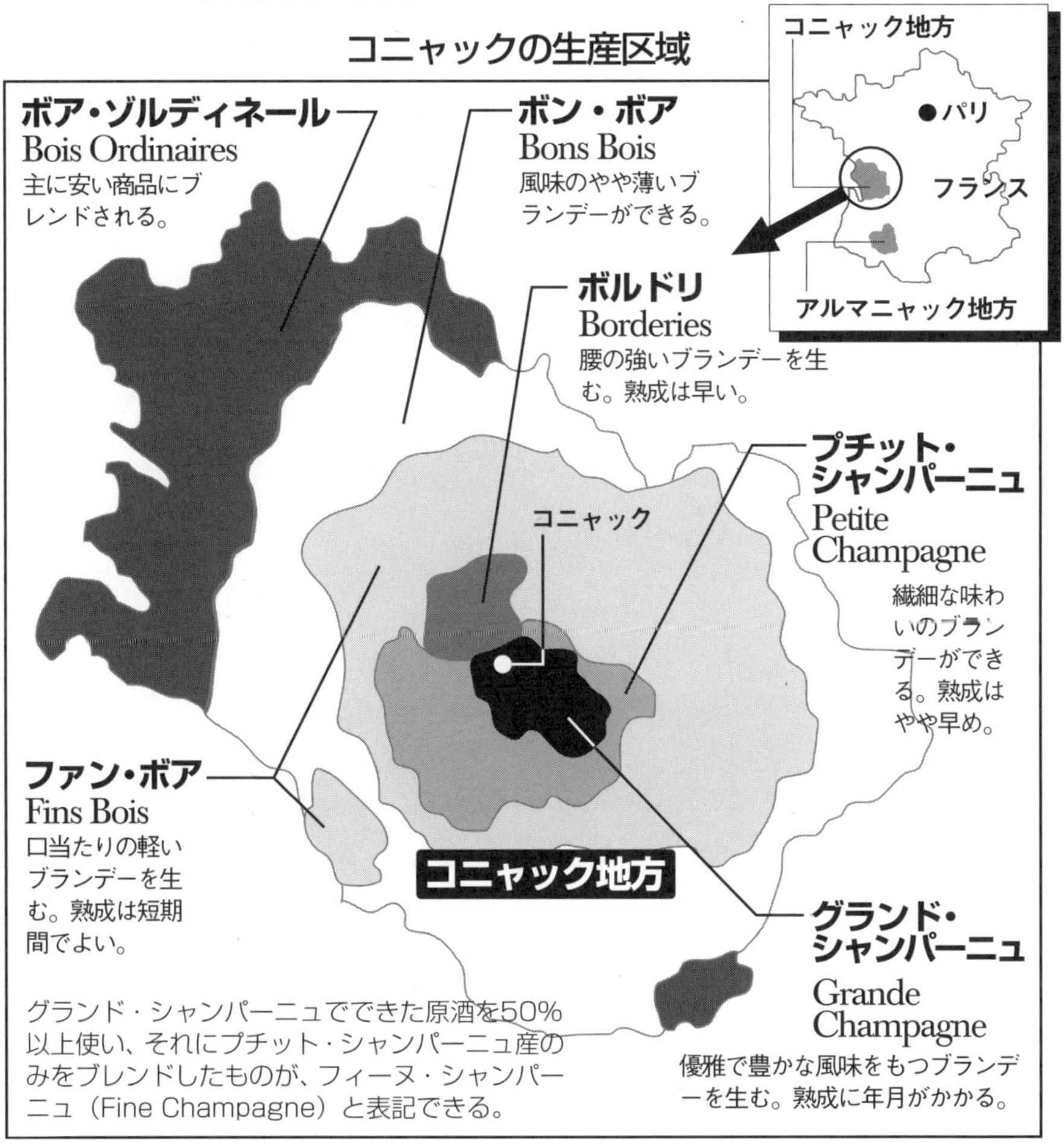

コニャック地方
パリ
フランス
アルマニャック地方
ボア・ゾルディネール
Bois Ordinaires
主に安い商品にブレンドされる。
ボン・ボア
Bons Bois
風味のやや薄いブランデーができる。
ボルドリ
Borderies
腰の強いブランデーを生む。熟成は早い。
プチット・シャンパーニュ
Petite Champagne
繊細な味わいのブランデーができる。熟成はやや早め。
コニャック
ファン・ボア
Fins Bois
口当たりの軽いブランデーを生む。熟成は短期間でよい。
コニャック地方
グランド・シャンパーニュ
Grande Champagne
優雅で豊かな風味をもつブランデーを生む。熟成に年月がかかる。
グランド・シャンパーニュでできた原酒を50%以上使い、それにプチット・シャンパーニュ産のみをブレンドしたものが、フィーヌ・シャンパーニュ（Fine Champagne）と表記できる。

食事の後でゆったり味わって。フルーツ・ブランデーも試したい

すべての酒には寿命がある。ブランデーは糖分が多いために寿命が長く、樽の中で歳を重ねるごとに味わいを増していく。コニャックなら五〇〜六〇年、アルマニャックにおいては一〇〇年成長しつづけるものも。

上品な老紳士のように、長い歳月をかけてじっくり熟成したブランデーは、食後酒としてゆっくり時間をかけて味わってほしい。ブランデーはシガーとも合うので、混ざり合う二つの香りを楽しむのもよいだろう。

また、フランスに限らず、ワインの生産国では必ずブランデーも造っており、スペインなどもおいしいブランデーがあると澤井氏。名前の知られていない小さなメーカーでも、良質のブランデーを造っていたりするので、そういうものを探すのも楽しみの一つである。

ときにはフルーツ・ブランデーを味わってみるのもいい。フルーツ・ブランデーといえば、フランスでカルヴァドスと呼ばれているアップル・ブランデーが、もっとも有名。価格的な理由もあるが、フランスではブランデー以上に飲まれているという。「カルヴァドスのヴィンテージものを」なんて頼む人は、バーでは通の客とみなされるらしいぞ。

知っておきたいブランデー

クルボアジェ・ナポレオン

ヘネシー

コニャックの中で、もっとも売り上げがあるブランド。「クラシック」は軽くさわやかな味わい。

クルボアジェ

ナポレオン、ナポレオン3世に愛されたコニャックのブランド。「ナポレオン」という名のブランデーは数多いが、初めて使ったのはここ。あでやかな香りとまろやかな口当たりが特徴。

レミー・マルタン

コニャックの老舗メーカー。ブドウはグランド・シャンパーニュ産とプチット・シャンパーニュ産のみを使用。「XO・スペシャル」は、長期熟成したコクのある味。

シャボー

アルマニャックの代表ブランド。「XO」は豊かな香りと、長期熟成による深い味わい。

ブランデーを使った代表的なカクテル

ブランデー

サイドカー

ブランデー、コアントローとともに柑橘系の酒で作る。フルーティーでリッチな味わい。アルコール度はやや強（レシピはP35）。

フレンチ・コネクション

アマレット（あんずの種子のリキュール）とブランデーをロック・スタイルで。アルコール度は強（レシピはP54）。

ブランデー・ホーセズ・ネック

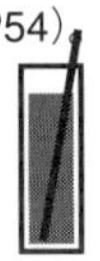

Brandy Horse's Neck

味：ジンジャー・エールで軽やかな口当たり

アルコール度：弱

★作り方

レモンの皮をらせん状にむき、端をグラスの縁にかける。氷、ブランデーを入れ、ジンジャー・エールで割る。

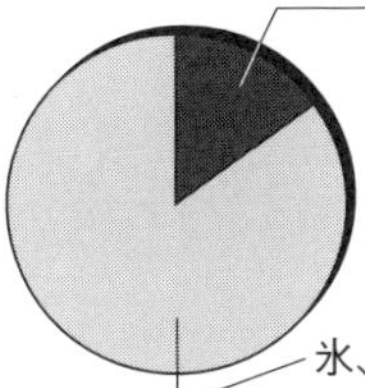

ブランデー 45ml
氷、ジンジャー・エール　適量

レモンの皮をらせん状にむき、馬の首に見立てたスタイルを、ホーセズ・ネックと呼ぶ。

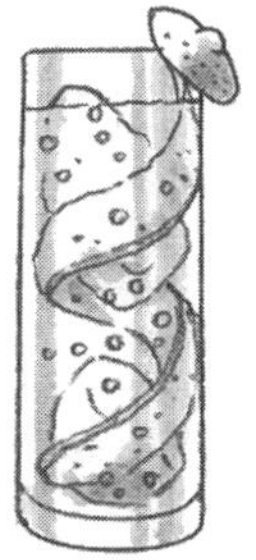

アップル・ブランデー

ジャック・ローズ

アメリカ産のアップル・ブランデー、アップル・ジャックを使う。色は深紅。アルコール度は中（レシピはP208）。

ハーバード・クーラー

レモン・ジュースと砂糖がとけあい、甘酸っぱくさわやかな味。軽い口当たり。アルコール度はやや弱（レシピはP208）。

ブランデー・グラスをこうやって持つと
手の温度で温められ香りが立つんだ

リキュール／色も味も多種多様

蒸留酒にエキスを加えた酒。梅酒もリキュールの一種

リキュールとは、蒸留酒に果実やハーブなどのエキス（香味成分）を入れ、砂糖やシロップなどの甘味料や着色料を加えた酒の総称である。

まだ医学の発達していない中世の頃、錬金術師や修道僧らは、様々な薬草や香草の成分をアルコールに抽出させ、薬酒造りに熱心に取り組んでいた。これがリキュールの始まりである。

ところが医学の進歩に伴い、リキュールは薬効よりも、上流階級層の嗜好《しこう》品として味や美しさに重点が置かれるようになる。メーカー側も競って、エキスに様々な原料を用いてみたり、着色法などを工夫して、色も味も多種多様なリキュールを創り出していった。リキュールが〝液体の宝石〟と呼ばれるようになったゆえんである。

現在、リキュールは世界に何万種類もあるともいわれる。日本でおなじみの梅酒や、中国の薬用酒などもその一種である。

リキュールは、原料別に①薬草・香草系、②フルーツ系、③種子系、④特殊系の四タイプに分類される。原料によってエキスの抽出の仕方が違うため、タイプごとに製造法も変わってくる。

メロンに紅茶にチョコレート
あらゆる種類のリキュールがあるわ

リキュールはこんな酒

原料 蒸留酒をベースに、草根木皮、果実、糖類など。

味 甘口から辛口のものまで様々。

主な生産国 フランス、イギリス、イタリア、オランダなど。

製造法 蒸留酒にフルーツなどで香りをつけ、甘みや色みを加える。以下は、抽出液を造る方法。天然や人工のエッセンスを蒸留酒に添加する場合もある。
① 蒸留酒と一緒に蒸留する（蒸留法）
② 蒸留酒に原料を浸す（冷浸漬法）
③ 温水に原料を漬け、温度が下がってから蒸留酒を加える（温浸漬法）
④ 熱湯をかけて香りを抽出する（パーコレーション法）

種類 原料によって、薬草・香草系、フルーツ系、種子系、特殊系の4種類に分けられる。

知っておきたいリキュール

薬草・香草系

シャルトリューズ
フランスのシャルトリューズ修道院で生まれたリキュール。香りの強いヴェール（緑）と、やわらかな風味のジョーヌ（黄）がある。

ガリアーノ
イタリアで生まれた、長い瓶が特徴のリキュール。バニラをはじめ、何十種類もの薬草や香草をブレンド。色は薄い黄色。

ガリアーノ

種子系

カルーア・コーヒー・リキュール
コーヒー豆を原料としたリキュールの中でも、世界的に人気の高いブランド。コーヒーの香ばしい香り。

フルーツ系

コアントロー

キュラソー
オレンジの果皮を原料としたリキュールのこと。無色透明のホワイト・キュラソーの代表銘柄がコアントロー。甘く、食後にストレートで飲んでもよい。このほかキュラソーには、ウイスキーのような色合いのオレンジ・キュラソーや、ブルー、レッドなどもある。

特殊系

アドヴォカート
カスタードクリームのような味のするリキュール。原料は卵黄や糖分など。名前は「弁護士」の意味で、飲むと弁護士のように弁舌がさわやかになるといわれている。

幅広い味が楽しめる酒。自家製リキュールに挑戦するのも……

リキュールというと、全部が全部、甘ったるい酒と思い込んでいる人もいるが、それは誤解。リキュールにもスイートからドライまであり、また同じスイートでもフルーツ系の酸味が効いた甘みもあれば、クリーム系のソフトな甘みもあり、とにかく味の幅が広いのである。

当然、カクテルには重要な存在。カクテルの大半は、ベースとなる蒸留酒とリキュールの組み合わせによって、その色と味が決まるのだ。

リキュールの魅力を追求するなら、自家製リキュールにチャレンジしてみるのもいい。フルーツ系のリキュールなら、焼酎に砂糖と果物を漬け込むだけでよいので、自宅でも簡単に造ることができる。

その場合、焼酎はできれば麦焼酎、それもアルコール分が三〇度以上のものを使うと、エキスの吸収率がよくなる。また、サクランボなどは生のままでよいが、リンゴやオレンジの皮など発酵する果物を使う場合は、つぶすと粉になるぐらいカラカラに干してから焼酎に入れるのがポイントだと、澤井氏。あとは冷暗所に一～二年置いておくだけで、おいしいリキュールができあがる。

薬草系はトニック・ウォーターで割ってもうまい

Q カクテルにしなくても飲めるの？

A そもそも薬用酒として飲まれていたものですから当然ＯＫです。修道院の薬酒造りの伝統を汲んだリキュールが、今もフランス各地で製造されており、シャルトリューズやアニセットなどはその代表的なもの。疲れているときや体調のすぐれないときは、これらのリキュールを水で割って飲むと気分がスーッとします。

フルーツ系のチェリー・ブランデーやコアントロー、ハーブ系のドランブイ、またクリーム系のベイリーズなども、ストレートでよく飲まれています。ストレートでは甘すぎるという場合は、シェークしたり、フラッペにして飲むとよいでしょう。

リキュールを使った代表的なカクテル

リキュール

薬草・香草系

ゴールデン・ドリーム
ガリアーノのほろ苦いバニラの風味とオレンジの香りが混ざる。アルコール度は中（レシピはP211）。

フルーツ系

ファジー・ネーブル
桃のリキュールとオレンジ・ジュースで、ネーブルのような風味。ファジーとは「あいまい」の意味。アルコール度はやや弱（レシピはP212）。

チェリー・ブロッサム
チェリーのリキュールとブランデーの組み合わせ。甘口。アルコール度は強（レシピはP212）。

種子系

カルーア・ミルク
カルーア・コーヒー・リキュールをミルクで割る。カフェオレの味。アルコール度はやや弱（レシピはP210）。

エンジェル・ティップ
Angel's Tip

味：カカオと生クリームが濃厚な味。甘口
アルコール度：中

★作り方
リキュール・グラスにカカオ、生クリームを混ざらないよう、順に注ぐ。チェリーを刺したカクテル・ピンをグラスに渡す。

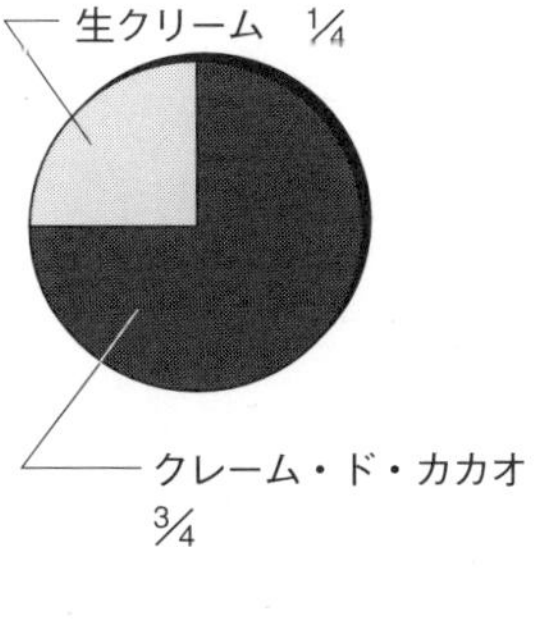

グラスに渡したチェリーが、天使の心づけ（ティップ）を表現している。デザート代わりになる食後向きのカクテル

特殊系

スノーボール
アドヴォカートとライム・ジュース、レモネードで作る。甘酸っぱくやわらかい口当たり。アルコール度は弱（レシピはP211）。

Cocktail コラム

ソムリエとバーテンダー。酒の味を覚えるまでは同じだが……

ポート・ワインは、男性が愛を告白するときの酒といわれる。すすめたポート・ワインを女性が受けたら、「今夜はすべてをあなたにおまかせするわ」という意味がある。逆に、女性の告白はシェリー酒。「私、シェリーを飲みたいわ」と告げられたら、やはり「今夜は……」の意味である。

ポート・ワインはポルトガルで造られる食後向きの甘口ワイン。シェリーはスペイン産のワインの一種。どちらも、フォーティファイド・ワイン（一三七頁参照）と呼ばれ、ブランデーなどを加えてアルコール度を高めたものである。ワインもカクテルのように無限に近い種類があって、これが僕がワインの魅力にとりつかれている理由でもある。

このように、多種多様のワインについてひとつひとつ把握しているのが、ソムリエというエキスパート。外国語がズラリと並ぶレストランの難解なメニユーから、注文した料理に合うワインを選んでくれる、僕らの頼もしい味方である。

澤井氏によれば、ソムリエとバーテンダーは、まったく別の職業であるという。ソムリエがすべてのワインの味を覚えていくのだとすれば、バーテンダーはあらゆるメーカーのあらゆる種類の酒の味を覚え、その味を想像しながらカクテルを作る。

できあがっているワインをどう表現するかが勝負になるソムリエに比べ、バーテンダーは自分が作るという点で、クリエイティブで、より調理人に近い仕事だと思う。

「このワインとあのワインを混ぜたらこの料理にピッタリですよ」なんてアドバイスするソムリエが出てきたら面白いでしょうね、

バブル期には「ロマコン（ロマネ・コンティ）のピンドン（ピンクのドンペリニヨン）割り」という悪名高きカクテルもあったが……

と澤井氏。

ワインを造っている人たちは、強烈なこだわり屋が多いからおそらく反対するだろうけれど、確かにそういう時代が来たらワインもさらに楽しめるだろうなあ。

ブドウから造った世界最古の酒。時代も国境も超えて愛される味

この地球上で人類が初めて造った酒が、ブドウを発酵・醸造させて造ったワインである。あまりに昔すぎて、ワインがいつどこで誕生したかはわからないが、すでに紀元前四〇〇〇年のメソポタミア文明初期の遺跡に、ブドウをしぼるための石臼が発見されている。

そんな古代に造られた飲み物が、今も世界中の人々に愛されているのだから、なんとも神秘的な話だ。時代も国境も超えて人々を魅了する何かが、ワインには隠されているのだろう。

現在、ワインはフランスとイタリアを中心に、世界各地で生産されている。その種類の多さに戸惑い、手を出しかねている人は、とりあえず国別に試していき、お気に入りの味と名前を覚えていくといい。

ちなみにワインの名前（銘柄）というのは、産地名やブドウの品種名、醸造元の名前などからつけられていることが多い。たとえば、「ボルドー」なら産地名、「シャルドネ」ならブドウの品種名だ。同じ産地でも地方名だけでなく、地区、村、畑の名前がつけられていることがあり、一般に産地名が狭い範囲に特定されていくほど、高級なワインといえる。

代表的なブドウの品種

ワインの醸造には、ヨーロッパ系のブドウの品種が使われる。

〈赤ワイン〉

カベルネ・ソーヴィニヨン

ボルドー地方の代表品種。色が濃く、渋味のあるワインができる。

ピノ・ノワール

酸味が強く、フルーティーで華やかな香り。ブルゴーニュ地方の代表品種。

メルロ

なめらかで濃厚な味。飲みやすいワインになる。ボルドー地方で栽培される。

〈白ワイン〉

シャルドネ

シャブリに使われる品種。口当たりの軽いものからコクのあるものまで、味わいは幅広い。世界中で栽培されている。

ソーヴィニヨン・ブラン

草の香りや、いぶしたような香りがする個性的な品種。ロワール地方やボルドー地方で栽培される。

ワインはこんな酒

原料
ブドウ。

味
辛口、渋味のあるもの、甘口と様々。

主な生産国
フランス、イタリア、スペイン、アメリカ、チリなど。

製造法
ブドウを発酵させて、樽やタンクで熟成させる。濾《ろ》過《か》して瓶詰めし、瓶の中で熟成させる。

種類
スティル・ワイン、フォーティファイド・ワイン、フレーバード・ワイン、スパークリング・ワイン（P137参照）。

フランスワインの代表産地

ロワール
辛口の白ワイン、ロゼ・ワインが有名。酸味が強く、さっぱりしている。
シャンパーニュ
シャンパンの産地。主に、黒ブドウと白ブドウをブレンドして造る。切れ味が鋭い。
ブルゴーニュ
ワインの王様と呼ばれる産地。ブドウは単一の品種を使う。豊かな香りと力強い風味。シャブリ、ボジョレー地区などが有名。
パリ
フランス
ボルドー
ここで造られたワインは、ワインの女王と呼ばれる。繊細な香りと深い味わい。カベルネ・ソーヴィニヨン種を中心に、ブドウを複数ブレンドして造るのが特徴。メドック、サンテミリオン地区などが知られている。
コート・デュ・ローヌ
風味が豊かで個性の強い味。北部のエルミタージュ（赤ワイン）、南部のタヴェル・ロゼ（ロゼ・ワイン）などが有名。
プロヴァンス・南フランス
ロゼ・ワインが中心。そのほか、南フランスのラングドックやルーション地方などは、地中海に面しており気候が温暖。日常的に飲めるワインが大量に造られる。

カクテルにはリーズナブルで辛口のものを。そのまま飲むなら食事と一緒に

ワインの値段はそれこそピンキリで、日常的に飲まれる一〇〇〇円ぐらいのものから、一本ウン十万円のものまである。

値段にこれほど差が出るのは、質のよいブドウを収穫できる地域が限られているうえ、ブドウの収穫はその年の気候にも左右されるからだ。また、ワインは長期熟成によって質が向上するため、質のよいものほど量が少ないということもある。

ただ、カクテルに使うワインは高級である必要はない。白・赤に限らず、ドライ系であればＯＫ。これは副材料に糖分が多いため、辛口のワインで味を調整するためだ。また、カクテルには薬草や果汁などを加えたフレーバード・ワイン（アロマタイズド・ワイン）、炭酸ガスの入ったスパークリング・ワイン（発泡性ワイン）など、ワインとしてはバリエーションに属するタイプのものが使われることが多い。

ワインとカクテルを別個に飲む場合は、食前と食後はカクテル、食事中にワインというのが理想的。飲み方に規定はないが、ワインは食事と一緒に飲むことで、互いの味を引き立て合う特性をもっているからだ。

一緒にワインを飲まないか？

ベルモットやシャンパンもワインの一種

スティル・ワイン
一般的なワイン。色によって赤ワイン、白ワイン、ロゼ・ワインに分けられる。食事とともに飲まれ、辛口から甘口まで様々。炭酸ガスを含まない。

フレーバード・ワイン
スティル・ワインに果汁や香草、薬草などを加えたワイン。香草などを漬けたイタリアのベルモット、フルーツを加えたスペインのサングリアなどは、カクテルによく使われる。

ワイン

フォーティファイド・ワイン
酒精強化ワインとも呼ばれ、スティル・ワインにブランデーなどを加えて造る。スペインのシェリー、ポルトガルのマディラ、ポート・ワインなどが有名。

スパークリング・ワイン
炭酸ガスを含む発泡性ワイン。瓶の中でブドウを2次発酵させる、などの方法で造る。フランスのシャンパーニュ地方で造られるシャンパンがもっとも有名。

ワインを使った代表的なカクテル

ワイン

- **スティル・ワイン**
  - **ワイン・クーラー**
    ワインとオレンジ・キュラソーでフルーティー。アルコール度はやや弱（レシピはP215）。
- **フォーティファイド・ワイン**
  - **ポート・フリップ**
    ポート・ワインに卵黄と砂糖を混ぜる。コクのある甘口。アルコール度はやや弱（レシピはP55）。
- **フレーバード・ワイン**
  - **ローズ**
    ドライ・ベルモットと、キルシュワッサーというサクランボのブランデーがマッチ。アルコール度は中（レシピはP215）。
  - **アドニス**
    スイート・ベルモットの甘い香りがほのかに香る。食前向きのカクテル。ドライを使うと「バンブー」になる。アルコール度は中（レシピはP53）。
- **スパークリング・ワイン**
  - **ブラック・レイン**
    シャンパンにブラック・サンブーカというリキュールを混ぜる。アルコール度は中（レシピはP214）。

麦芽とホップのほろ苦さが魅力。世界で一番飲まれている酒

世界でもっとも広く、もっともたくさん飲まれているのがビールである。日本でもアルコール飲料の消費量トップはビールだ。現在、代表的なビール生産国といえば、アメリカ、ドイツ、イギリス、ベルギーが挙げられるが、生産量の多さでは日本もアメリカと並んでいる。

世界中で愛されているビールの主原料は、麦芽とホップ（クワ科に属するつる性多年生植物の一種）。これに水などを加え、ビール酵母を使って発酵させればできあがり。ビール独特の苦味や香りは、このなかのホップによって生まれるのだ。

ビールは世界中に様々なタイプがある。これを味で大きく分けると、「コクのある味」と「スッキリした味」の二タイプ。この違いは、発酵に使用する酵母によって決まる。「上面発酵酵母」を使う場合は、常温で発酵させ、それによって苦味の強いコクのある味わいに仕上がる。「下面発酵酵母」を使った場合は、低めの温度で発酵させることで、苦味の少ないスッキリとした味わいになる。日本で造られているのは、後者の下面発酵酵母による穏やかな味わいのビールだ。

カクテルの数は無限にあるわけだ

Q カクテルに使われる酒はほかにもありますか？

A アクアヴィットという北欧産の蒸留酒も使われています。ジャガイモで造る酒で、日本でいう焼酎ですね。ハーブやスパイスで香りづけしてあるために、別名「ハーブ・スピリッツ」とも呼ばれています。これをベースにして、マンダリンのリキュールを組み合わせたコペンハーゲン、マラスキーノというリキュールを混ぜたレッド・バイキングといったカクテルがあります。

このほか、あまりポピュラーではありませんが、日本酒や焼酎、中国の白酒などを使ったカクテルもあります。極端な話、どんなお酒もカクテルに使おうと思えば使えるのです。

ビールはこんな酒

原料 麦芽、ホップ、水など。

味 苦味のあるさっぱりした口当たり。

主な生産国 アメリカ、ドイツ、イギリス、ベルギーなど世界各国。

製造法 大麦を発芽させ、乾燥させる。粉状にした麦芽に水やホップを混ぜ、酵母を加えて発酵。タンクで熟成させ、濾過して瓶や缶に詰める。

種類 発酵させるときに加える酵母が、上面発酵酵母か下面発酵酵母かによって大きく2つに分けられる。前者は10〜20℃、後者は5〜10℃で発酵させる。下面発酵のほうが歴史が浅く、現在のビールの主流。

すっきりとした味わい（下面発酵）

- **ピルスナー**
  ホップの香りが効いた淡黄色のビール。日本のビールはほとんどがこのタイプ。
- **ヘレス**
  ホップの量が少なく、苦味が少ない。ドイツの淡色ビールの総称。
- **黒ビール**
  麦芽を高温で長時間乾燥させて焦がし、濃褐色のビールにする。濃厚な風味だが、苦味は少ない。

苦味が強くコクのある味（上面発酵）

- **ペールエール**
  ホップの苦味が効いている淡色のビール。フルーティーな香りがする。
- **スタウト**
  原料に砂糖を用い、麦芽の香りとホップの苦味が濃厚。黒に近い色。イギリスのギネスビールが有名。

生ビールとラガービール

生ビールとは、製品にする過程で、熱処理をしないビールのこと。

それに対しラガービールは、温水シャワーを浴びせて処理し、低温で貯蔵したビールのこと。保存がきく。

ギネス

とにかく鮮度が命。できたてのビールに勝るものはなし！

消費量の点では世界トップの座に君臨しているビールだが、カクテルの世界ではあまり目立たない存在。味の個性が強いうえに、発泡性があるためほかの材料と合わせにくく、カクテルには難しい素材だからだ。もちろんレッド・アイやシャンディ・ガフなど、その難しさをクリアしたカクテルもある。また、日本ではあまり見られないが、海外ではビール＆シャンパン、ビール＆ウイスキーなど、ビールに別の酒をミックスして、アルコール度を高めて飲まれることも多い。

これらカクテルのベースには、下面発酵酵母によるビールをさらに低温貯蔵室で熟成させる「ラガービール」や、ローストした麦芽を使って濃色に仕上げた「スタウト」というイギリスのビールのほか、「黒ビール」がよく使われている。

でも、やっぱりビールはビールとして飲みたいという人のために、澤井氏からおいしく飲むためのポイントを聞いた。「ビールはフレッシュなものほどおいしい。瓶ビールや缶ビールでも理想は製造日から一ヵ月以内、遅くても三ヵ月以内には飲みたいですね」。

キンキンに冷えた夏場のビールは最高

Q ビールの飲み方はどこも同じ？

A 面白いもので、ビールの飲み方にも国民性というものが出ています。たとえば、日本人はビールの泡が好きで、ビールをつぐときも泡の割合にこだわります。逆にイギリスなどでは、「飲むのはビールであって泡じゃない！」というのが常識で、グラスについだときに泡が１cm以上あると非常識とみなされるんです。

また、ビールの温度に対するこだわりも国によって異なります。アメリカ人と日本人は、どういうわけかうんと冷えたビールを好む傾向が強いのですが、冷やしすぎると素材の味がわからなくなると、あまり冷やさないで飲む国も少なくないですね。

ビールを使った代表的なカクテル

ビール

パナシェ

ビールに透明炭酸飲料を混ぜる。のどごしが軽く、飲みやすい。アルコール度は弱（レシピはP216）。

ブラック・ベルベット

スタウトとシャンパンの泡が重なって、なめらかで深みのある味。アルコール度は弱（レシピはP216）。

レッド・アイ

Red Eye

味：トマト・ジュースの濃厚な味が、ビールでさっぱりする

アルコール度：弱

★作り方

トマト・ジュースをグラスに入れ、ビールを注いでステアする。

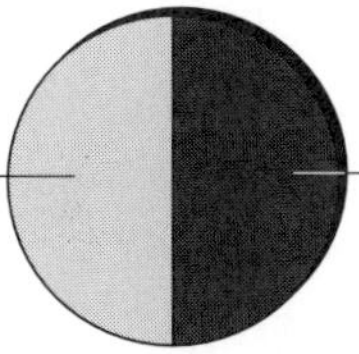

レッド・アイとは“赤い目”のこと。二日酔いの朝の、迎え酒に向くといわれる。レモンをしぼってもよい。

人によっても飲み方は様々。とにかくビールは、我々にもっとも身近な酒なのだ

第5章

シガーをくゆらし、バーでひと時の安らぎをえるために

街のバーにホテルのバー。「人」を基準に選びたい

酒はどこでも飲めるが、本当においしい酒を覚えたいなら、バーへ行くべきだ。この章では、バーを自由自在に使いこなすためのノウハウを紹介しよう。

日本には多種多様なバーがあるが、大きく分けると、「ホテルのバー」と「街のバー」に分類することができる。

ホテルのバーは、ホテルの格や規模にもよるが、一般的には〝オーセンティック・バー〟、すなわち本格的なバーと考えてよい。材料が豊富にそろっており、世界中で通用する正式なカクテルが楽しめる。

街のバーは、格式のある老舗バーから若者好みのカジュアルなバー、内装などのデザイン性を重視したバーなど、店によってかなり差がある。

この中から自分好みのバーを見つけるには、何に重点を置いているバーなのかを考えることだ。本当においしい酒を味わいたいなら、やはり「人」に重点を置くべきで、優秀なバーテンダーのいる店を選びたい。一概にはいえないが、やはりベテランのバーテンダーはホテルのバー、もしくは街なかでも伝統のある老舗バーに多い。

レストランに行くときと一緒なんだね

Q バーに行く時間・人数・服装は？

A 営業時間中なら何時に行こうと自由。6時頃に行って1杯飲み、食事にレストランへ行き、またバーへ繰り出してもよいでしょう。

バーに行くうえで適切な人数というものもありません。ただし、多人数で行くときは、前もって電話で席を予約したほうが確実です。

服装は、その店の雰囲気に合ったものを選びたいものです。若者の多いカジュアルなバーならともかく、格調高いバーでTシャツにジーンズは、やはり場違いな印象を与えます。着飾る必要はありませんが、それなりの店に行くときは、それなりの心構えでもって、服装も選びたいものです。

色々なバーに行ってみよう

バー
Bar

ホテル

大きなホテルでは、複数のバーが入っているところも多い。

街

街なかにあるバー。東京の銀座は一流のバーが集まる街として知られている。

専門のバー

特定の酒を専門的に扱ったバー。ワインバー、モルトバー、ビールバーなど。

本格的なバー
(オーセンティック・バー)

酒や副材料がそろい、正式なカクテルが飲める。一般に、客の年齢層は高め。２～３杯楽しむ分にはそれほど値段は高くないが、「敷居が高い」と思われることが多い。

幅が広い

客層や雰囲気、値段も様々。

カジュアルなバー

カジュアルで、気軽に入れる。客やバーテンダーの年齢は若いことが多い。ジャズがかかるバー、デザイン性の高い内装のバーなど、雰囲気を楽しむための店もある。

ヨーロッパでは、カクテルを飲める本格的なバーは、“アメリカン・バー”と呼ばれている

バーテンダーは店やホテルの玄関。海外ではその国の玄関でもある

ベテランのバーテンダーは、材料と材料をどのぐらいの分量で組み合わせれば、どういう味に仕上がるか、すべて頭の中で計算できるという。また、同じ酒でもメーカーごとに風味が異なる。それも全部頭の中にインプットされていて、カクテルの味を調節するというのだから恐れ入る。

しかも、ただカクテルを作れるだけではダメらしい。バーテンダーの仕事は、おいしいカクテルを作ることが五〇%、残り五〇%は人格を売ることだと澤井氏。つまり、どんな客にも対応できるように、あらゆる分野に精通した知識人でなくてはならないのだそうだ。

それだけに海外ではバーテンダーの地位が非常に高く、ホテルの場合は支配人や料理長などと並んで、バーテンダーも五ツ星ホテルを選定するうえで大事な基準となっている。旅慣れた客であれば、ホテルのバーへ行き、チーフ・バーテンダーからその国の知識を得るという。

海外の客に接客するバーテンダーは、国の玄関として、語学も堪能でなくてはならない。ヨーロッパの一流バーテンダーは三ヵ国語は当たり前、なかには五ヵ国語ペラペラという達人もいるらしい。

使った酒をもとの位置に戻せるかな？

Q カウンターの後ろに酒がたくさん並んでいるが……

A あれはバック・バーといい、基本的にはよく使うお酒を手前に出し、扱いやすいように並べています。きちんとしたバーなら、ボトルはいつもピカピカにしてあります。私の店では、見習いのバーテンダーがお酒のボトルを覚えるために、毎日磨いています。

「タンカレーの右横にあるお酒でカクテルを作って」など、バック・バーを見ながらカクテルを注文するのも一つの方法。ただ、バック・バーを見せない店や、一部しかお酒を置かない店もあります。

バック・バーはバーテンダーの主張が表れる、バーの要《かなめ》ともいえる部分なのです。

バーテンダーは“バーの世話をする人”

バーテンダー
Bartender

語源・定義

Bar（バー）とTender（世話をする人）という語が結びついた言葉。Tenderには“やさしい”という意味もある。海外ではBarman（バーマン）、Barkeeper（バーキーパー）と呼ばれることも多い。

技術

飲む人の好みに合った酒を作るという、調理者としての技術と、来た人の目的に合ったサービスをするという、サービスマンとしての技術の両方を備えている。

外見

清潔な身なりをして、容姿端麗。バーテンダーはShow Man（ショー・マン）でもある。作っているところを注目されると、ますます燃える。

ベテラン

自信を持って酒を出すには、20年かかるともいわれる。ベテランになると、どこのメーカーのどの酒を組み合わせるとどういう味になるかを、瞬時に頭に思い浮かべることができる。

すまん 泣くつもりじゃなかったんだ
気にするな 思いきり 泣けばいいさ

バーテンダーは話をしながら、バー全体の状況を常に把握している

バーはくつろいで楽しむ場所。たとえ酔っても紳士淑女であれ

居酒屋やスナックと違って、バーは敷居が高くて入りづらいと感じる人も多いようだが、思い切って入ってしまえばこっちのもの。そもそもバーというのは日常を忘れて、ゆったりくつろいで楽しむ場所であり、客にそう思ってもらえるように店側も気を配っているからだ。

ただし、居酒屋と同じと思ってもらっては困る。定食屋とレストランでは食べ方が違ってくるのと同じで、居酒屋とバーでは飲み方も違う。基本的にはレストランと同じと考えてよく、バーではほかの客の迷惑にならないよう、品よく楽しむのがマナーである。

また、一杯の酒で長々と席を独占するのは申し訳ないように思うかもしれないが、元来、カクテルはガブ飲みするものではないので気に病む必要はない。ただし、時間が経って温度が上がると味が落ちてしまうので、冷たいうちに飲むことが大切だ。ゆっくり時間をかけて楽しみたいときは、ブランデーやウイスキーを頼むことをおすすめする。

バーの上手な利用の仕方としては、行く前に予約を入れること。そのほうがよい席を確保できるし、店側も迎え入れやすいからだ。

Q カクテルの名前を知らないときは？

「何でもいいから」じゃダメなんだ

A 市販のカクテルブックを見て、飲んでみたいカクテルを覚え、それを注文するのも楽しいものですが、無理に名前を覚える必要はありません。名前を知らなくても、バーテンダーに好みの味やアルコールの強さを伝えれば作ってもらうことができるからです。

むしろカクテル通になりたかったら、お酒のうんちくを蓄えるより、日常的にバーで楽しむ習慣をつけることが大事です。まずは色々なバーに通って場数を踏み、おいしいカクテルを出してくれる店を見つけましょう。そこで正式なカクテルを飲んでいれば、本物のよさがわかり、自然に名前も覚えていくはずです。

「隣の女性に一杯」はマナー違反？

映画やドラマによく出てくる、「あの女性に一杯ごちそうしたいんだが……」という場面。バーではあくまでも紳士的にふるまえば、女性に話しかけたり、酒をごちそうしたりすることは、マナー違反にならない。バーテンダーも協力してくれることが多い。

ちょっとマスター

はい
あの隣のご婦人にさ……オレのおごりでマンハッタンをごちそうしてあげて
……
……
チラッ

ちなみに澤井氏によれば、バーテンダーにとって一番気になる女性のタイプは、「明るい女性」と「涙ぐんでいる女性」だという

レモンにオレンジ。しぼったらグラスの中へ、食べたら外へ

カクテルは、見て、嗅いで、味わって飲む酒だ。ビールのようにグビグビと流し込むのは邪道なので、いつものクセで一気飲みなんてしないように注意しよう。もちろん音を立てて飲むのは言語道断である。

また、カクテルの中にはニコラシカ（四九頁参照）のように、一風変わった飲み方をするものもある。飲み方がわからないときは、どうやって飲むのかバーテンダーに素直に尋ねることだ。知らないのは恥ではない。むしろ知ったかぶりをするほうが恥をかく。

フルーツなどのデコレーションは、いつ食べてもかまわないが、先に食べたほうが飲みやすい。食べた後の皮はコースターやテーブルの上に置いてもいいし、灰皿の中に入れてもOK。レモンなどをしぼった場合は、しぼった後の皮はそのままグラスの中に入れて飲もう。

パイナップルの皮など、食べられないものが飾られている場合は、飲みやすいようにストローがついているはずだが、ついていない場合は飾りをとってしまってかまわない。また、マドラーが入っているときは、かき混ぜた後、必ずはずしてテーブルに置いてから飲もう。

彼女の前ではグラスもかっこよく持ちたい

Q グラスのかっこいい持ち方はありますか？

A グラスの持ち方にきまりはなく、どんな持ち方をしようとその人の自由です。ただ、脚付きグラスの場合は、親指と人差指で脚の部分を持ち、残りの３本指をグラスの底に軽く当てて持ち上げると持ちやすく、カッコよく粋にも見えると思います。グラスの縁や胴体を手の平で包み込むように持つと、手の温度でカクテルが温まってしまうので避けましょう。

ちなみに、グラスになみなみとつがれたカクテルが出てきた場合、たとえこぼしたとしても、あなたに非はありません。悪いのは、飲みにくいものを出した作り手側です。

“食べやすいものは食べる” が基本

フルーツがついているカクテルが出されたら、あわてずにかっこよく飲みたいもの。
もちろん、食べにくそうなもの、食べたくないものは残してもよい。

レモン・ライム

しぼる
しぼったものは、グラスの中に入れよう

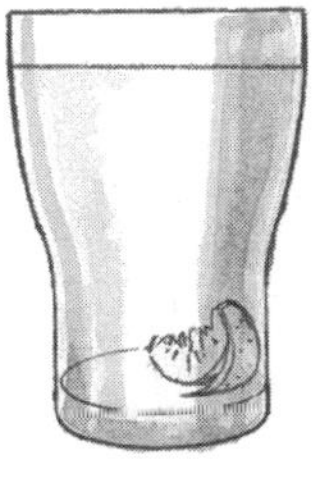

オレンジ

食べる
食べた後の皮は、灰皿やコースターの上などに置く。グラスの中には入れない

レモンとチェリーの組み合わせは？
カクテル・ピンにレモン・スライスとチェリーが刺してある場合は、まずピンを外す。レモンはしぼってグラスに入れ、チェリーは食べる。

食べられないもの

★トロピカル・ドリンクなどに飾られる、皮つきのパイナップル
★ホーセズ・ネック・スタイル（P127参照）のカクテルに入っているレモンの皮
★飾りとしてグラスの側面につけた砂糖

ストローが2本入っているときは？

フローズン・スタイルのカクテルには、ストローが２本入っていることが多い。２本入れるのは、氷が詰まったときのため。飲むときは1本で飲む。
また、フラッペスタイルのカクテルなどに入っているストローで、先がスプーン状になっているものがあるが、これはカクテルをかき混ぜるためのもの。氷をすくって食べてはいけない。

Cocktail
コラム

日本と海外ではバーのあり方が違う。女性が入りやすいのは日本のバーだ

仕事がおわってまずは一杯。ビールをグイグイ、つまみはやっぱり冷奴。お腹がふくれたら次の店で、ウイスキーをチビリチビリやりながら上司の悪口。ああ、今日も家に帰るのは午前様……なんて、日本のサラリーマンにはありがちなパターンである。

ところが、これが欧米のサラリーマンになるとそうはいかない。連日午前様になる亭主なんてお断り。離婚されて慰謝料を請求されるのがオチである。それで彼らは、仕事がおわったら一、二杯の酒を楽しみ、サッと帰れるところへ寄るのだ。一日の疲れを癒すために、当然自分の一番おいしいと思う一杯を出してくれるバーやバーテンダーを選ぶ。だから、欧米の人たちは自分の好きなカクテルや好きなバーを、よく知っている。

バーはアメリカで始まり、ヨーロッパで発達した。ヨーロッパではすでに二〇〇年ほど前に、バーの原型があったらしい。有名なバーテンダーのいるホテルには人がたくさん集まったため、ホテルではより優秀なバーテンダーを雇い、自然、バーテンダーの社会的地位は高くなったという。

日本で本格的なバーが生まれたのは、戦後になってから。漫画にもよく登場させているが、僕なんかバーよりも女性がもてなす〝クラブ〟のほうが、高級なイメージがある。澤井氏によれば、これは日本独特のもので、花柳界と結び付いた歴史の中で生まれたものなんだとか。意外だったのは、日本では女性が一人でバーに行くことも最近では珍しくないが、欧米では国によっては、一人どころか女性が複数で行くこともタブー視されているという。そのへんは、日本のバーのほうが気楽でいいなあ。

ちなみに、旅行先でいいバーを見つけるコツは、まずホテルのバーへ行き、どこに行けばおいしいカクテルが飲めるのかを聞くことだという。国内でも同じである。ホテルのチーフ・バーテンダーは、その地域やその国のことを把握している。イヤな顔をせずに教えてくれるはずですよ、と澤井氏である。

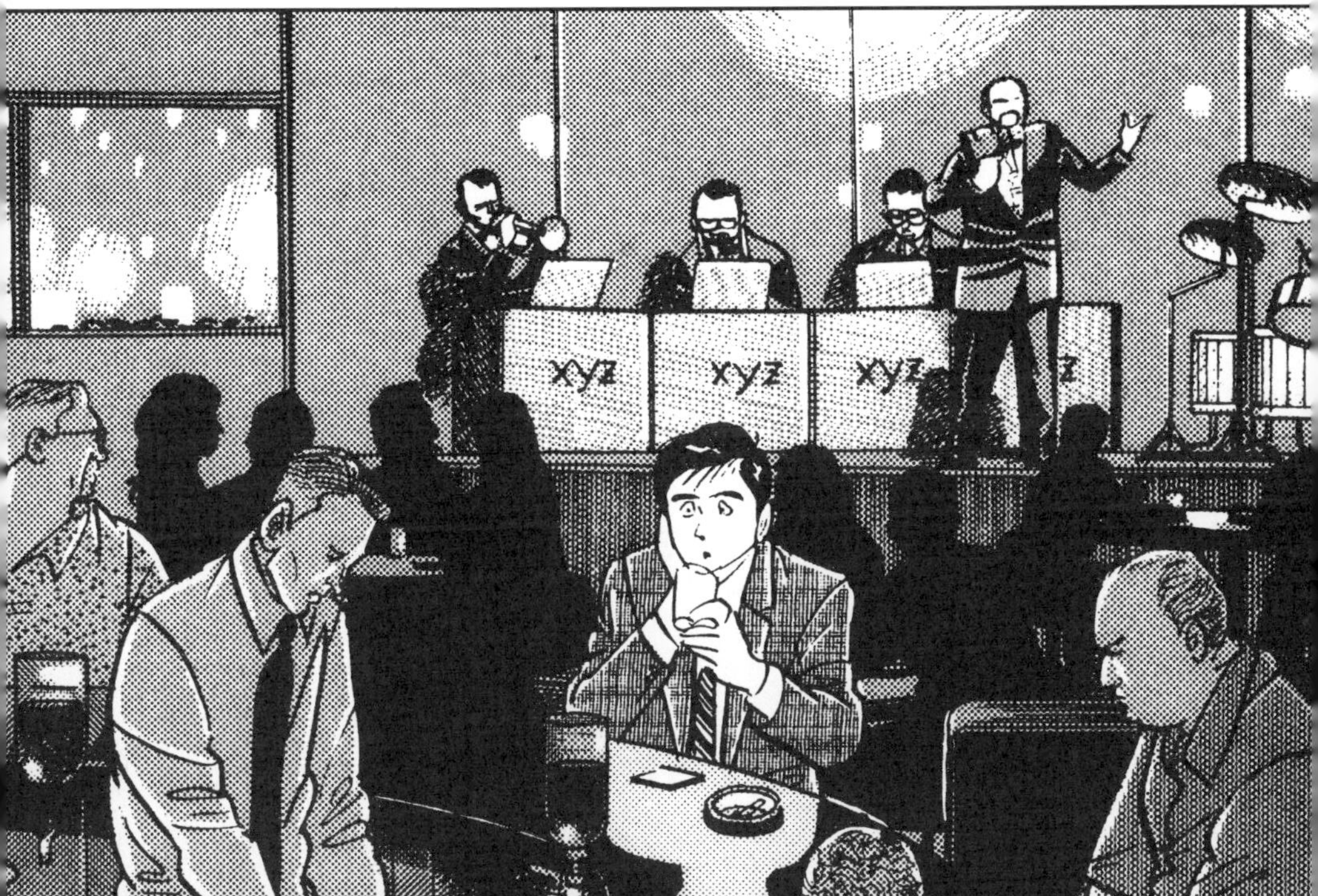
xyz
xyz
xyz

海外のバーでも堂々と飲みたいもの

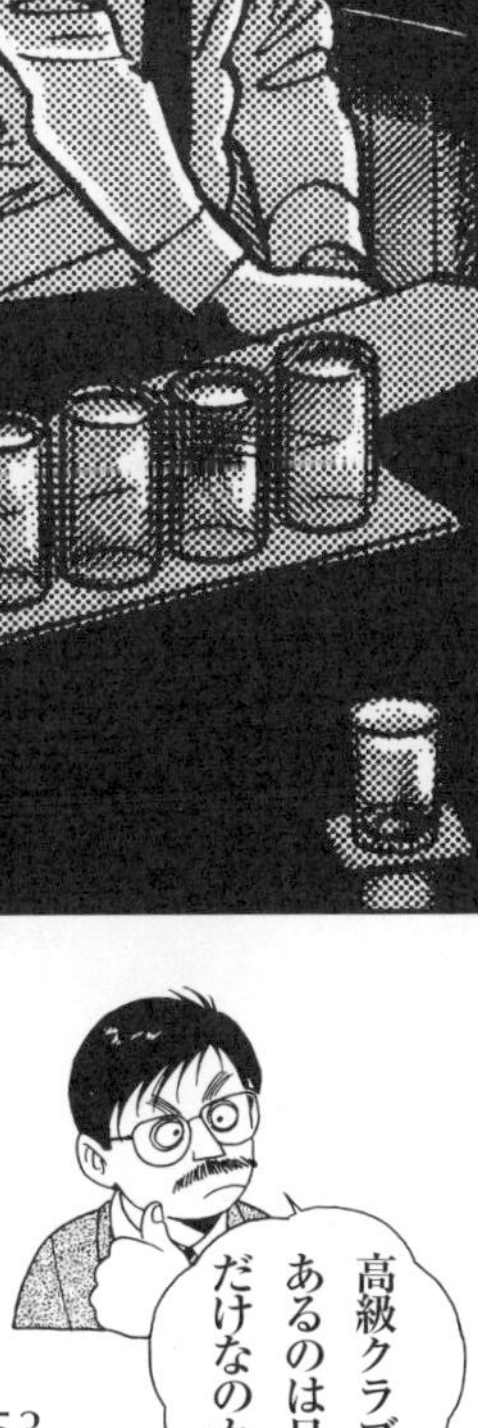
高級クラブがあるのは日本だけなのか

形も香りも実に様々。今宵、お気に入りの一本を見つけよう

今、シガー（葉巻）が世界的なブームである。酒に親しんだら、お次はバーでシガーをくゆらせる快感を覚えてみてはいかがだろう。

シガーも煙草もタバコという植物の葉で作られたものだが、煙草は紙、シガーは葉で巻いたものをいう。その歴史はとても古く、七〜八世紀にメキシコのユカタン半島で栄えたマヤ文明が起源とされている。これが一四九二年のコロンブスの新大陸発見を機に、アメリカ大陸からヨーロッパへと伝わった。ただし、シガーに向く葉タバコを生産できる地域は限られている。現在の主な生産国は、メキシコやキューバなどの南アメリカ、また東南アジアのフィリピンやインドネシアなどである。

シガーにも色々あるが、大きく分けると、最初から最後まで人の手で作られた「ハンドメイド」と、すべて機械で作った「マシンメイド」とがある。また、様々な形状や香りのものがあり、それによって価格もかなりの開きがある。高いものでは一本数万円するものも！

シガー・バーでなくても、常に一〇種類ぐらいのシガーを置いているバーは多い。まずはお気に入りの一本を見つけてみよう。

なるほど

君もシガーに興味をもつ年頃になったか

シガーはこうなっている

ヘッド
吸い口側

フット
火をつける側

断面図

シガーはフィラー、バインダー、ラッパーという3種類の葉から成り立っている。

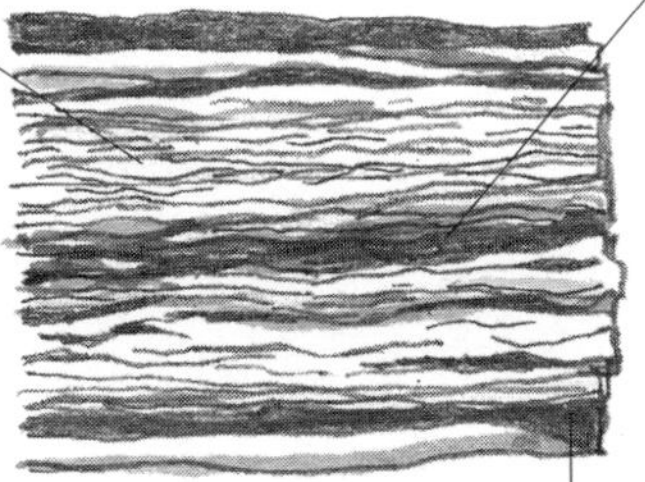

バインダー
フィラーを包む、シガーの中間層にあたる葉。丈夫で張りのあるものが使われる。機械巻きの葉巻では、主に人工の葉が使われる。

フィラー
芯の部分。高級なシガーはロング・フィラー（カットしていない、一枚になっている葉）を、機械で巻くシガーは主にショート・フィラー（小さく刻んだ葉）を使う。上質なロング・フィラーは味わいにムラがない。

ラッパー
フィラーとバインダーを巻く一番外側の葉。味わいにもっとも影響する部分。色や手触りのよいものが使われる。

シガーの種類

作り方による区分

ハンドメイド・シガー
葉を巻く作業のすべてが、人の手作業によっておこなわれるシガー。中心（フィラーとバインダー）は機械で巻き、外側のラッパーを手作業で巻いたものは、セミ・ハンドメイド・シガーと呼ばれる。

マシンメイド・シガー
すべての作業を機械でおこなう。

品質による区分

スーパープレミアム・シガー
最高ランクに位置するシガー。厳選された葉を使い、長期間寝かせる。「ヴィンテージ・シガー」と呼ばれる最高級の葉を使用したものもある。

プレミアム・シガー
一番人気のあるタイプ。作り方は、ほとんどがハンドメイドの高級品。キューバやドミニカ共和国、ホンデュラス産のものが多い。

マスマーケット・シガー
作り方はほとんどがマシンメイド。値段も安い。ドライ・シガーと呼ばれることもある。

シガーは香りを楽しむもの。食後酒とともに、極上の時間を

煙草よりもシガーのほうが体に害が少ないといわれているが、その理由は煙草のように肺の中まで煙を吸い込まないからである。シガーは吸い込むものではなく、ふかして、口の中に広がる香りを味わうものである。

しかし、煙草に比べるとシガーは匂いが強くて煙も多いため、いつでもどこでも吸っていいというわけにはいかない。シガー・バーやシガー・コーナーを設けているバーやホテルは別として、それ以外の場所では必ず「吸ってもいいですか？」と聞くのが常識だ。たとえバーテンダーがＯＫといっても、念のため周囲の人にも尋ねたほうがよいだろう。

また、シガーにはカクテルや料理は合わない。シガーに合うのは、シガーと同じぐらい個性の強いブランデーやラム、コーヒーなど、食後の飲み物である。なかでもシガーとブランデーは、ベストマッチのコンビだ。自分の好みの組み合わせを見つけるのも楽しいだろう。

シガーは本来、長い時間をかけてじっくり味わうもの。吸いきれなかったときはケースに入れて持ち帰ってもいいが、一回火をつけたら、その場で吸いきるのが正道である。

Q 若い人がシガーを吸ってもおかしくない？

マドンナもシガーの愛好家らしい……

A シガー・バーに行けばわかりますが、シガーをくゆらせている若者がたくさんいます。イギリスでは、若い女性たちが食後にシガーをふかす光景は珍しくないし、アメリカでも若い有名女優たちの間でシガーを吸うのが流《は》行《や》っているようです。

ただ、私個人の意見を言わせてもらえば、やはりシガーは若い人よりも年配の人のほうが絵になりますよね。シガーを吸ってからキスをすると女性に嫌われるといいます。まして恋におぼれている若者はやめておいたほうがいい。色恋沙汰からは卒業した枯れた魅力をもった人のほうが、シガーは似合うのではないでしょうか。

相性のいい飲み物と一緒にくゆらせたい

シガー
Cigar

ブランデー

シガーとの相性抜群。ストレートで、香りを楽しみながらゆっくり飲む。ヴィンテージもののコニャックは、特におすすめ。

シガーにちょっぴりブランデーをつけると、異なる香りを楽しめる。指先をブランデーで濡らし、外側の葉に軽くふれればよい。

リキュール

コアントローなどをストレートで。デザート感覚で味わえる。

COINTREAU

ラム

ダーク・ラムのヴィンテージものをストレートで。甘く深い香りが、シガーとマッチ。

コーヒー

コーヒーの香りはシガーの香りと合う。デザートを食べた後だと、なおよい。

コーヒーとブランデーを用意し、交互に飲みながらシガーを吸うのも通の技。

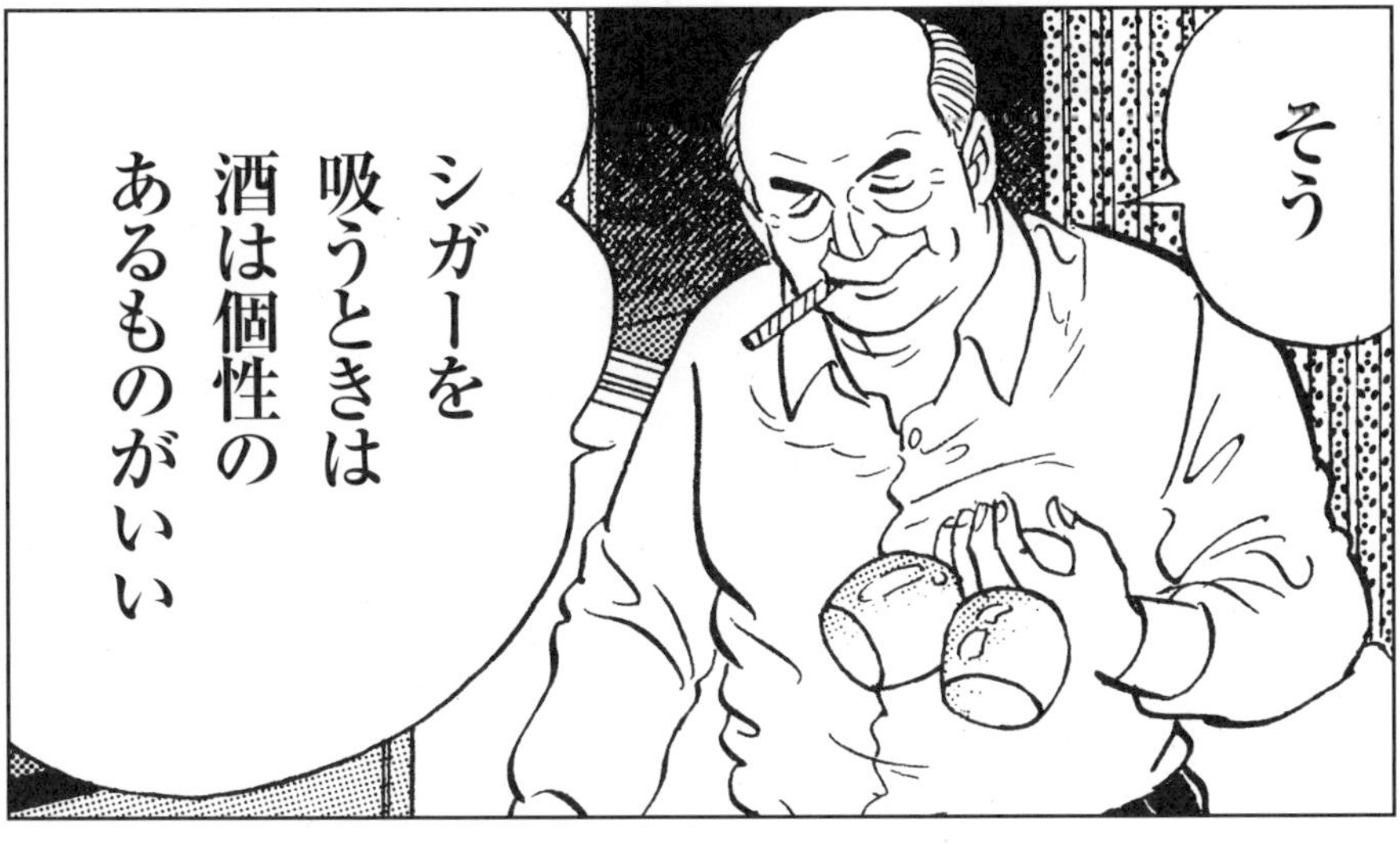
そう
シガーを吸うときは酒は個性のあるものがいい

シガーをかっこよく吸ってみよう

① 吸い口をカットする

シガーを吸うには、まず吸い口の部分をカットすることが必要だ。

カットには、シガー用のハサミやギロチン式のカッターを使う。バーでかっこつけたいのなら、シガー用のハサミを使うとサマになる。ギロチン式のカッターは、携帯するのに便利である。

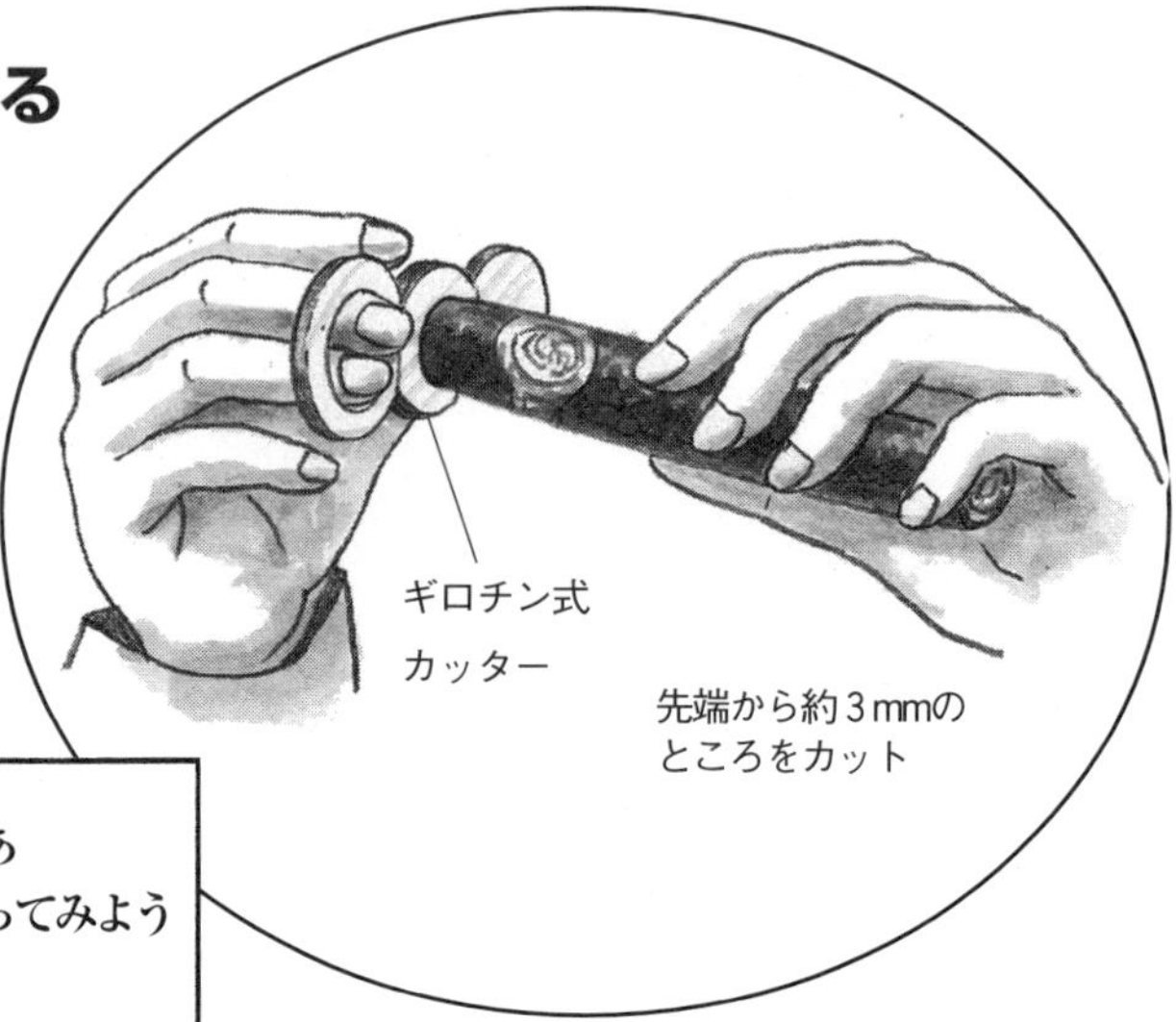
ギロチン式
カッター
先端から約3mmの
ところをカット

さあ
やってみよう

② 火をつける

シガー用のライターやマッチで点火する。あるいは、シダーと呼ばれる木の皮を裂き、それに火をつけて、シガーに火を移す。

シダーは、シガーボックスの中に入っている薄い木の皮。シガーの匂いがしみついている。

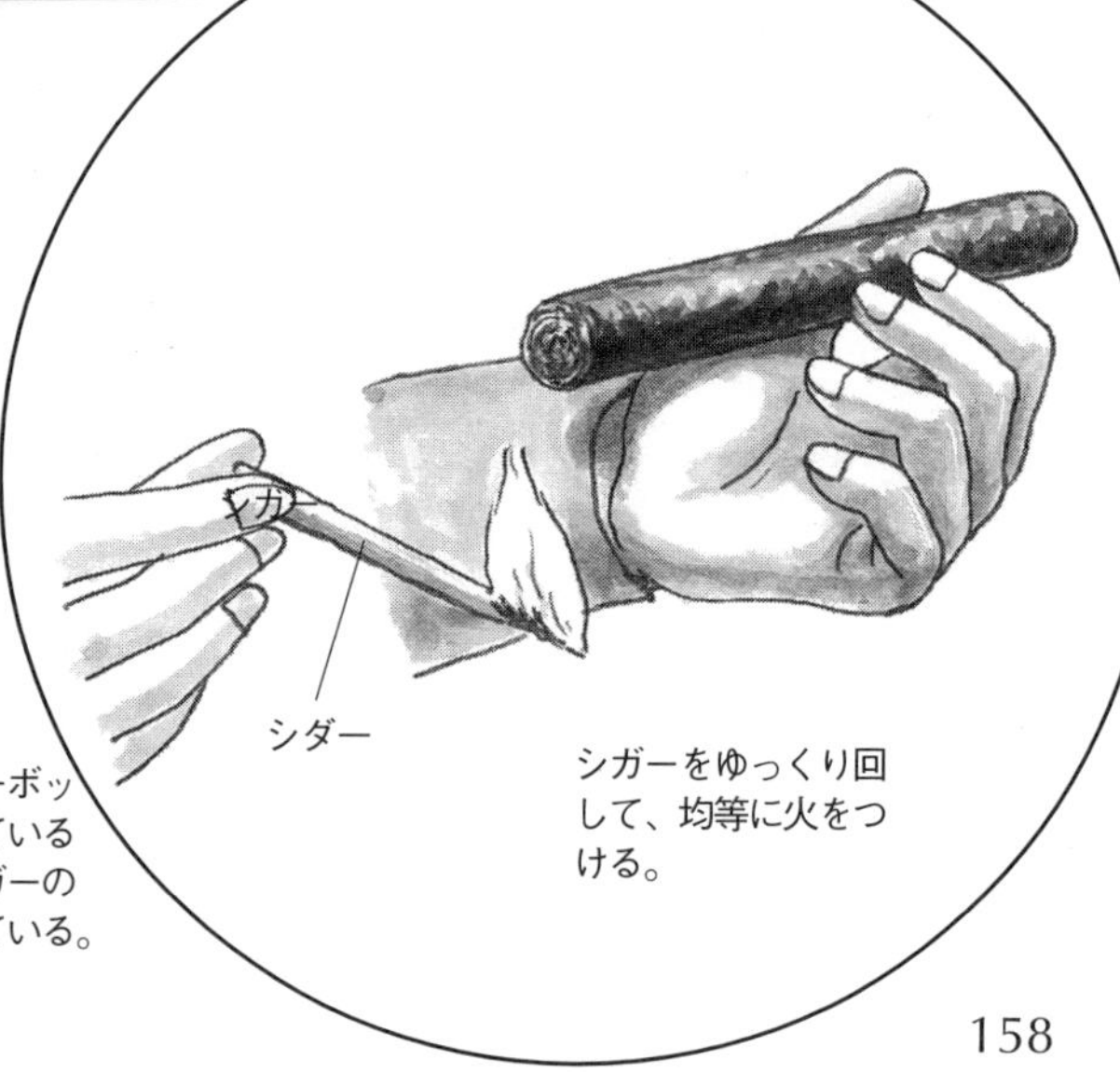
シガー
シダー
シガーをゆっくり回して、均等に火をつける。

③ 吸う

口に軽くくわえて吸う。煙を口の中に入れてふかして味わう。しめつけるようにしてくわえたり、煙を吸い込んだりはしない。

湿ると味が落ちる。くわえっぱなしにしないで、ゆったりと味わいながら時間をかけて吸いたい。

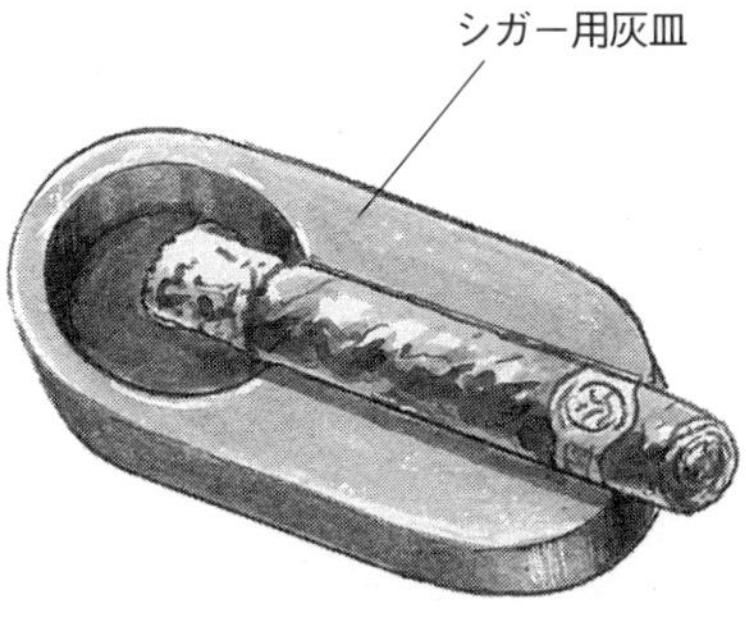

灰皿においたままにしておくと、火は自然に消える。匂いも残らない。

シガーは全体の$2/3$までしか吸ってはいけないともいわれるが、好きなように吸えばいい

外側の葉の色からわかる風味の目安

シガーの一番外側を巻くラッパーの色は、大きく7種類に分けられる。一般に、色が薄いほど軽くマイルドな風味、濃いほど重厚な風味になる。

＊(　)内はラッパーの名前。メーカーによって呼び方が異なることもある。

	薄い → 濃い						
色	薄い緑（クラロ・クラロ）	淡い黄色（クラロ）	薄い茶色（コロラド・クラロ）	赤茶、茶色（コロラド）	モカに近い茶色（コロラド・マデューロ）	黒がかった茶色（マデューロ）	黒に近い色（オスクロ）
風味	とても軽い	軽くナチュラル	やや軽い	豊か。デリケートな香り	やや重い	重い。香りも強い	香りが強く、どっしりとしている
	軽い → 重い						

『パイプ＆シガー』（三心堂出版社）をもとに作成

シガーを吸うならこんな道具をそろえてみたい

シガー・ボックス
シガーを保存する箱。シガーに必要な適度な湿度を保つ。ヒュミドールとも呼ばれる。

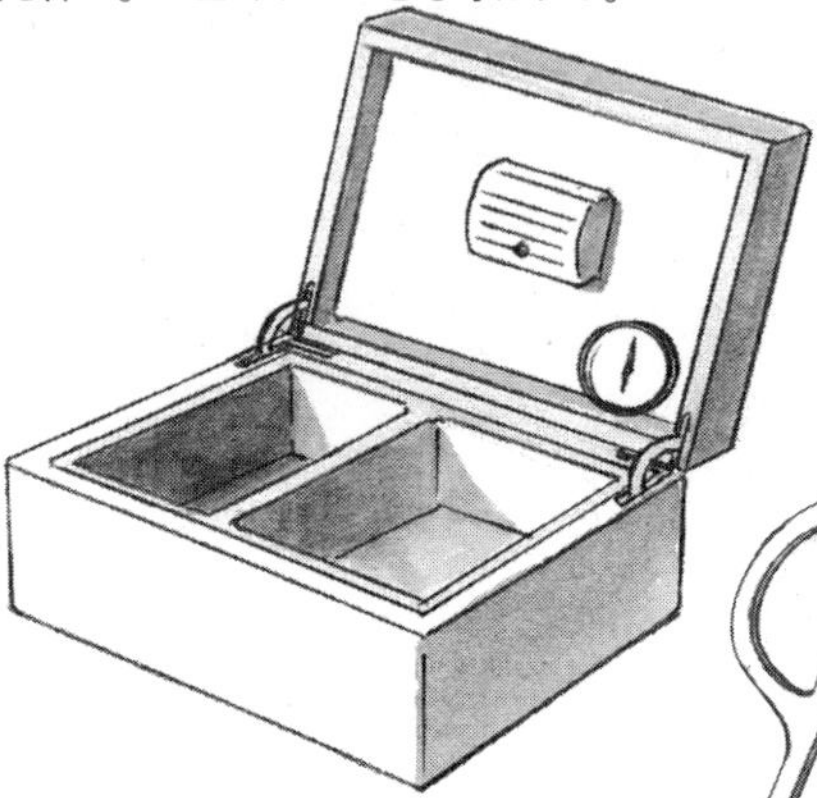

シガー・ケース
シガーを持って歩くための携帯ケース。1本ずつ入れられるものもある。吸いきれなかったシガーを入れておくこともできる。

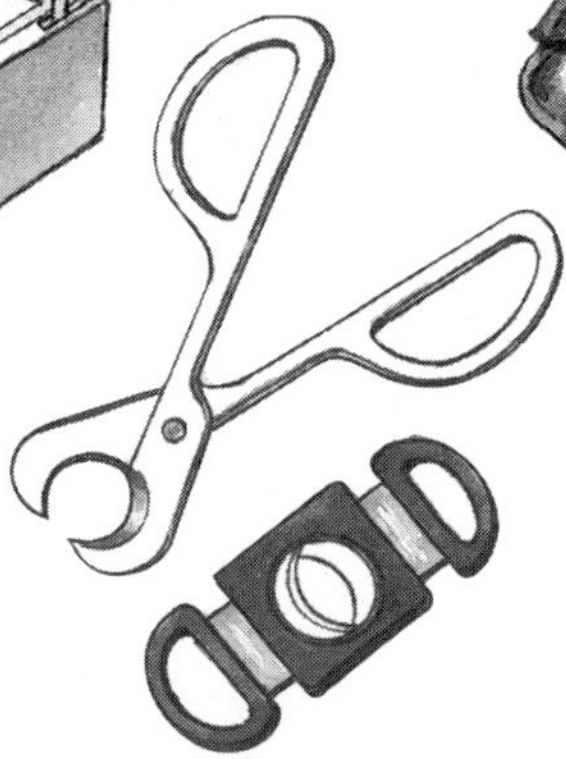

シガー・カッター
ハサミやギロチン式など、様々なカッターがある。吸い口のカットの仕方によって、味や香りが異なる。

私もそろそろタバコは卒業かしら

初心者には軽くて甘い香りのするシガーがおすすめだ
初めはスタンダードなものを選ぶといい時間をかけてゆっくり楽しむんだぞ

知っておきたいシガー・ブランド

コイーバ
香りが強く、重厚な味わい。創業当初は政府のために生産されていた。コイーバとは、「タバコ」という意味。キューバ産。

ダビドフ
代表的なシガーのブランド。ジュネーブでタバコ店を営んでいたジノ・ダビドフ氏が創業した。種類が豊富。全体的に軽い味わい。ドミニカ共和国産。

ダンヒル
風味の強さは中間。ドミニカ共和国やカナリア諸島で作られる。

モンテクリスト
豊かで深い味わい。澤井氏もお気に入りの、ハバナのブランド。

ロメオ・Y・ジュリエッタ
コクのある味わいが特徴の、キューバのブランド。17～20cmのサイズのシガーを「チャーチル」と呼ぶが、それはここの約18cmのシガーをイギリスのチャーチル首相が気に入っていたため。

H. アップマン
甘みのあるマイルドな風味。ヨーロッパの銀行家、ハーマン・アップマン氏が作ったブランド。

ジノ
ダビドフが作ったブランド。風味はマイルド、重厚、中間の３タイプある。ホンジュラス産。

ホワン・クレメンテ
1982年創業の新しいブランド。複雑で繊細な香り。フットの部分にバンドが巻かれている。

COURVOISIER
COGNAC

おいしく飲むなら三杯まで。最後まで愛される客でいよう

バーを最大限に楽しむ秘訣は、バーテンダーに愛される客になることである。バーテンダーに好まれる客とは、明るくて飲み方のスマートな客。逆にうとまれてしまうのは、男女を問わず悪酔いする客である。

悪酔いする原因は、いうまでもなく飲みすぎである。特にカクテルは口当たりがよいため、自分でも気付かぬうちに飲みすぎてしまうことが多いので注意したい。

澤井氏によれば、「カクテルは飲むものであって、飲まれるものではない」とのこと。カクテルは三杯ぐらいでとどめるのが理想で、それがおいしく味わえる範囲だという。また、カクテル三杯ぐらいなら、予算もお手ごろ。一般に、チャージ（平均一〇〇〇円程度）も含めて、五〇〇〇円も持っていけば十分楽しめる。

悪酔いを防ぐには、どんな種類の酒に弱いのか、何杯ぐらいで酔いが回ってくるのか、自分の体質を把握しておくことが大切だ。どんな酒も正しく飲めば悪酔いなんてしない。酒に飲まれることなく、スマートに切り上げることのできる粋な客を目指してほしい。

二日酔いの朝に酒を飲む気にはなれないが……

Q 迎え酒になるカクテルはありますか？

A 迎え酒が必要になるような飲み方はしないでほしいものですが、二日酔いの朝に最適といわれているカクテルがあります。ビールにトマト・ジュースを組み合わせた「レッド・アイ（赤い目）」というカクテルです。ビールの白い泡と赤いトマト・ジュースのコントラストが鮮やかなカクテルで、これはお酒に酔ったときの赤い目を表わしているんだそうです。

とはいえ、このレッド・アイが本当に迎え酒に適しているのかどうかは不明です。ただ、２分の１はヘルシーなトマト・ジュースですから、ほかの酒にくらべて、体に悪いということはないでしょう。

カクテル2～3杯がほろ酔い加減

個人差はあるが、ほろ酔いとは体内のアルコールの血中濃度が0.05～0.10％の状態をいう。カクテルなら2～3杯、ウイスキーの水割りは2～5杯、ビールは大ビンで1～3本が目安である。

二日酔いを防ぐ飲み方

- 空腹で飲むとアルコールが早く吸収されてしまう。飲む前に、魚やチーズなどのたんぱく質をとっておく。
- 糖は、アルコールの血中濃度を下げる。飲みながら果物やハチミツなどの糖分をとると効果的。胃に負担のかかる刺激物は、できるだけとらない。
- 息が浅くならないよう、呼吸を整える。背を丸めず、体をまっすぐにして深く呼吸しながら飲む。

飛行機……
午後の便に
変更しない？
いい
アイデアだ

第6章

プロになった気分でカクテルを作ってみる

家でカクテルを作りたい！道具をそろえてプロの味を

プロの味を出すにはそれなりのテクニックが必要だが、基本をマスターするだけでも様々なカクテルが楽しめる。自分で作ってみると、味の良し悪しがわかり、バーで飲むカクテルもより味わい深くなる。この章では、家庭でおいしいカクテルを手軽に作るためのコツを紹介しよう。

まずはカクテル作りの道具について。家庭で楽しむなら、シェーカー、バー・スプーン、ミキシング・グラス、ペティ・ナイフ、ソムリエ・ナイフの五つがあれば十分。このうちペティ・ナイフは、家庭にある果物ナイフでも代用できる。栓抜きがあれば、ソムリエ・ナイフも特に必要ないが、プロ気分を味わうなら、これもそろえたい。キャップシールをスマートに切ることができるし、何より栓を抜く動作が美しく見える。

余裕があれば、メジャー・カップやストレーナーもそろえるといい。家庭用計量スプーンでもメジャー・カップの代用はできるが、このほうが酒をこぼすこともなく、正確に量ることができる。

これらの道具は、グラスや食器の専門店に行けばそろえられる。価格はピンからキリまであるが、プロではないのだから安いもので十分だ。

自分で作ってみると、カクテルの魅力がますますわかる

まずはそろえたいバー・ツール5

シェーカー

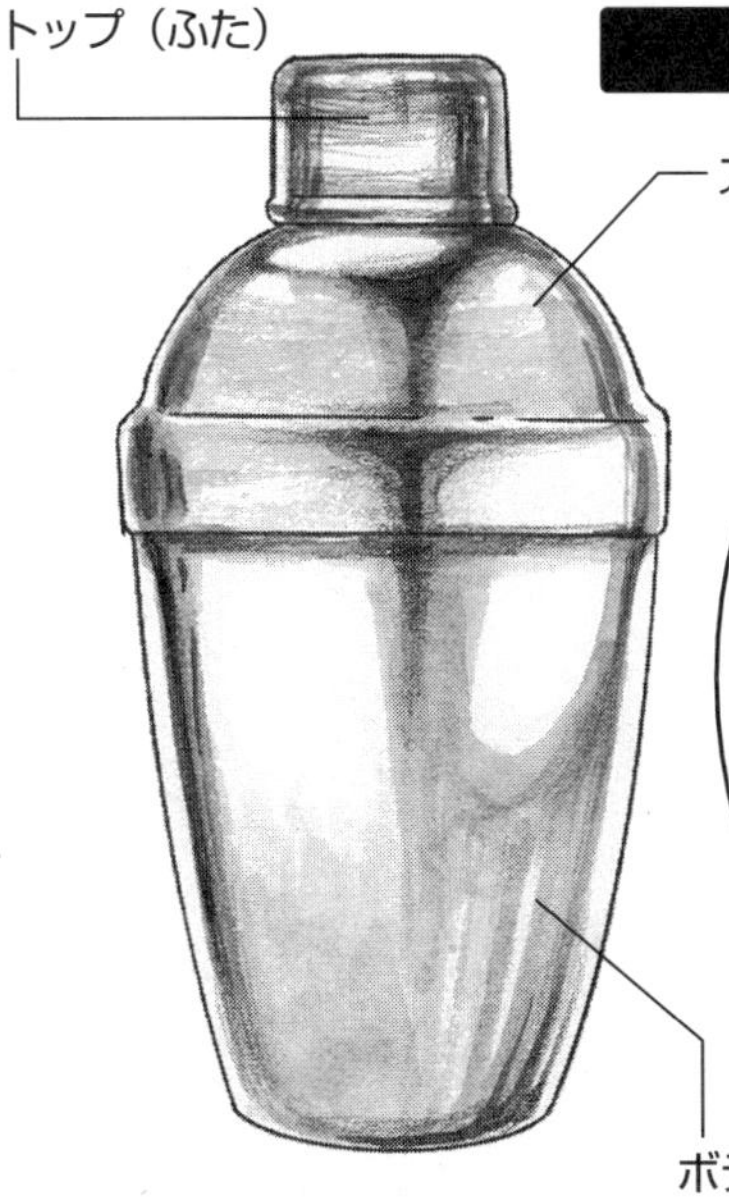

材料をよく混ぜ合わせ、温度を0℃まで下げるための道具。シェーカーを振ることで酒に空気が混ざり、軽くてまろやかな口当たりになる。

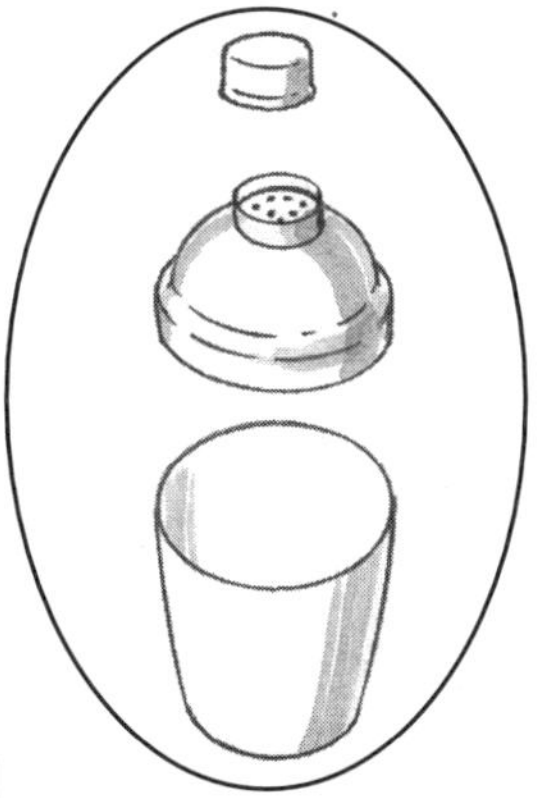

ボディに材料と氷を入れ、ストレーナー、トップの順にはめていく。氷はボディの8～9分目まで入れる。トップをしたままストレーナーをはめると、シェーカーを振った後に空気が圧縮されて、トップがはずれなくなることがある。

ペティ・ナイフ

小型の包丁。フルーツを切ったり、むいたりするのに便利。

バー・スプーン

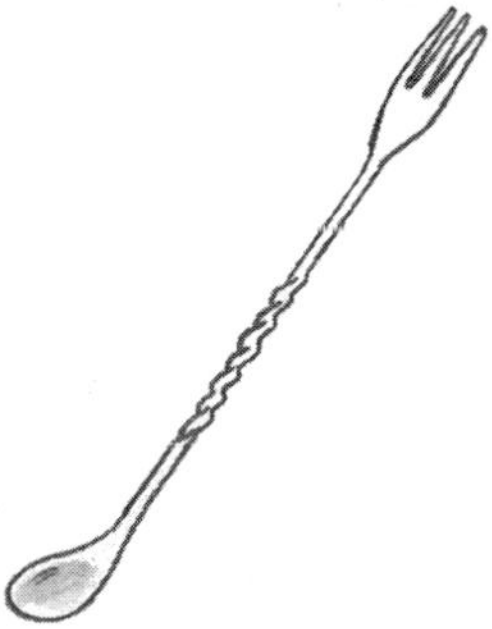

材料を混ぜるためのスプーン。柄がらせん状にねじれているため、素早く回転させながら混ぜることができる。フォークの部分は、瓶に入ったオリーブなどを取り出したりするのに使う。

ミキシング・グラス

底の内側が丸くカーブしている大型のグラス。これに材料を入れ、バー・スプーンで混ぜ合わせる。

ソムリエ・ナイフ

テコの原理を利用した、ワインのコルクを抜くための道具。ナイフの部分とスクリューの部分が、折りたたみ式になっている。

あると便利なバー・ツール

ストレーナー

混ぜ合わせた材料をろ過するための道具。ステンレスの板にらせん状のワイヤーがついている。

ワイヤーを下にして、ミキシング・グラスの縁にはめて使う。

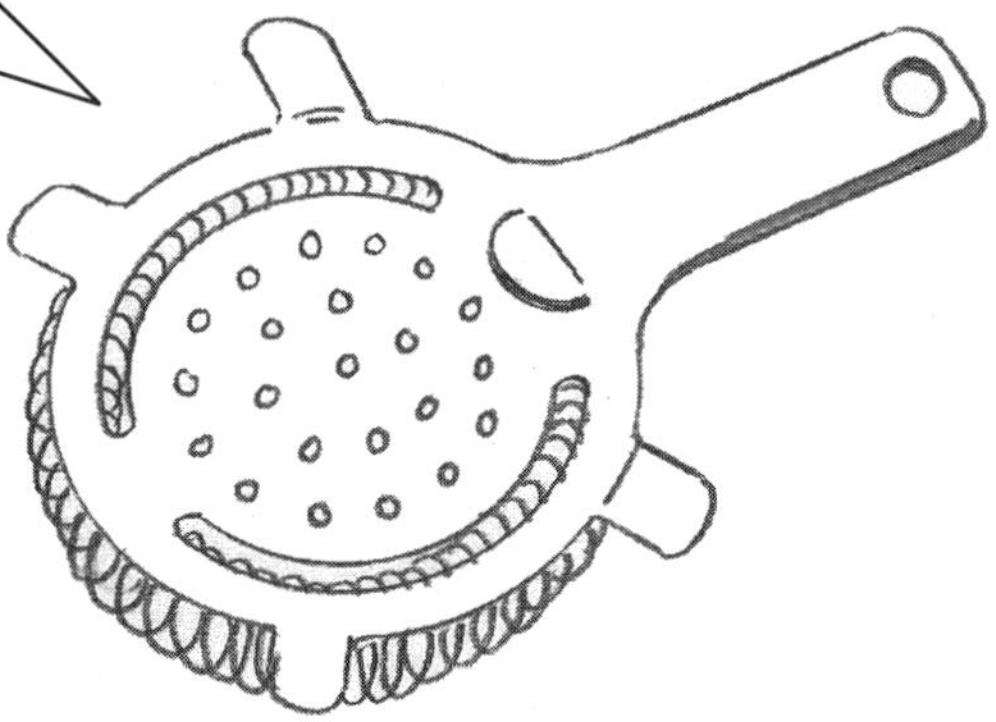

メジャー・カップ

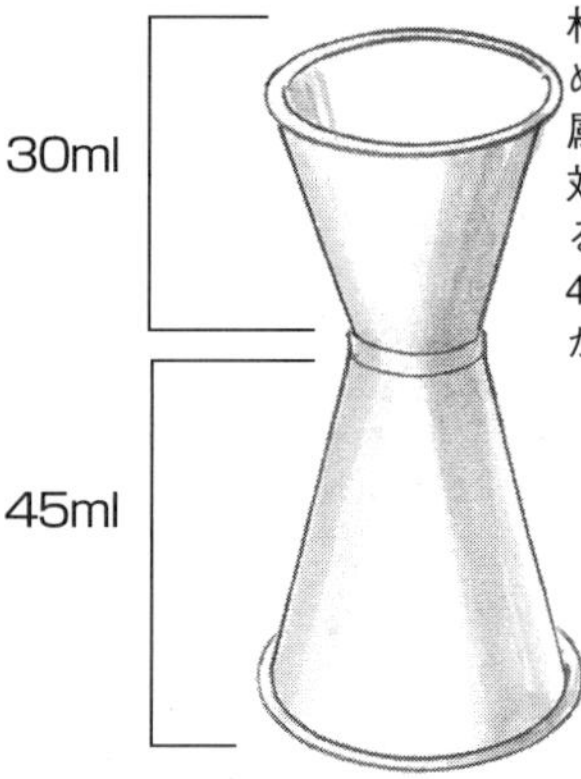

材料を量るための道具。金属のカップが対になっている。30mlと45mlのものが一般的。

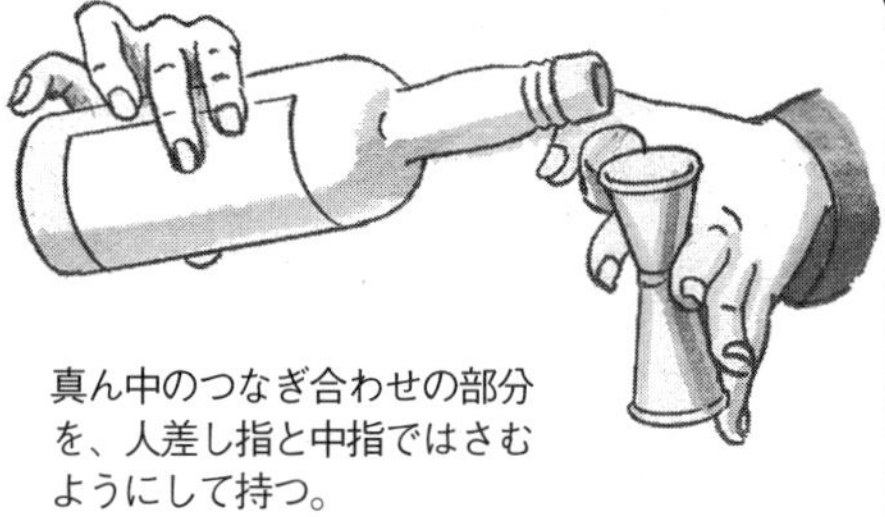

真ん中のつなぎ合わせの部分を、人差し指と中指ではさむようにして持つ。

プロは、はずしたボトルのキャップを親指と人差し指の間の付け根にはさんで持つ。動きがスピーディーで見た目もスマート。

ブレンダー

ミキサーのこと。フローズン・カクテルを作るときや、バナナなどのフルーツを牛乳と混ぜるときに使う。

スクイザー

レモンやオレンジなどの果汁をしぼる道具。真ん中がらせん状になって、尖《とが》っている。しぼるときはレモンを半分に切り、切った面をスクイザーの真ん中に押しあてて、左右に回す。

マドラー

カクテルを混ぜるときに使う。あるいは、カクテルに入っている角砂糖やフルーツを、好みの味につぶすときに使う。金属製、ガラス製、木製と、材質は色々。

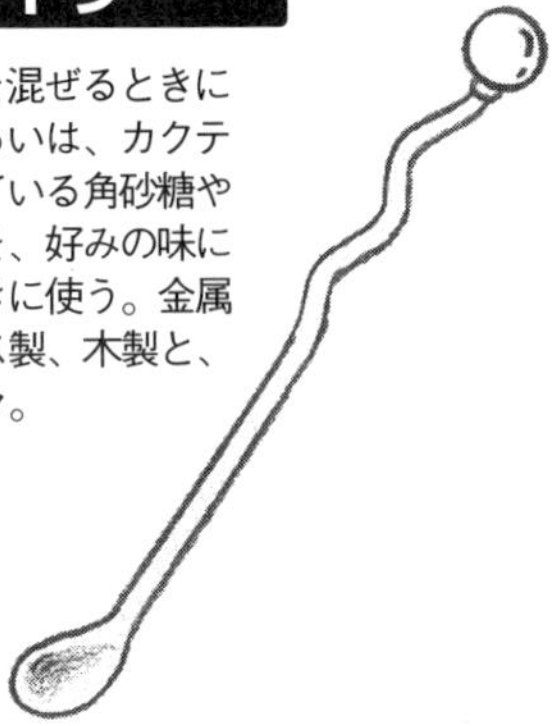

カクテル・ピン

楊枝の形をしたピン。チェリーやオリーブなどに刺し、食べやすくする。色や材質、デザインも様々。

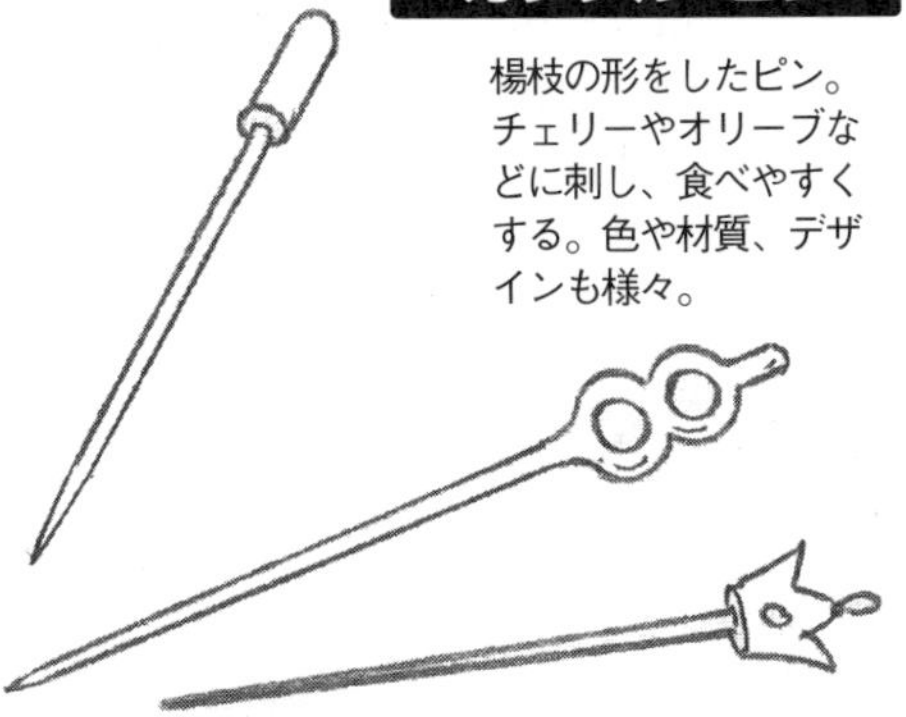

ビターズ・ボトル

ビターズを入れるガラス製のボトル。dash、dropという単位は、このボトルから注ぐときの量（P181参照）。

アイス・クラッシャー

氷を砕いて、クラッシュド・アイスを作る道具。一度にたくさんのクラッシュド・アイスが必要なときに便利。手動式と電動式がある。

アイス・ペール、アイス・トングズ

アイス・ペールは、氷を入れておくバケツ型の容器。ボトルキープしたウイスキーを水割りにするときに、出されることが多い。アイス・トングズという先がギザギザに尖った道具で、氷をはさんでとる。

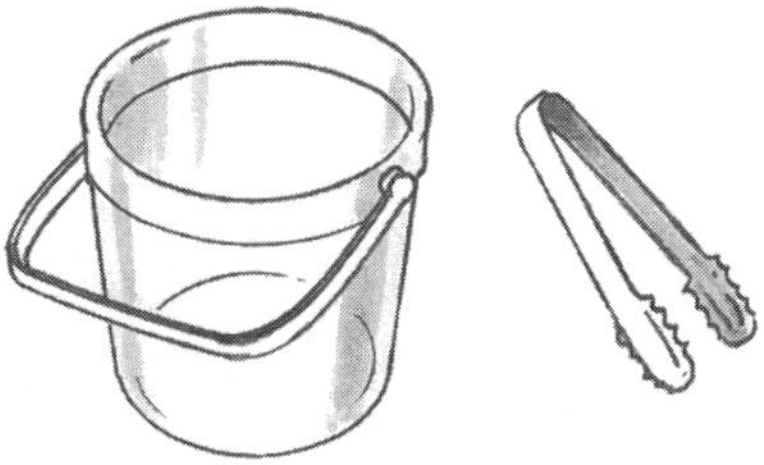

ジン、ウオッカ、ラム。フリーザーで冷やせばプロの味に

カクテルの主役は、もちろん酒。自分の好みのカクテルのベースとなる酒を、まずそろえたい。

しかしながら、ウイスキーやブランデーといったクセのある酒は、初心者が使いこなすには少々難しい。ブランドごとの風味に合わせて分量をうまく調整しないと、おいしいカクテルにはならないからだ。

家庭で気軽に楽しむなら、ベースにする酒はジン、ウオッカ、ホワイト・ラムの三つをおすすめする。これらのホワイト・スピリッツは、個性がありながらもほかの材料とマッチしやすく、炭酸飲料やジュースなどと混ぜるだけでおいしいカクテルを作れるからだ。

リキュールがあれば、アレンジの幅がさらに広がる。もちろんすべてそろえる必要はなく、好みのリキュールを一、二本用意しておけば十分。

材料がそろったら、すべて冷蔵庫に入れてよく冷やしておくことが、おいしいカクテルを作るポイントだ。アルコール度が四〇度以上の酒は凍らないので、冷蔵庫ではなくフリーザーに入れて冷やそう。家庭でもプロに近い味を出すことができる。

積み重ねる方法は一八九頁の〝フロート〟

Q 家庭で作るのが難しいカクテルは？

A たくさんの材料を使うもの、特に何種類ものお酒を使うタイプは難しいと思います。たとえば、プース・カフェがそうです。プース・カフェとは、食後のコーヒーがおわった後に飲むものという意味ですが、お酒を比重の重い順に積み重ねていくカクテルのスタイルのことをいいます。なかには、7種類のお酒を積んでいく「レインボー」というカクテルもあります。

一般家庭でこれだけのお酒をそろえるのは容易ではありませんし、テクニックも必要です。やはり家庭で作るには限界があります。できる範囲内で楽しむのが一番でしょう。

ソフト・ドリンクがあれば、簡単にカクテルが作れる

カクテルに使うソフト・ドリンクの種類や、それぞれのソフト・ドリンクと相性のいい酒を知っておこう。

ソーダ

天然の炭酸ガスを含む発泡性ミネラル・ウォーターと、人工的に炭酸ガスを入れた2種類がある。味はついておらず、あらゆる酒とマッチする。果汁で香りづけをしたり、甘みを加えたものがサイダー。

コーラ

アフリカ原産のコーラの木の種子を主な原料とする炭酸飲料。コーラのほか、様々なフルーツやスパイスなどの香りをブレンドして造る。種子はカフェインを含む。ホワイト・ラムと特に相性がいい。

ジンジャー・エール

ショウガで香りをつけた炭酸飲料。シナモンやトウガラシなどの香辛料もブレンドされている。ブランデーと特に相性がいい。

トニック・ウォーター

無色透明のほろ苦い炭酸飲料。キニーネという苦味のある樹皮のエキスや、レモンやライムなどで香りづけされている。もとは、食欲不振を防ぐためのイギリス産のドリンク。ジンやスーズ（りんどうのリキュール）と相性抜群。

果実飲料

オレンジ・ジュース、グレープフルーツ・ジュース、トマト・ジュースなど。天然果汁100%のもの、甘味料を加えたものと様々。ジンやウオッカ、リキュールとは特に相性がいい。

基本の酒とソフト・ドリンクで作ってみよう

ジン（45ml）＋ **ライム**（½個）**ソーダ**（適量）→ **ジン・リッキー**

ライムをしぼり、皮ごとグラスに入れて、氷と材料を入れる。辛口。アルコール度はやや弱。

ウオッカ（30〜45ml）＋ **グレープフルーツ・ジュース**（適量）→ **グレイハウンド**

氷を入れたグラスに材料を入れ、ステアする。グレープフルーツがさわやか。アルコール度はやや弱。

ホワイト・ラム（45ml）＋ **ライム・ジュース**（10ml）**コーラ**（適量）→ **キューバ・リバー**

氷を入れたグラスに材料を注ぎ、軽くステアする。のどごしがよい。アルコール度はやや弱。

レモン一個あれば何種類ものカクテルが作れる

カクテルの世界では、酒以外の材料はすべて「副材料」と呼ばれる。副材料はいわば主役の酒を引き立てるための脇役だが、脇役あっての主役なので、副材料も吟味して選びたい。

カクテルによく使われる副材料に、まずフルーツが挙げられる。特にレモンやライムといった柑橘《かんきつ》類は、カクテルにもっとも多く使われるホワイト・スピリッツと相性がいい。また、カクテルを美しく彩るためのデコレーションとしても活躍する。ライムは少々値が張るが、レモンならお手ごろ。レモンが一個あれば何十種類ものカクテルが作れる。冷蔵庫に常備しておくと便利だ。

冷蔵庫に眠っている野菜も、立派な副材料だ。スティック状にしたキュウリやセロリは、デコレーションとしてカクテルに華を添えるだけでなく、マドラー代わりやおつまみにもなる。ブラッディ・メアリーなどトマト・ジュースを使ったカクテルによく使用する。

このほか、シナモンやミント、タバスコなどのスパイスも味つけのアクセントに使われる。そろえておくと便利なアイテムだ。

今夜飲んだギムレットの味は忘れないわ
僕もだ

フルーツや野菜を使ってみよう

レモン、オレンジ、ライム

カクテルにもっともよく使われるフルーツ類。レモンはしぼりたてが、オレンジはしぼってから3～4時間後が一番おいしいといわれる。

スライス

薄く輪切りに切る。

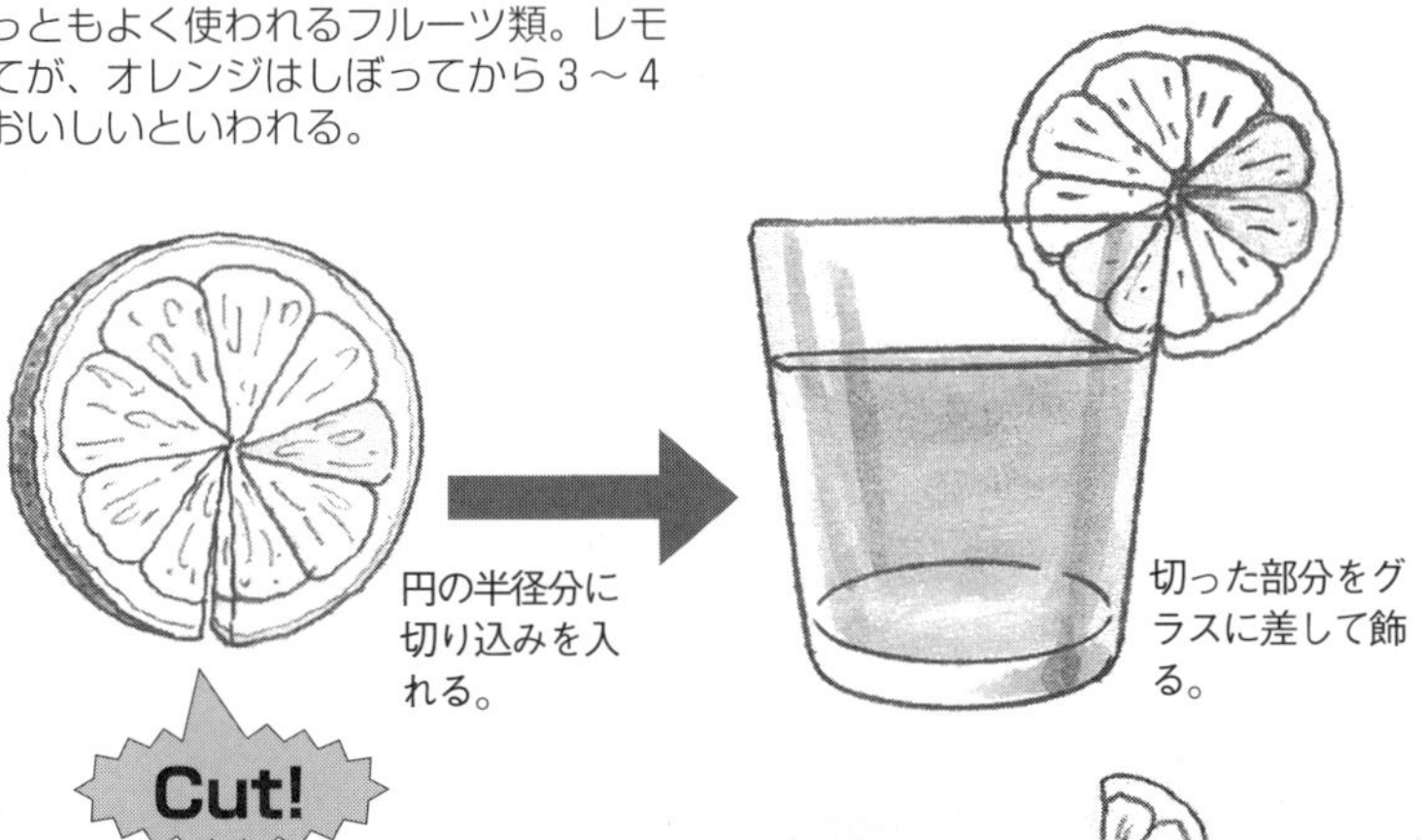
Cut!
円の半径分に切り込みを入れる。
切った部分をグラスに差して飾る。

半月型

スライスにしたものを、さらに半分に切る。

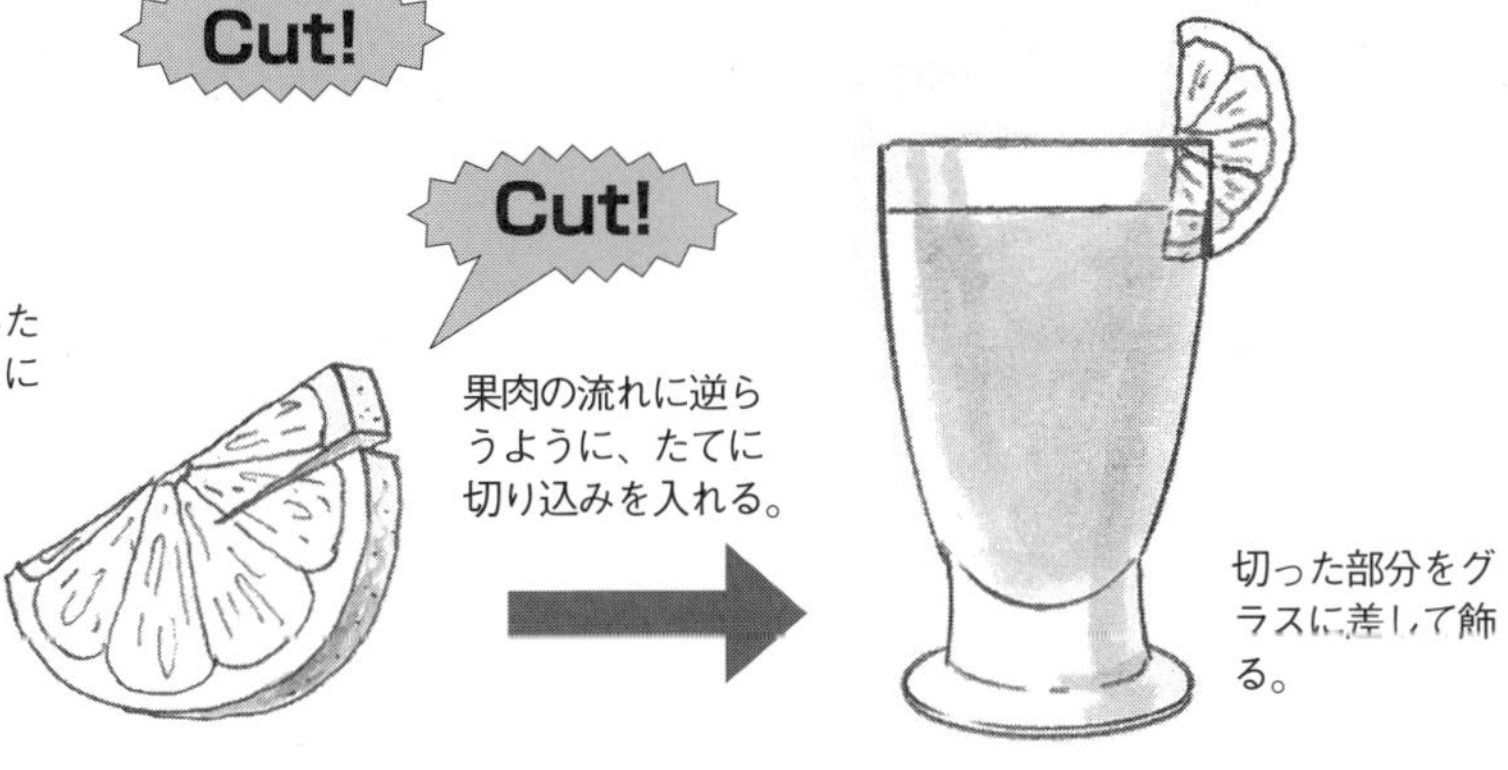
Cut!
果肉の流れに逆らうように、たてに切り込みを入れる。
切った部分をグラスに差して飾る。

くし形

へたをとり、たてに8等分する。半分に切ってから、¼ずつ切るとよい。

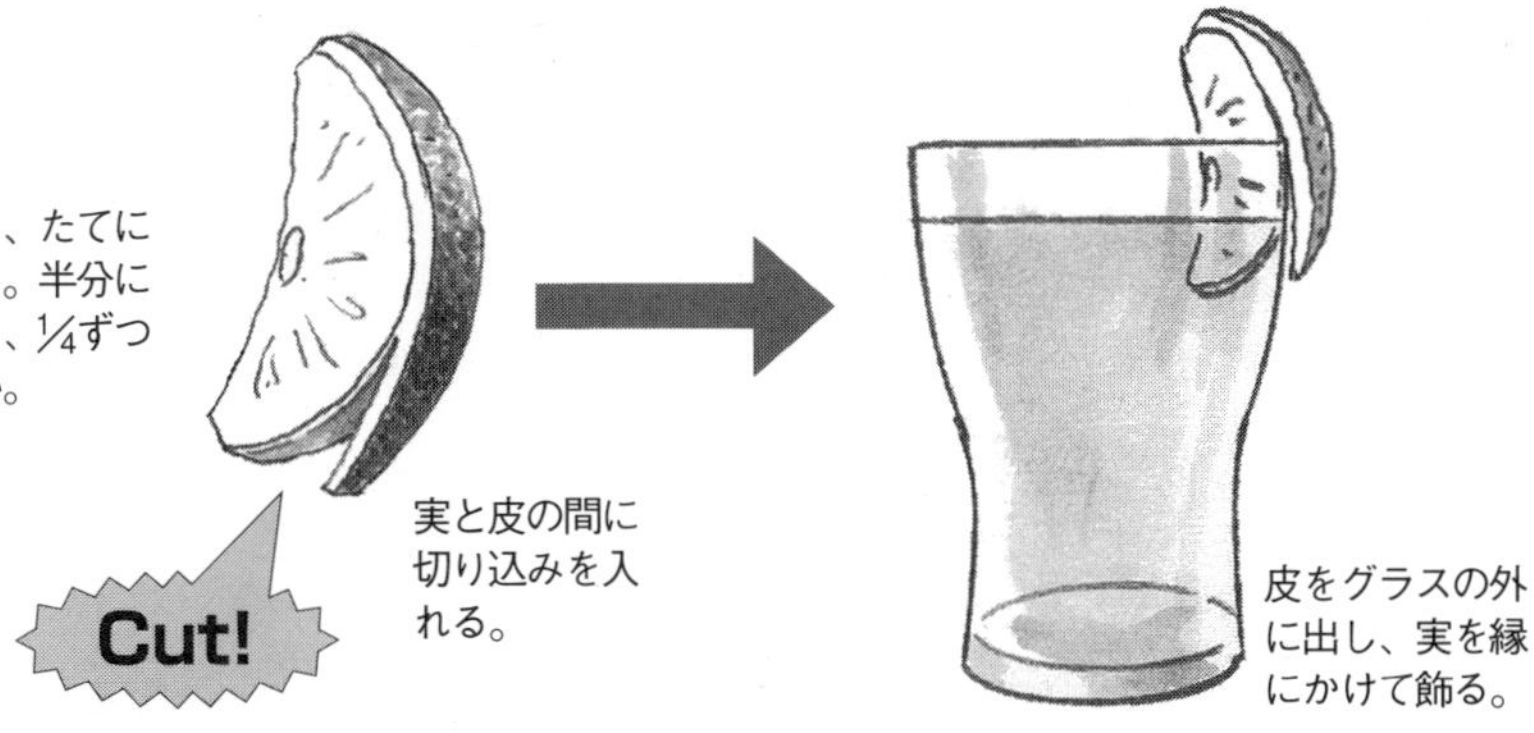
実と皮の間に切り込みを入れる。
Cut!
皮をグラスの外に出し、実を縁にかけて飾る。

チェリー、オリーブ、オニオン

食べやすいように、カクテル・ピンに刺して使う方法が一般的。チェリーを使う代表的なカクテルはマンハッタン、オリーブはマティーニ、オニオンはギブソン。

カクテル・ピン

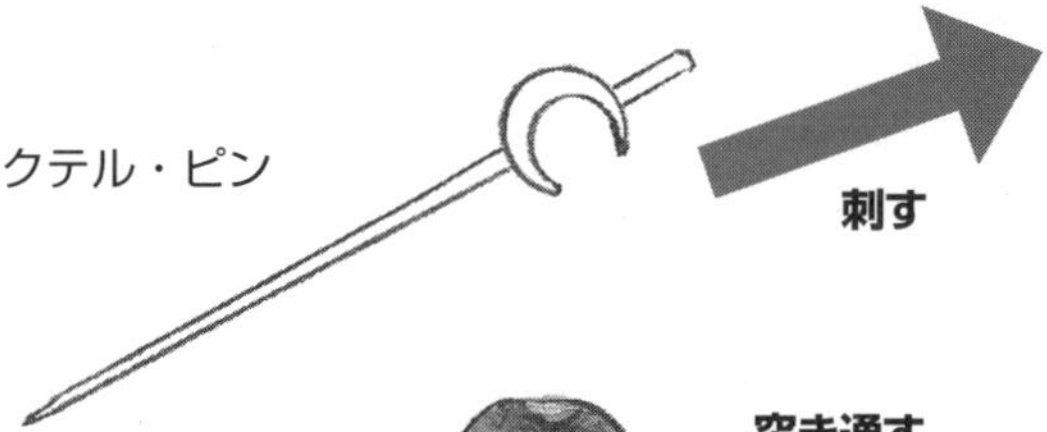
刺す

グラスの底に沈める

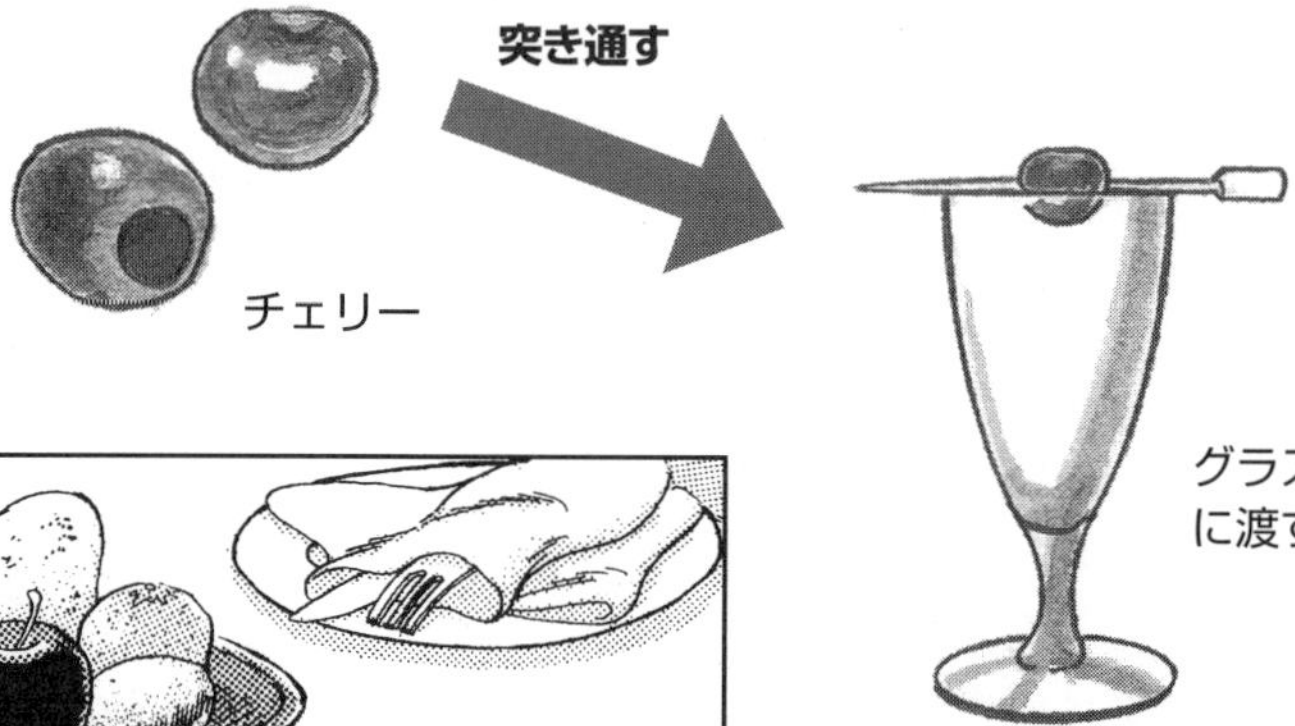
突き通す
チェリー

グラスの上に渡す

このフルーツを使って
カクテルを作って
ほしいんだが……

パイナップル

トロピカル・ドリンクに使われることが多い。頭とお尻の部分をカットする。皮を切り落として使う。

セロリ、キュウリ

両方ともスティック状にして使う。セロリは余分な葉を取る。
トマト・ジュースを使ったカクテルに添えられることが多く、マドラー代わりにカクテルを混ぜるのにも使う。もちろん食べてもよい。オードブルに出ることも。

缶詰を利用しよう

家庭でパイナップルを使う場合は、缶詰でも十分。あらかじめ輪切りになっているので、カットしたり、皮を落としたりする手間が省ける。

パイナップル・ジュースとして、汁もカクテルに使える。

カクテルにはこんなハーブやスパイスが使われる

ミント
シソ科のハーブ。すっとした清涼感が口の中に広がる。カクテルには、つぶしたり飾ったりして使われることが多い。

シナモン
クスノキ科の木で、樹皮を乾燥させたもの。甘さと辛さが混在した、独特の香り。パウダー状とスティック状になっているものがある。スティック状のものは、カクテルをかき混ぜるときにマドラーのようにして使う。

ナツメグ
ニクズク科の木の種子の中身を乾燥させたもの。牛乳や生クリームの臭みを消す。クリーム系のカクテルに多く使われる。

コショウ
カクテルに使われるのは、主に白コショウ。完熟した果実の種子から作られ、香りが強い。ちなみに黒コショウは未熟の果実から作られる。

クローヴ
クローヴ（日本名は丁子《ちょうじ》）の花のつぼみを乾燥させたもの。甘く香る。温めると香りが強く出るので、主にホット・ドリンクに使われる。

できあがった氷を再びフリーザーへ。プロ仕様のおいしい氷ができる

カクテルと氷は一心同体、切っても切れない関係にある。氷はグラスに入ったカクテルを冷やすだけでなく、材料を混ぜるときに使ったり、フラッペやフローズン系のカクテルに使ったりと、実に様々な用途がある。ほとんどのカクテルが氷なくしては作れない。

冷凍庫の氷を取り出したあなた、ちょっと待ってほしい。氷にも色々あって、とけやすい氷やカルキ臭い氷は、カクテルの味を損ねてしまう。カクテルにふさわしいのは、かたくてとけにくく、中に気泡の入っていない透明度の高い氷。できれば市販の氷を使いたい。

ただ、ちょっとした手間をいとわなければ、家庭でもカクテルにふさわしい氷を作ることができる。できあがった氷をビニールに入れて、再度フリーザーに入れるのだ。すると気泡が減って、かたく引き締まった氷ができる。ミネラル・ウォーターを使うともっといい。

ミネラル・ウォーターとは、適度なミネラルを含んだ水のこと。もちろん水道水よりもおいしい。氷を作るときだけでなく、水で割るタイプのカクテルにも、できれば使いたい。

海外のミネラル・ウォーターは硬水が多いよね

Q ミネラル・ウォーターの軟水・硬水とは？

A ミネラル・ウォーターは、カルシウム、マグネシウム、ナトリウム、カリウムなどのミネラルを含んでいます。このうち、カルシウムとマグネシウムの含有量によって、軟水か硬水か、すなわちその水の硬度が決まります。この２つのミネラルの含有量が、ある一定の基準より多いものを硬水、少ないものを軟水といいます。

カクテルに使用する場合、プロは軟水を使うことが多いのですが、家庭で楽しむ分にはあまりこだわる必要はありません。このほか、フランスのペリエなど、炭酸ガスを含んだミネラル・ウォーターもあり、ロング・ドリンクを作るときによく使われています。

使う氷の種類はカクテルによって様々

氷の大きさ

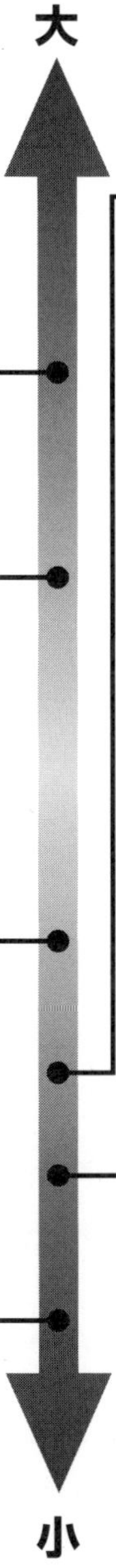

ブロック・オブ・アイス

重さ1kg以上の氷の塊。アイス・ピックでくだいたり、パンチ・ボウルにそのまま入れたりして使う。

ランプ・オブ・アイス

握りこぶしくらいの大きさ。ウイスキーのロックを作るときなどに使う。できるだけ球に近い形に削っていくと、とけにくい。

キューブド・アイス

一辺が3cmくらいの立方体で、もっとも一般的な形。タンブラーやコリンズ・グラスなど、ロング・ドリンクのグラスに入れて使う。シェークするときにも使う。

家庭で作る氷もこのサイズ

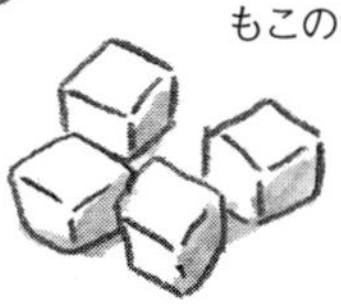

クラックド・アイス

直径3～4cmくらい。粗く割った形。シェークやステアをするときに使うことが多い。できるだけ角ができないようにする。

クラッシュド・アイス

細かくくだいた粒状の氷。トロピカル・ドリンクなどに多く使われる。アイス・クラッシャー（P169参照）を使うと簡単に作れる。

アイス・クラッシャーがないときは、ビニール袋か乾いたタオルに氷を包み、木づちなどでたたいて作る。

シェーブド・アイス

かき氷に使われる細かい氷のこと。クラッシュド・アイスをさらにくだいて、こなごなにする。フラッペド・アイスとも呼ばれる。

カクテルに合うのはグラニュー糖。自家製シロップを作ろう

カクテルには、砂糖やシロップなどの甘味料を使うものもある。ひと口に砂糖といっても、白砂糖や黒砂糖など色々な種類があるが、カクテルにもっとも合うのはグラニュー糖。ショ糖（サトウキビなどから抽出される糖）の純度が高く、サラッとしてクセがないため、ほかの材料の味を壊さずに甘みを生かすことができるのだ。スノー・スタイル（一八九頁）など、デコレーション用としてもよく利用される。

ただし、グラニュー糖はそのままではとけにくいので、プロはこれを手作りでシュガー・シロップにして使う。家庭でも作れるので、様々なカクテルにチャレンジしてみたいという人は、自家製シュガー・シロップを作り置きしておくといい（左頁参照）。

カクテルによっては、ザクロの風味をつけたグレナデン・シロップや、イチゴ風味のストロベリー・シロップなど、風味づけしたシロップを使うこともある。購入しておくとなお便利だ。

また、スノー・スタイルのカクテルには塩を使うものもあるが、塩にはそれほどこだわることはない。家庭にあるテーブル・ソルトで十分だ。

カクテルによく使われる砂糖の種類

上白糖……………………結晶が細かく、吸収性の高い日本独特の砂糖。ソフト・シュガーとも呼ばれる。

グラニュー糖…………クセがなく、純粋な甘みが得られる。冷たいカクテルにはとけにくいため、シロップにして用いる。

粉砂糖……………………グラニュー糖などを乾燥させてくだき、細かい結晶を集めたもの。とけやすい。パウダー・シュガーとも呼ばれる。

角砂糖……………………上白糖を角型に形を整えたもの。

シュガー・シロップを作ってみよう

シュガー・シロップは、バーで使われる基本的なシロップ。砂糖と水を用意すれば家でも簡単に作れる。

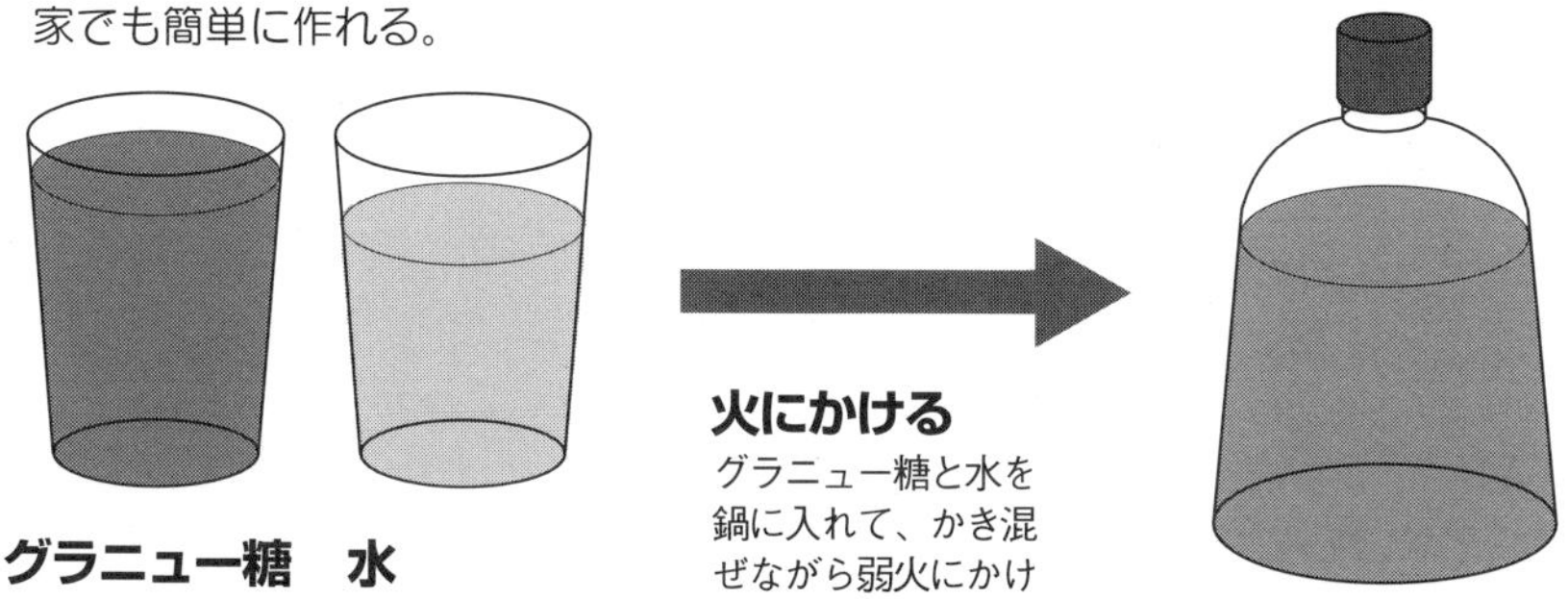

グラニュー糖
純粋に甘みだけを用いるため、砂糖はグラニュー糖を使う。コップ1杯分用意する。

水
水をコップに7～8分目まで入れる。

火にかける
グラニュー糖と水を鍋に入れて、かき混ぜながら弱火にかける。必ず沸騰する前に火からおろす。

瓶に詰める
火からおろしたらよく冷やし、瓶に詰めて保存する。

今日は うんと甘口の
カクテルを 飲みたいわ
OK まかせとけ

シロップの種類

シュガー・シロップを基本に、カクテルに使われる様々なシロップが造られる。

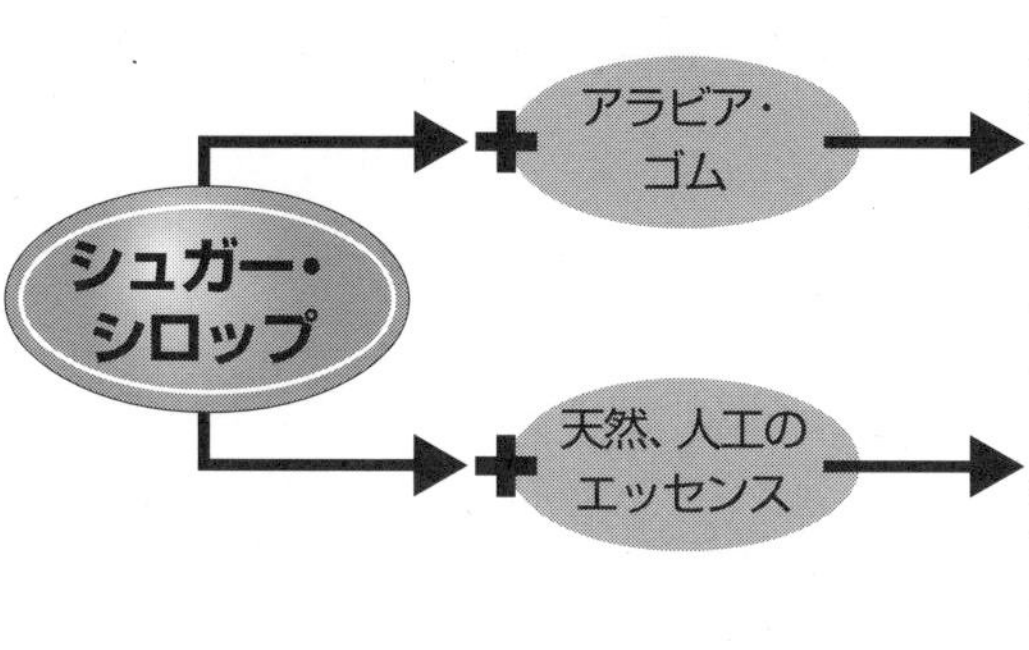
シュガー・シロップ
＋ アラビア・ゴム
＋ 天然、人工のエッセンス

ガム・シロップ
粘着性のあるシロップ。市販されているものは、香りや味のついたものが多い。

フレーバード・シロップ
フルーツや植物などの香りをつけたシロップ。代表的なものに、ザクロの風味をつけたグレナデン・シロップ、サトウカエデの樹液を煮詰めたメープル・シロップなどがある。

メジャー・カップにバー・スプーン。道具を使ってレシピのとおりに

色々なカクテルを作ってみて感覚がつかめてきたら、自分の好みの材料を勝手気ままに組み合わせて楽しむのもいいが、カクテル初級者はレシピにある量をきっちり守って作りたい。正しいレシピをわきまえたうえでアレンジするほうが、おいしいカクテルが作れるからだ。

それには、まずレシピがきちんと読めなくてはいけない。カクテルの計量は、ミリリットル（ml）や分数で表すことが多いが、この場合はメジャー・カップを使って量る。また、tsp（ティー・スプーン）という単位で表記されていたら、バー・スプーンで量るのが基本だ。

このうち分数表記の場合は、グラスの総容量を一と考えて計量する。つまり、二分の一とあったら、グラスの半分ということだ。

カクテル・グラスを例にとると、その総容量は九〇mlだが、グラスにつぐのは八分目までなので、適量は七〇ml。さらに、とける氷の量を約一〇mlと考え、適量からこれを差し引いた六〇mlを総量の一として計量すればよい。つまり、ジン二分の一と表記されていたら、三〇mlのジンを注げばよいということだ。

Q 水割りのシングル、ダブルはどう量る？

水割りのグラスはタンブラーを使うよ

A 「水割りをダブルで」。ドラマや映画にもよく出てくるセリフですが、水割りをたしなまない人には、ダブルとは何を指しているかさえわからないかもしれませんね。

水割りのシングル、ダブルというのは、グラスに注いだときのお酒の分量のことです。グラスの下部に指を当てたときに、指１本分（ワンフィンガー）の高さまでお酒をつぐことをシングル（約30ml）、指２本分（ツーフィンガー）の高さまでつぐことをダブル（約60ml）といいます。つまり、薄めの水割りにしたいときはシングル、濃いめの水割りを飲みたかったらダブルと注文すればよいわけです。

よく使われる計量単位を覚えておこう

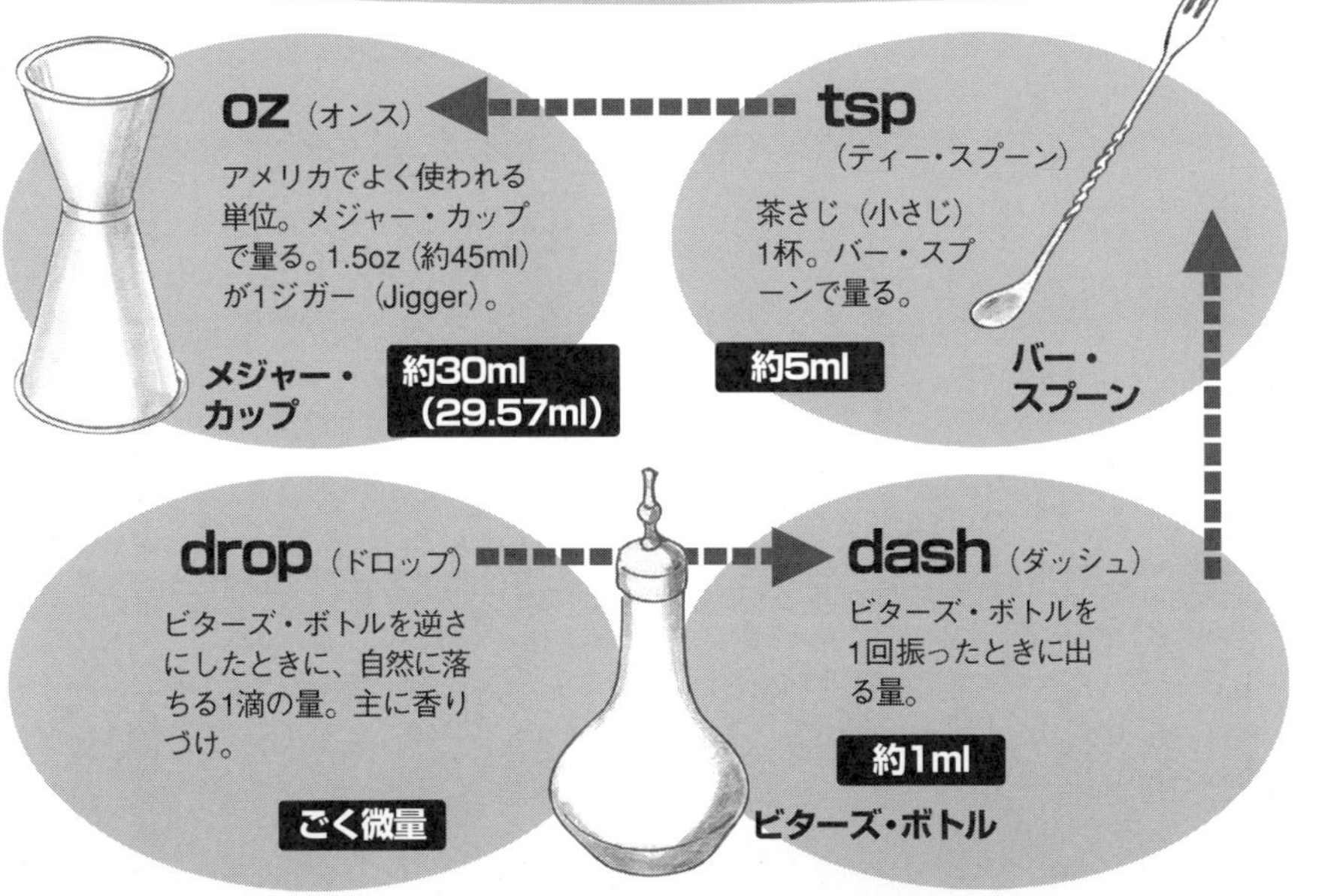
oz（オンス）
アメリカでよく使われる単位。メジャー・カップで量る。1.5oz（約45ml）が1ジガー（Jigger）。
メジャー・カップ
約30ml（29.57ml）
tsp（ティー・スプーン）
茶さじ（小さじ）1杯。バー・スプーンで量る。
約5ml
バー・スプーン
drop（ドロップ）
ビターズ・ボトルを逆さにしたときに、自然に落ちる1滴の量。主に香りづけ。
ごく微量
dash（ダッシュ）
ビターズ・ボトルを1回振ったときに出る量。
約1ml
ビターズ・ボトル

ベテランのバーテンダーは、道具を使わなくても分量がわかる

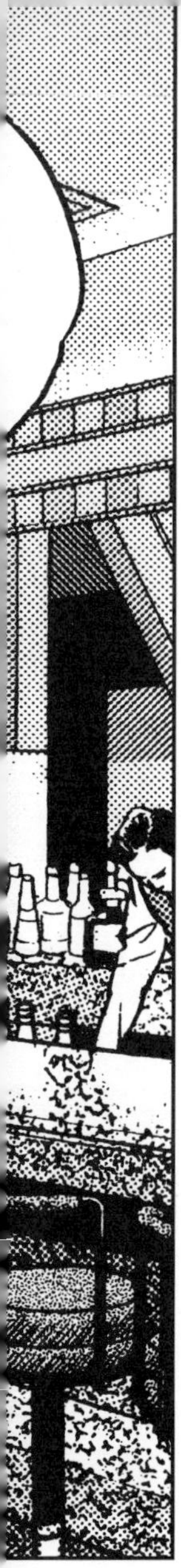

Cocktail
コラム

一〇〇年前よりもドライ系へ。時代とともにカクテルも変化する

澤井氏のバー〝ST・SAWAIオリオンズ〟には、一〇〇年以上も前に使われていたというシェーカーがある。高さは約二五㎝。僕が持ってもズシリと重い。澤井氏が以前、イタリアでもらったものだ。

このシェーカー、ちょっと変わっていて、真ん中のボディが二重になっている。この部分を左右に回すと、カクテルのレシピ、つまり、一〇〇年以上も前のレシピが現れるのである。

これを見ると、今とはずいぶんレシピが違うことがわかる。たとえば、ドライ・マティーニのレシピは、今は「ドライ・ジン五分の四、ドライ・ベルモット五分の一」が一般的だが、このシェーカーには「ドライ・ジン八分の五、ドライ・ベルモット四分の一、スイート・ベルモット八分の一、アンゴスチュラ・ビターズ一ダッシュ」と書かれてある。

マンハッタンも然り。現在は「ライ・ウイスキー四分の三、スイート・ベルモット四分の一、アンゴスチュラ・ビターズ一ダッシュ」だが、一〇〇年前はライとベルモットの割合が二分の一ずつである。

どちらも時代とともにドライになってきている。改良されて、より飲みやすくなっているといえる。

変化しているといえば、カクテルでもっとも重視されてきているのが、見た目だという。見栄えがするように、九〇ml容量の正式なカクテル・グラスよりも倍以上大きいグラスを使うのが、世界のバーの流れだ。注ぐのは半分くらいとはいえ、最近は一杯分の量が多くなっているともいえる。

「俺はカクテルなら五杯まで大丈夫だ」なんて豪語している人も時々いるが、昔に比べて量が多いので要注意。飲みすぎると、必ず悪酔いしてしまうゾ。

和風
マティーニ!?
うん　ジンに
しょうゆを一滴
たらすなんて
どうだろう

22世紀の
レシピはどう
なっているん
だろう

とにかく材料が混ざればＯＫ。自分流に楽しみながらが一番

カクテルの基本技法には、シェーカーに材料と氷を入れて振る「シェーク」、ミキシング・グラスに入れた材料をバー・スプーンでかき混ぜる「ステア」、材料を直接グラスに注いで作る「ビルド」、バー・ブレンダー（ミキサー）で材料を混ぜる「ブレンド」の四つがある。

このうち、シェークには材料を混ぜ合わせるだけでなく、中味の温度を０℃まで冷やす目的がある。空気が入らない密閉容器の中で材料を攪《かく》拌《はん》することで、より早く十分に冷やすことができるのだ。また、シェークすることで材料に空気が混ざり、マイルドな口当たりになる。

残りの三技法にもそれぞれ意味があるのだが、家庭で楽しむ分には、材料をよく混ぜることだけを考えればよいと澤井氏。混ぜ方にもあまりこだわらず、自分流に楽しみながら作ればいいのである。

材料を入れる順番は、プロは初めに酒、次にジュースなどの副材料の順で入れていく。ただし、酒を入れてから味を調節するのは難しい。家庭で作るなら、逆の順序をおすすめする。初めに副材料を入れて味を確かめ、最後に酒を注ぐほうが失敗が少ないのである。

ただ振って
いるだけじゃ
なかったのか

Q プロはシェーカーをどのように振る？

A シェーカーをただカシャカシャ振っているだけに見えるかもしれませんが、実はシェーカーの中で氷が８の字を描くように振っています。それによって早く中身が冷えるのです。

また、プロの場合は時間を計って振っているわけではなく、手に伝わるシェーカーの冷たさでシェークする時間を判断しています。クリームや卵、チョコレートなどは混ざりにくいので長めに振るなど、使用する材料によっても調整しています。

ただ、こうしたワザが使えるようになるまでには、毎日練習したとしても早くて１年、遅い人では５年はかかるでしょうね。

混ぜ方の4つの技法を知っておこう

バーテンダー気分を味わえる、4つの標準的なテクニックを紹介しよう。ただし、家で作るならこのとおりに混ぜる必要はない。自分流に楽しく作ることが前提だ。

シェーク

シェーカーを振って材料を混ぜ、冷やす。空気が混ざって口当たりがまろやかになる。アルコール度の高いカクテルや、材料が混ざりにくいクリーム系のカクテルなどによく使われる技法。ボディの部分に材料と氷を入れ、ストレーナー、トップの順に組み立てて準備完了。

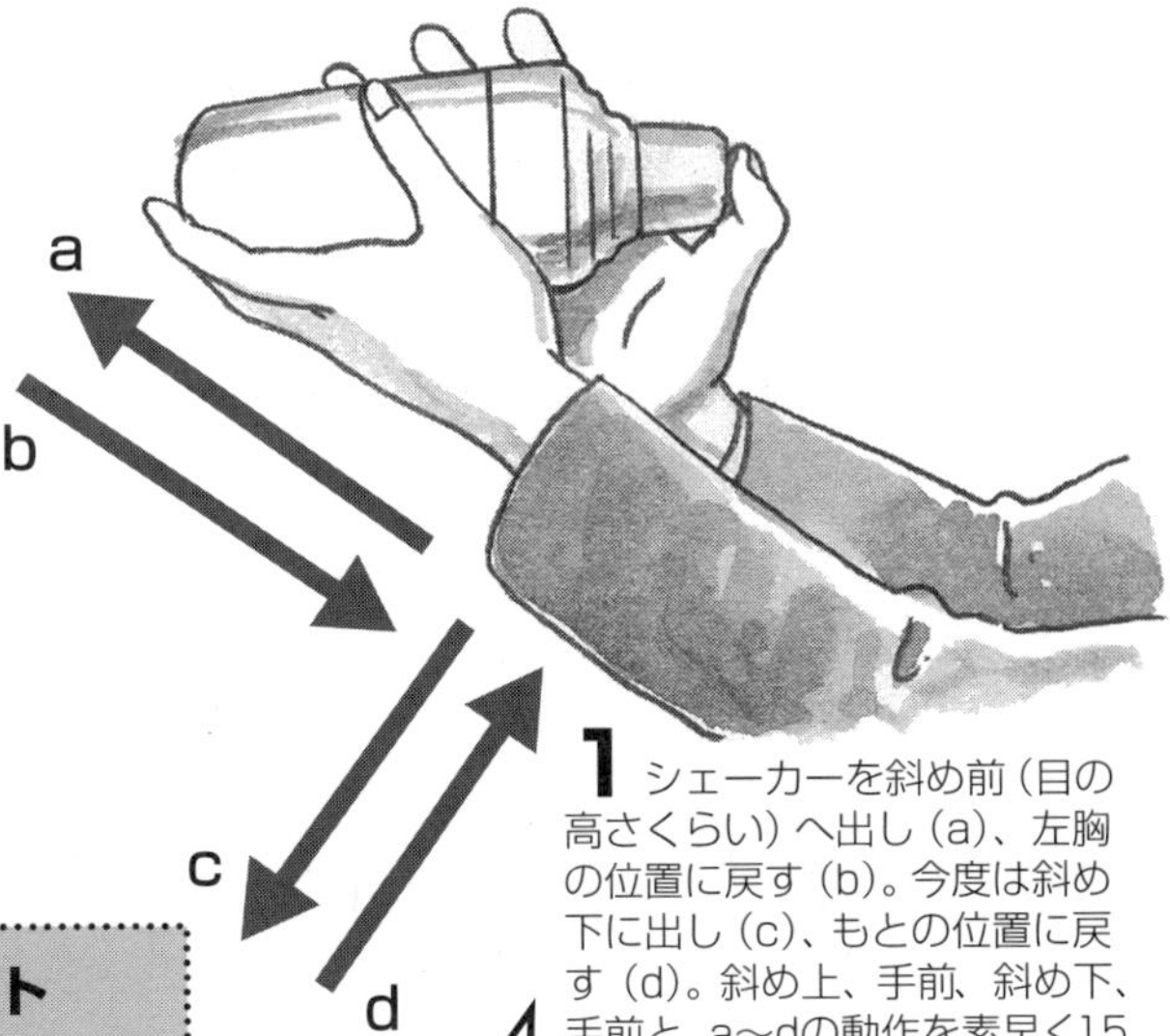

1 シェーカーを斜め前（目の高さくらい）へ出し（a）、左胸の位置に戻す（b）。今度は斜め下に出し（c）、もとの位置に戻す（d）。斜め上、手前、斜め下、手前と、a〜dの動作を素早く15回ほどくり返す。

振り方のポイント

徐々にスピードを上げ、中の氷がなめらかに流れるよう、手首のスナップをきかせてリズミカルに振る。

シェーカーに霜がつき、底の温度が冷たくなるまで振る。

シェーカーの持ち方

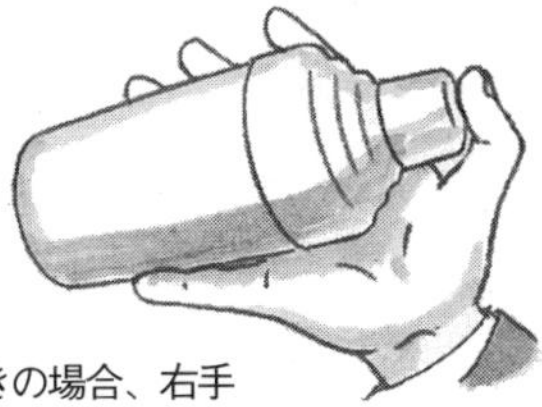

右利きの場合、右手の親指でトップを押さえる。

左手は軽く添える感じで。中指と薬指が底にあたるようにする。

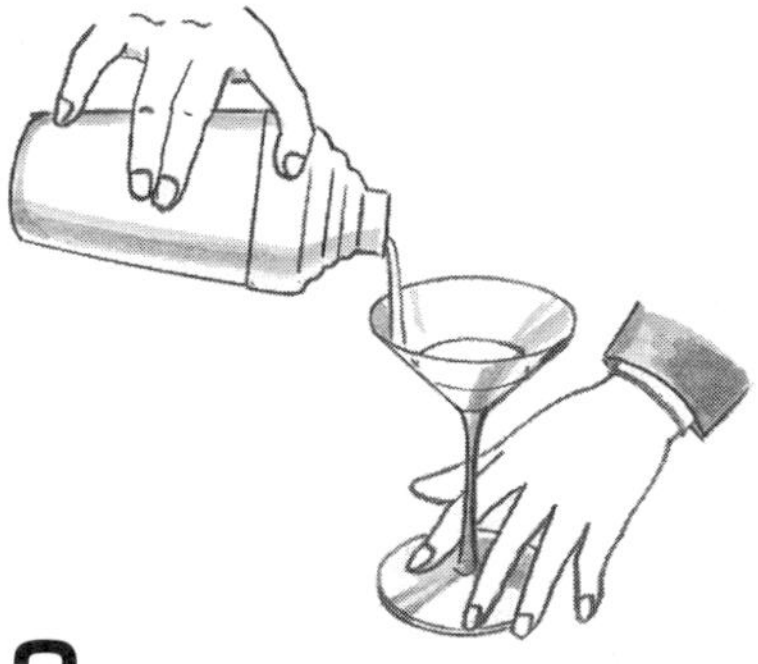

2 トップを取ってグラスに注ぐ。このとき、右手の人差し指をストレーナーに添えて、はずれないようにする。

混ぜ方のテクニック

ステア

「攪拌《かくはん》する」、「混ぜる」という意味。通常はミキシング・グラスに材料を入れ、バー・スプーンでかき混ぜる。主に、混ざりやすい材料を混ぜるときに使われる。酒の味がストレートに出る。

1 ミキシング・グラスに材料と氷を入れる。

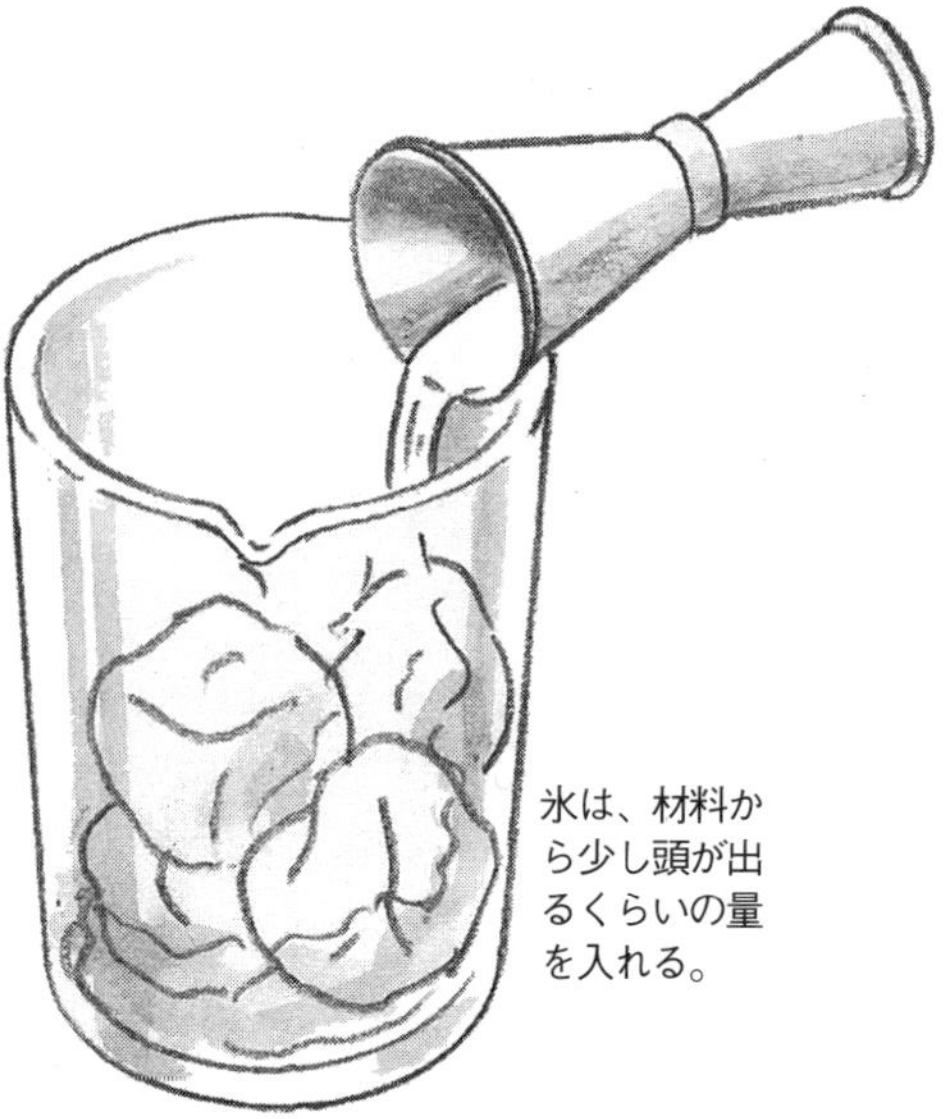

氷は、材料から少し頭が出るくらいの量を入れる。

2 バー・スプーンで時計回りに15回程度回転させる。スプーンは背のほうを外側にして、先がミキシング・グラスの底に届いているようにする。

混ぜすぎると氷がとけて水っぽくなるので注意。

バー・スプーンの持ち方

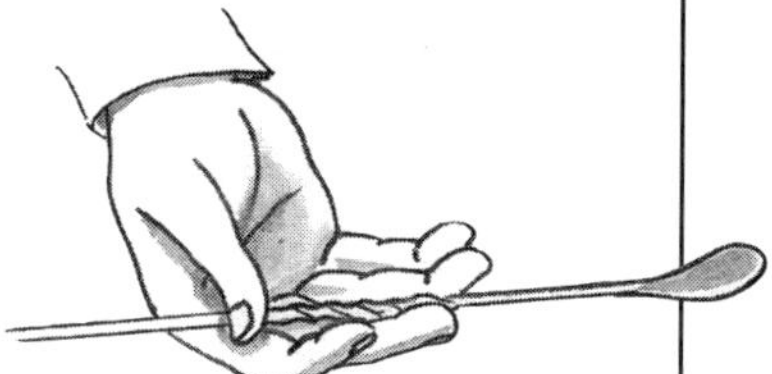

中指と薬指の間に、柄の中央を軽くはさむ。親指と人差し指は添える程度。

3 ミキシング・グラスにストレーナーをかぶせ、グラスに注ぐ。

人差し指でストレーナーの中央を押さえる。

ビルド

ミキシング・グラスを使わず、グラスに直接材料を入れて混ぜる方法。もっとも手軽なので、家庭ではこの混ぜ方をするカクテルを中心に作るとよい。ソーダで割るカクテルなどが多い。

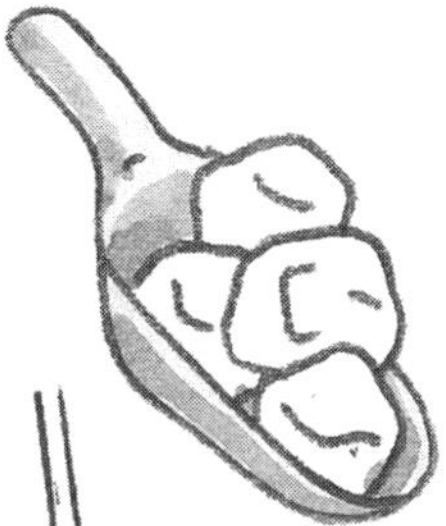

1 グラスに氷とよく冷やした材料を入れる。

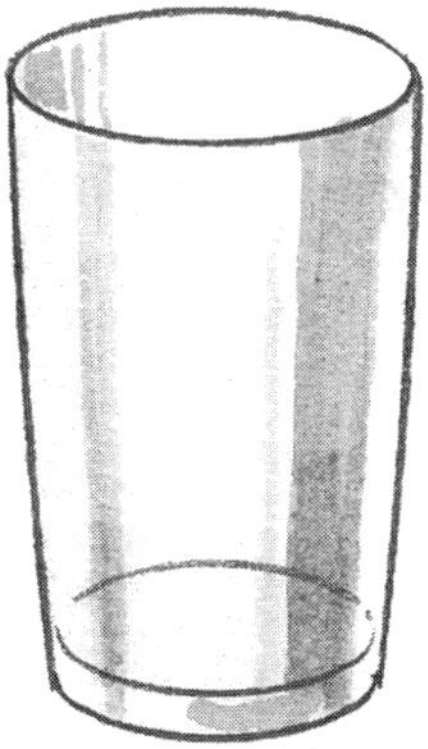

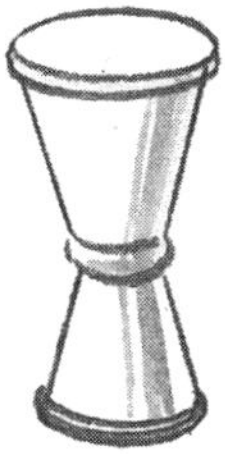

2 バー・スプーンで1～2回軽くステアする。

ソーダなど発泡性の材料は、混ぜすぎると炭酸が抜けてしまう。炭酸の入っていない果実飲料などは、2～3回ステアしよう。

ブレンド

ブレンダー（ミキサー）を使って混ぜる方法。フローズン・スタイルのカクテルや、フルーツをジュース状にするときなどに使う。

1 材料と氷をブレンダーに入れ、スイッチを入れる。

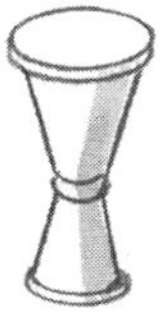

フローズン・カクテルのときは、クラッシュド・アイスを入れる。

2 適当なころあいを見はからってスイッチを切る。フローズン・カクテルはシャーベット状になっているので、バー・スプーンでかき出すようにしてグラスに入れる。

ピール(皮)をしぼる、生クリームを浮かべる。仕上げ方は様々

カクテルをグラスに注いだら、最後の仕上げにとりかかろう。カクテルによって、仕上げ方は実に様々である。

たとえば、ピールをしぼる方法。ピールとは、レモンやオレンジ、ライムなど柑橘類の皮のことで、カクテルではよく香りづけに用いられる。やり方は簡単。果物をよく水洗いした後、ナイフで皮を二㎝ほどむき、皮の表面をグラスに向けてしぼり込むだけだ。ピールはフレッシュなものほど香りが高いので、その都度切りとるようにしよう。

このほか、グラスに注いだカクテルに生クリームを浮かべたり(〝フロート〟という)、グラスの縁に塩や砂糖をまぶすスノー・スタイルのカクテルもある。また、サンブーカ・コン・モスカというカクテルがあるが、これなどはサンブーカというリキュールにコーヒー豆を浮かべて火をつけるなんていう、粋な仕上げを施《ほどこ》す。

仕上がり時のカクテルの温度は、人の体温プラスマイナス二五〜三〇℃が理想とされている。体温を三六℃とすると、コールド・ドリンクは六〜一一℃、ホット・ドリンクなら六一〜六六℃がベストなのだ。

最後のひとてまをおしまない人って好きよ

知っておきたいカクテルの仕上げ方

フロート

材料の比重の違いを利用して、混ざらないように重ねていく方法。酒の上に違う酒を浮かべたり、クリームを浮かべたりと、種類は色色。このように材料を重ねて作るカクテルのスタイルを、プース・カフェという。

エンジェル・ティップ（レシピはP131）、アメリカン・レモネード（レシピはP213）など。

バー・スプーンの背を使って、材料を静かにつたわらせる。

ツイスト

2cmくらいに切りとったレモンなどの皮を、ひねってしぼること。表面をグラスに向け、香りを移すようにしてしぼる。このとき、ピールの油分はグラスの外に落ちる。

マンハッタン（レシピはP25）、ニューヨーク（レシピはP206）など。

表面全体に香りが広がるよう、10〜15cmほど離したところからしぼる。

スノー・スタイル

グラスの縁に、砂糖（グラニュー糖）や塩をつけた仕上げ方。雪のように見えるため、こう呼ばれる。

マルガリータ（レシピはP55）、ソルティ・ドッグ（レシピはP115）など。

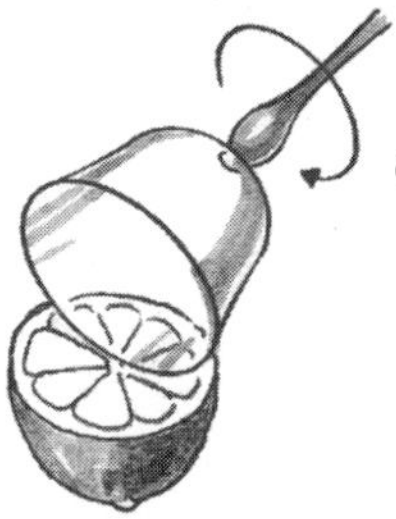

①グラスの縁の外側をレモンの切り口にあて、回転させながらまんべんなくぬらす。

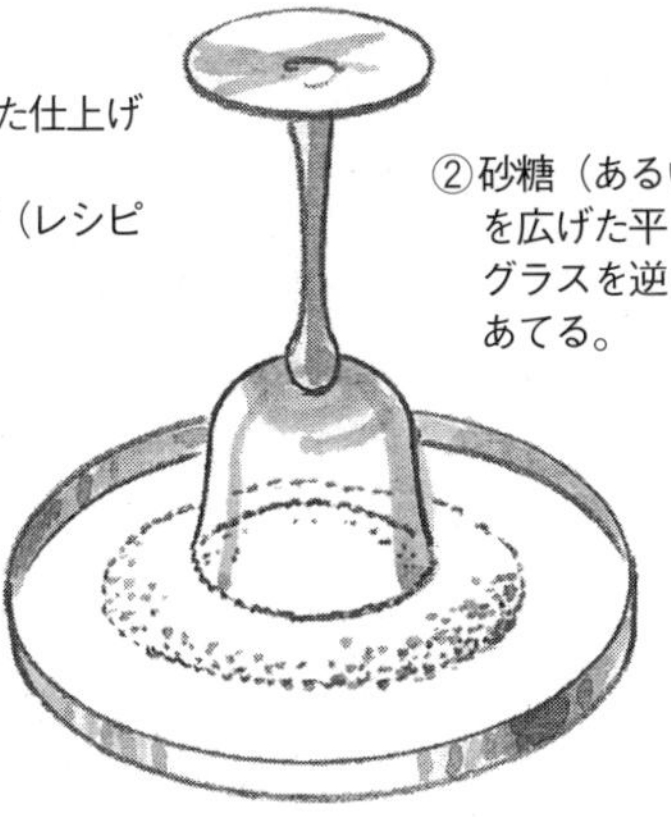

②砂糖（あるいは塩）を広げた平らな皿に、グラスを逆さにしてあてる。

臨機応変に作れるようになったら、仲間とカクテル・パーティーを

カクテル作りのノウハウがのみこめてきたら、次の課題は臨機応変に作れるようになること。「この材料がないから、あのカクテルは作れない……」ではなく、材料や道具が足りないときは、家にあるものでうまく対応できるようになってほしい。

たとえば、ホット・バタード・ラム（三三頁参照）というカクテルには黒砂糖を使うが、なければグラニュー糖でもかまわない。代わりにシナモンを多めに入れて、その香りで黒砂糖の風味を補えばよい。

シェーカーがなければ、材料を十分に冷やし、インスタントコーヒーの空き瓶など、口の広い密閉容器に入れて混ぜよう。

もちろん最初から臨機応変にといっても無理があるが、色々なスタンダードカクテルに挑戦していくうちに、個々の材料の特徴もつかめてきて、こうしたアレンジのコツもだんだんわかってくるはずだ。

身近にそろう材料で、自由自在においしいカクテルを作れるようになったら、気の合う仲間を招いてカクテル・パーティーを開いてみては？　座が盛り上がること請け合いだ。

Q　5年前にもらったブランデーでも使える？

ワインは栓を
開けたら早く
飲もう

A　もらいもののお酒など、飲まずに飾りものになっているお酒を、カクテルに利用するのはとてもいいことだと思います。

ウイスキーやブランデーなどは封を開けていなければ、10年経っても品質は変わりません。封を開けてしまった場合は、１年以内に飲むのが理想ですが、５年ぐらい経ったものでもアルコール度が低くなる程度。それほど風味に影響はないので、カクテルにも十分使用することができます。

それ以外のリキュールやジンなどといったお酒も、スクリュー・タイプの栓などでしっかり密閉しておけば１年以上はもちます。

友人をたくさん呼び、カクテル・パーティーを楽しもう

「サングリア・パンチ」は、澤井氏おすすめのパーティー・カクテル。レシピにこだわらず、ある材料をどんどん使う。器を飾るなど、ちょっとした工夫をすればたちまち華やかな雰囲気になる。

サングリア・パンチ

Sangria Punch

グラスはあるもので。

材料
サングリア（スペイン産のフレーバード・ワイン）1本
オレンジ・スライス　適量
レモン・スライス　適量

★作り方
器に材料を入れ、軽く混ぜる。このレシピに、シャンパンやブランデーを加えてもいい。氷を入れた大きなグラスを置いておくと、冷たいまま楽しめる。

ボールが華やかな器に変身

大小のボールを2個用意し、外側をアルミホイルで巻く。大きいほうを上に背中合わせにし、つなぎの部分をリボンで結ぶと、パーティー向きの豪華な器になる。

おいしい料理も用意して、
楽しいパーティーにしよう

Myカクテルに挑戦するもよし カクテルスクールに通うもよし

世界中どこのバーへ行っても、その店だけのオリジナルカクテルがある。スタンダードカクテルに挑戦して、自分好みの味を見つけたら、それを応用して自分だけのオリジナルカクテルを作ってみるのも楽しいだろう。

カクテル作りを基礎から学んでみたい、もしくはもっと極めてみたいという人は、カクテルスクールに行くという手もある。カクテル作りの基礎をすべて学べ、プロのバーテンダーがレクチャーするので実用的。同じカクテル好きの仲間もできる。

ただし、本物のバーテンダーを夢見るなら、スクールに行ったからといって必ずなれるわけではない。料理学校に行っても、すぐコックにはなれないのと同じで、バーテンダーになるにはバーでの長年にわたる修業が必要だ。澤井氏によれば、客に出せるカクテルを作れるようになるには最低三年、独立して店を持てるぐらい熟練したバーテンダーになるには一〇～二〇年かかるとか……。どんな世界もそうだが、プロへの道のりは長く厳しいのである。

出場権を
得るまでが
大変なんだ

Q カクテルコンクールって何？

A 正確には「カクテルコンペティション」といって、出場者が創作カクテルを出品して競うというイベントです。

こうしたコンクールはあちこちで開かれていますが、日本ではバーテンダー協会とサントリーが主催しているものがもっとも知名度が高く、国際大会もあります。これらのコンクールで受賞した作品から、スタンダードカクテルが誕生することもあるのです。

ただし、使用する材料からグラスの選定にいたるまで、かなり細かい規定があり、書類審査ではねられる場合も少なくありません。素人が出場できる可能性は低く、参加者のほとんどがプロです。

自分だけのカクテルを作ってみよう

材料の組み合わせ方は無限にある。想像力、発想力をふくらませて、自分だけのカクテルを創作してみよう。

名前を決める

初めに名前を決めて、作るカクテルのイメージをかためる。自分の名前や恋人の名前、故郷の名をつけてもいい。

一杯のカクテルで何を表現したいのかを考えよう

色、味を決める

イメージに沿った色を決め、その色を出すにはどんな材料が必要なのかを考える。そして、もっとも重要なのは味。自由な発想で、材料を色々組み合わせてみよう。スタンダードカクテルを参考にして考えるといい。

アルコールの強さも考える

見た目を決める

カクテルは外見も大切。フルーツをデコレーションするのか、スノー・スタイルにするのかなどを考える。どんなグラスに注ぐのかも決めよう。

完成

スミレのリキュール
パルフェ・タムールは
〝完全な愛〟という
意味なんですって

付録 カクテルレシピ集

ジンベース

地面が揺れ出すほどに酔う

アースクェイク

Earthquake

★作り方

材料をシェークし、カクテル・グラスに注ぐ。

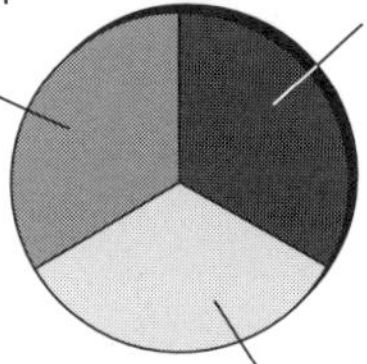

アブサン（orペルノー）
20ml
ドライ・ジン
20ml
ウイスキー
20ml

アブサンは薬草などを原料にしたリキュール。

ペパーミントの海とチェリーの珊瑚礁《さんごしょう》

青い珊瑚礁

Blue Coral Reef

★作り方

カクテル・グラスの縁にレモンの切り口をあてぬらし、シェークした材料を注ぐ。カクテル・ピンに刺したチェリーを入れ、ミントの葉を飾る。

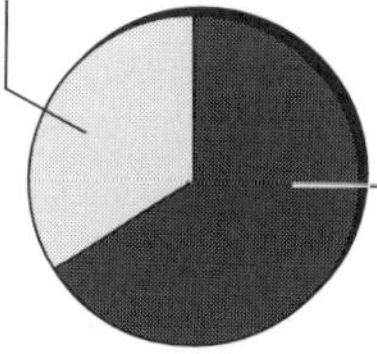

ペパーミント（グリーン）
20ml
ジン
40ml

1950年、オール・ジャパン・ドリンクス・コンクールで優勝した作品。

薬草のクールな香り

アラスカ

Alaska

★作り方

材料をシェークし、カクテル・グラスに注ぐ。

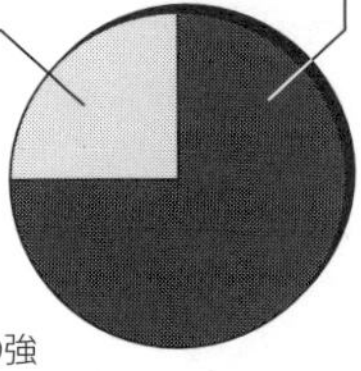

ドライ・ジン
45ml
シャルトリューズ
（イエロー） 15ml

アルコール度40度以上の強いカクテル。グリーンのシャルトリューズを使うと、「グリーン・アラスカ」になる。

世界一周旅行に出かけたくなる

アラウンド・ザ・ワールド

Around the World

★作り方

材料をシェークし、カクテル・グラスに注ぐ。グリーン・チェリーを飾る。

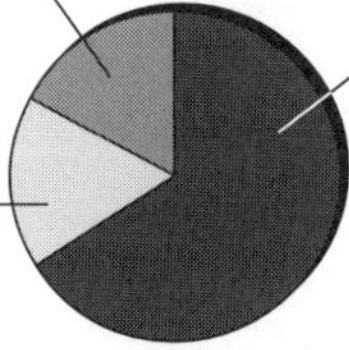

パイナップル・ジュース
10ml
ドライ・ジン
40ml
ペパーミント（グリーン）
10ml

グリーン色のさわやかな味。

ジン・フィズのバリエーション

シルバー・フィズ

Silver Fizz

★作り方

ソーダ以外の材料をシェークし、グラスに注ぐ。氷とソーダを入れ、軽くステアする。

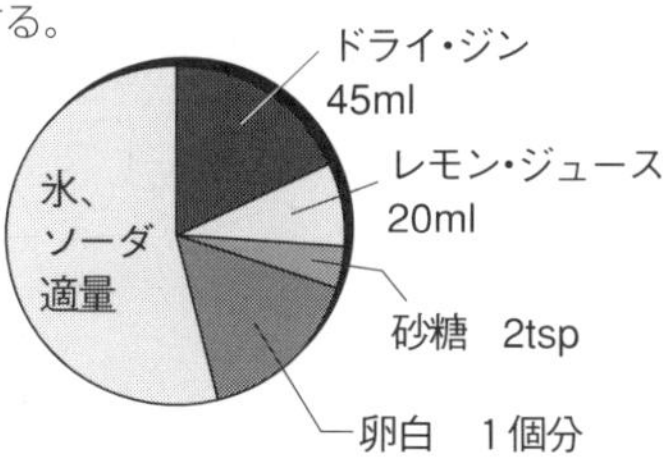

ドライ・ジン
45ml
レモン・ジュース
20ml
砂糖　2tsp
卵白　1個分
氷、
ソーダ
適量

ジン・フィズに卵白が加わり、ソフトな口当たり。

きらめくグリーン色

グリーン・フィズ

Green Fizz

★作り方

ソーダ以外の材料をシェークし、グラスに注ぐ。氷とソーダを入れ、軽くステアする。

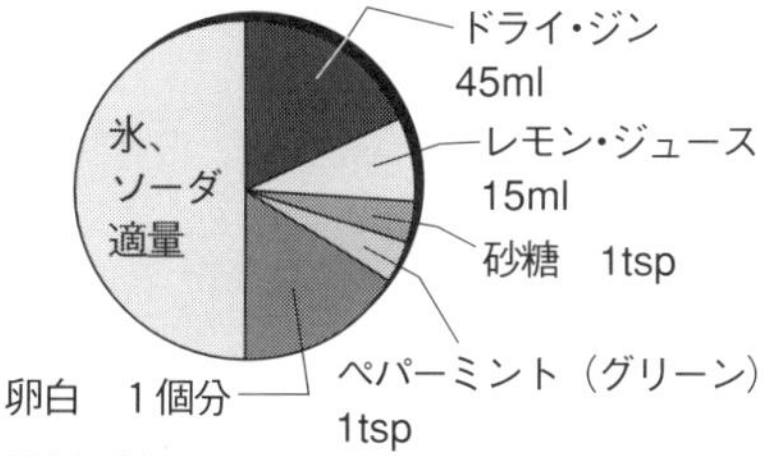

ドライ・ジン
45ml
レモン・ジュース
15ml
砂糖　1tsp
ペパーミント（グリーン）
1tsp
卵白　1個分
氷、
ソーダ
適量

ミントがさわやか。
飲みやすい。

ジンのカクテルの基本といえば

ジン・トニック

Gin&Tonic

★作り方

氷を入れたグラスに材料を注ぎ、軽くステア。ライムを飾る。

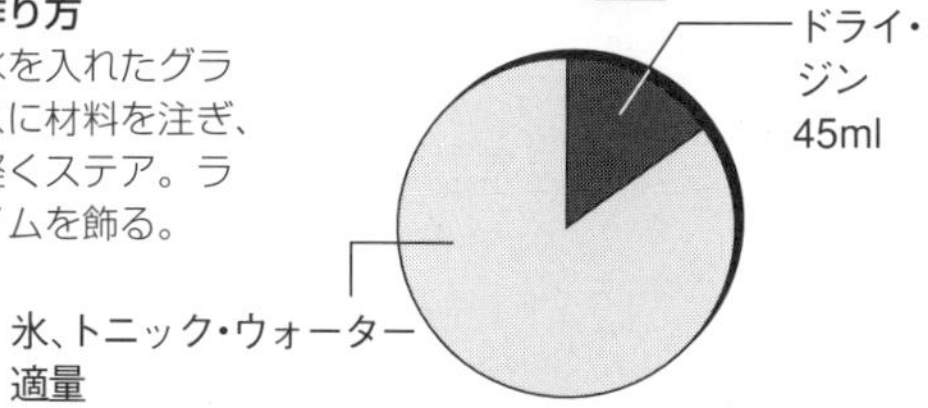

ドライ・
ジン
45ml
氷、トニック・ウォーター
適量

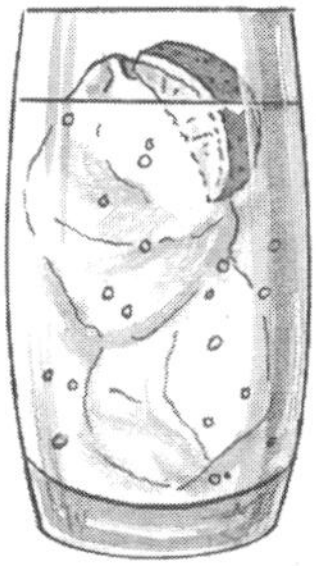

シンプルなレシピだが、材料の比率や銘柄などの違いで、作り手によって味がまったく異なる。

味の差が出やすいジンベースのカクテル

ジン・トニック同様、レシピが単純なぶんだけ作り手によって味の差が出やすいジンベースの主なカクテル。いろいろなところで飲みくらべてみるのも楽しいものだ。

ジン・バック → ドライ・ジン 45ml ＋ レモン・ジュース 20ml ＋ ジンジャー・エール 適量

ジン・フィズ → ドライ・ジン 45ml ＋ レモン・ジュース 20ml ＋ 砂糖 2tsp ＋ ソーダ 適量

ジン・ライム → ドライ・ジン 40〜45ml ＋ ライム（甘味つき果汁飲料）15〜20ml

ジン・リッキー → ドライ・ジン 45ml ＋ ライム ½個 ＋ ソーダ 適量

パイナップルが甘く香る

パーム・ビーチ

Palm Beach

★作り方

材料をシェークして、カクテル・グラスに注ぐ。

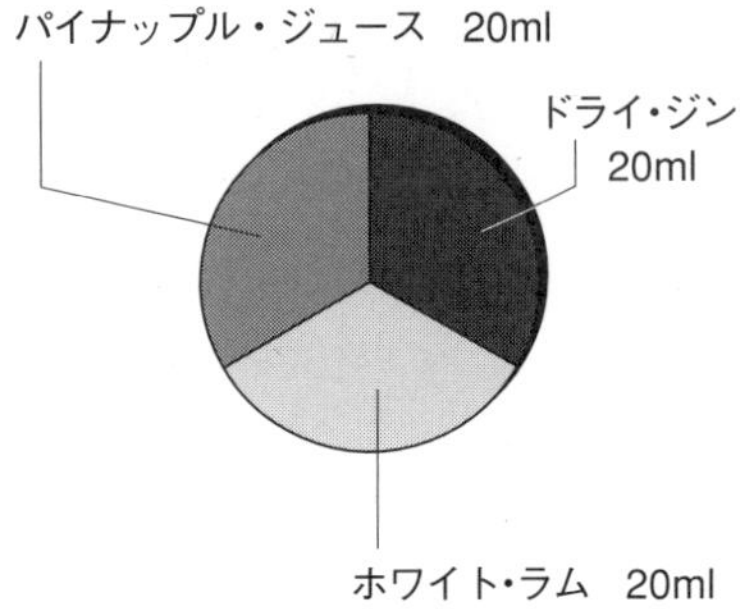
パイナップル・ジュース　20ml
ドライ・ジン
20ml
ホワイト・ラム　20ml

パーム・ビーチはアメリカ・フロリダ州の観光地の名前。

アルコール度に要注意

ピンク・ジン

Pink Gin

★作り方

材料をステアし、カクテル・グラスに注ぐ。

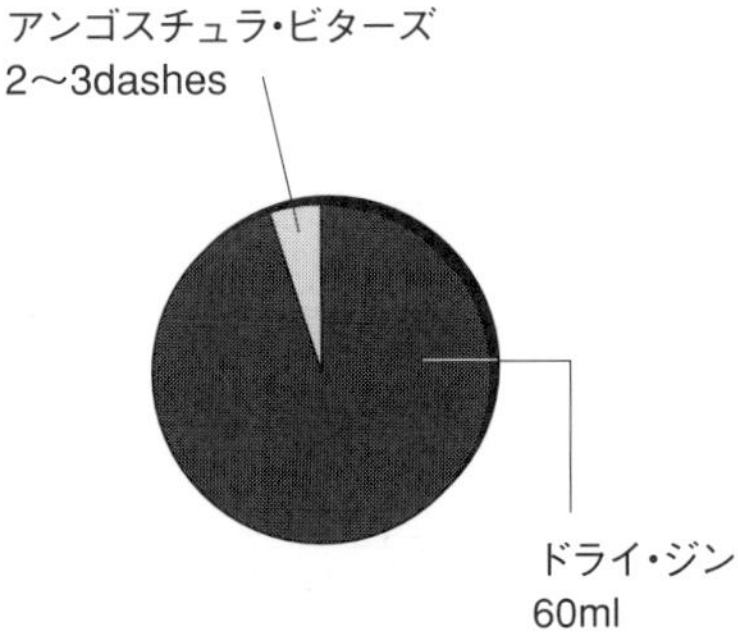
アンゴスチュラ・ビターズ
2〜3dashes
ドライ・ジン
60ml

ジンをストレートで味わうつもりで飲もう。ウオッカ60mlにペルノーを1dashふった「ウオッカ・アイスバーグ」も、限りなくストレートに近い。

貴族の優雅なアペリティフ

ネグローニ

Negroni

★作り方

氷を入れたグラスに材料を入れてステアする。スライス・オレンジを飾る。

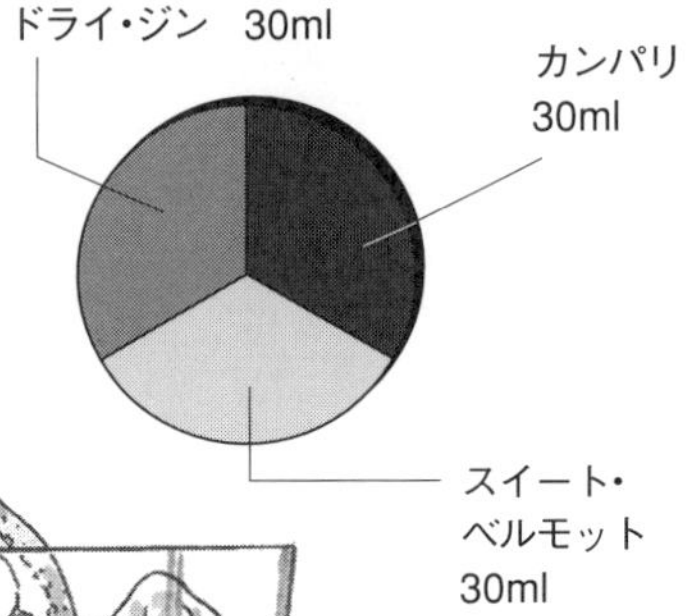
ドライ・ジン　30ml
カンパリ
30ml
スイート・
ベルモット
30ml

イタリアの貴族、ネグローニ伯爵が、フィレンツェのレストランで愛飲していたといわれる。食前向き。

パリのカフェ気分

パリジャン

Parisian

★作り方

材料をシェークし、カクテル・グラスに注ぐ。

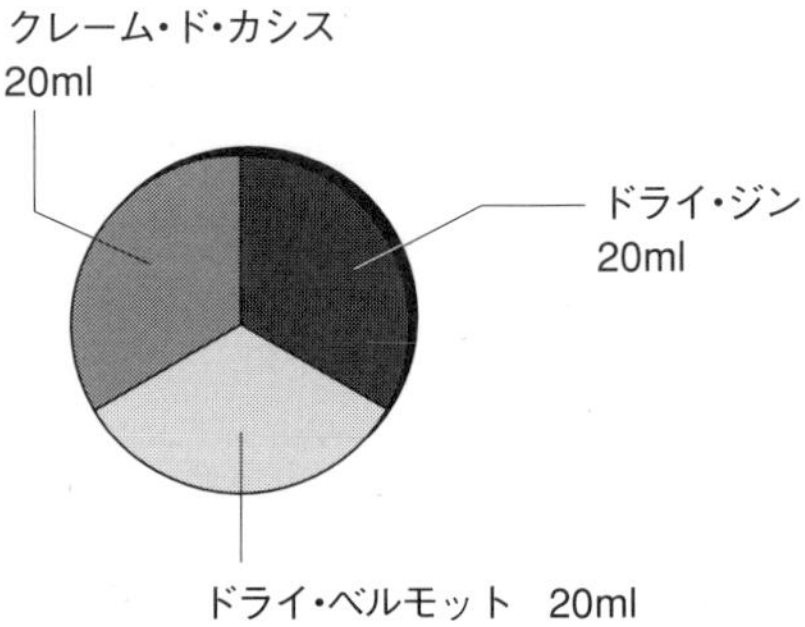
クレーム・ド・カシス
20ml
ドライ・ジン
20ml
ドライ・ベルモット　20ml

赤い色が鮮やかなアペリティフ・カクテル。

あー　おいしい
初めてですね
二人きりで
お酒を飲むの

オシャレな夜を迎えるために

ブルー・ムーン

Blue Moon

★作り方

材料をシェークし、カクテル・グラスに注ぐ。

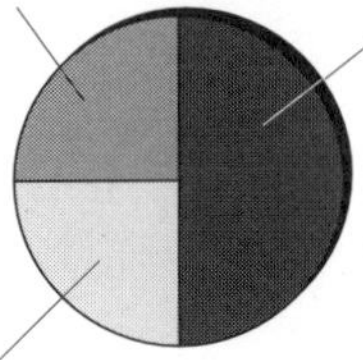

パルフェ・タムール　15ml
ジン　30ml
レモン・ジュース　15ml

パルフェ・タムールは、スミレの香りがする紫色のリキュール。"完全な愛"という意味。

舞台女優に捧げられたカクテル

ピンク・レディ

Pink Lady

★作り方

材料をシェークし、シャンパン・グラス（ソーサー型）に注ぐ。

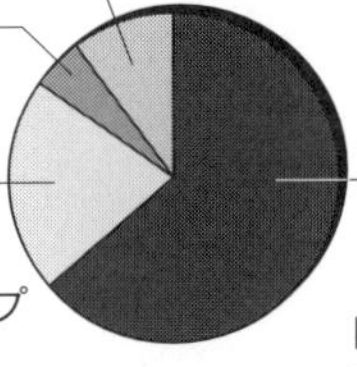

卵白　½個分
レモン・ジュース 1tsp
グレナデン・シロップ 15ml
ドライ・ジン 45ml

紅茶を使わないアイス・ティー

ロング・アイランド・アイス・ティー

Long Island Iced Tea

★作り方

クラッシュド・アイスを詰めたグラスに材料を注ぎ、ステアする。スライス・レモンを飾る。

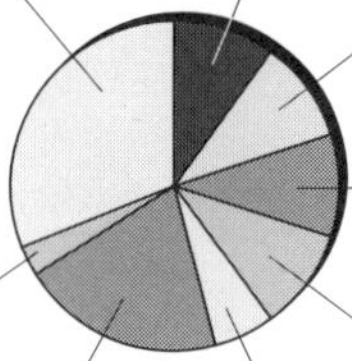

コーラ　40ml
ドライ・ジン　15ml
ホワイト・ラム 15ml
シュガー・シロップ 1tsp
ウオッカ　15ml
テキーラ　15ml
レモン・ジュース 30ml
ホワイト・キュラソー　2tsp

港町・横浜をイメージ

ヨコハマ

Yokohama

★作り方

材料をシェークし、カクテル・グラスに注ぐ。

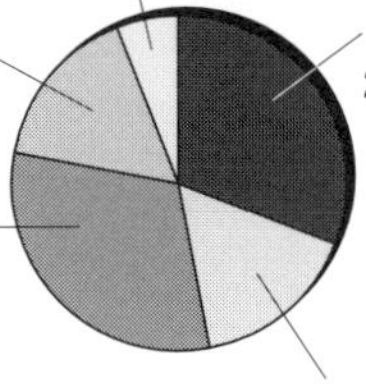

ペルノー　1dash
グレナデン・シロップ 10ml
ドライ・ジン 20ml
オレンジ・ジュース 20ml
ウオッカ　10ml

オレンジが香る赤いカクテル。どこで、いつ、誰によって作られたのかは不明。

アメリカで生まれた。口当たりはよいがアルコール度は高い。

コーヒー味のカクテルはある？

ポート・ワイン45ml、ブランデー15ml、オレンジ・キュラソー2dashes、卵黄１個分、砂糖１tsp。これをシェークすると、コーヒーを使わないのにコーヒーの味がする不思議なカクテルになる。名前は「コーヒー・カクテル」。

食後にピッタリの濃厚な味わいである。

ウオッカベース

赤く燃える情熱の一杯
キッス・オブ・ファイヤー
Kiss of Fire

★作り方
材料をシェークし、砂糖でスノー・スタイルにしたカクテル・グラスに注ぐ。

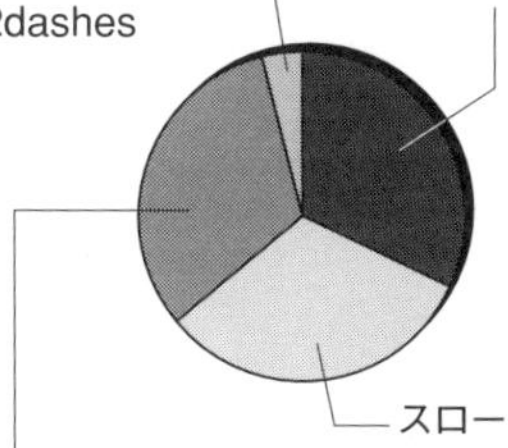

ウオッカ
20ml
レモン・ジュース
2dashes
スロー・ジン
20ml
ドライ・ベルモット
20ml

スロー・ジンの赤い色が炎のイメージ。

辛口を楽しむなら
カミカゼ
Kami-Kaze

★作り方
材料をシェークし、ロック・グラスに注ぐ。氷を加える。

切れ味の鋭いカクテル。

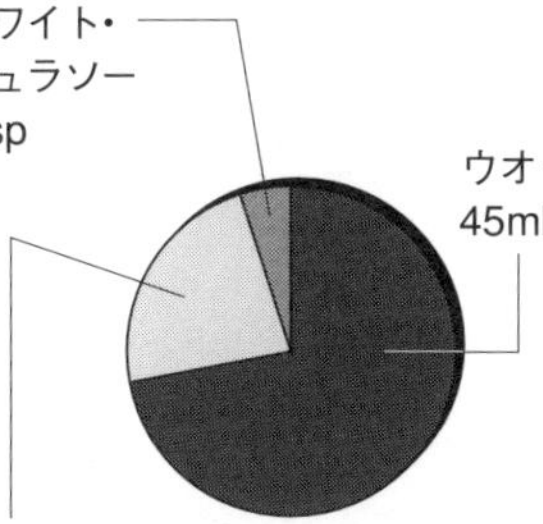

ホワイト・
キュラソー
1tsp
ウオッカ
45ml
ライム・ジュース
15ml

トロピカル・ドリンクの定番
チチ
Chi-Chi

★作り方
材料をシェークし、クラッシュド・アイスを詰めたグラスに注ぐ。チェリーやパイナップルなどのフルーツを飾る。

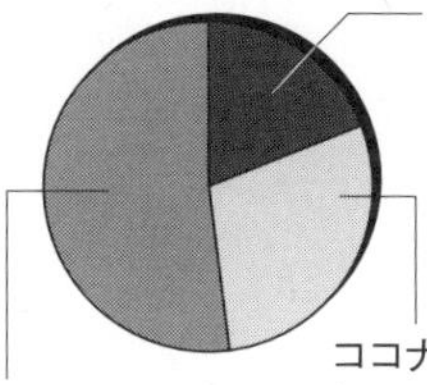

ウオッカ
30ml
ココナッツ・
ミルク
45ml
パイナップル・
ジュース
80ml

ココナッツ・ミルクのソフトな口当たり。

元祖レディー・キラー・カクテル
スクリュードライバー
Screwdriver

★作り方
氷を入れたグラスに材料を入れ、ステアする。

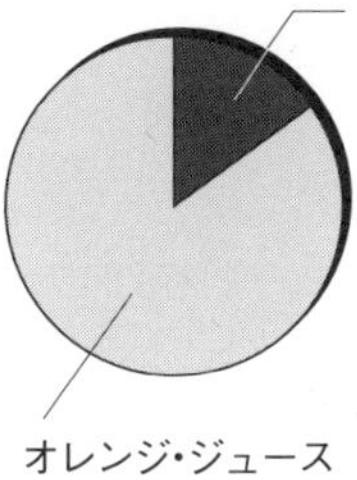

ウオッカ　30〜45ml
オレンジ・ジュース
適量

ネーミングは“ネジ回し”の意味。油田で働いていたアメリカ人が、ネジ回しでウオッカとオレンジ・ジュースをかき混ぜたことがはじまりといわれている。

週の初めの憂うつな気分には

ブルー・マンデー

Blue Monday

★作り方

材料をステアし、カクテル・グラスに注ぐ。

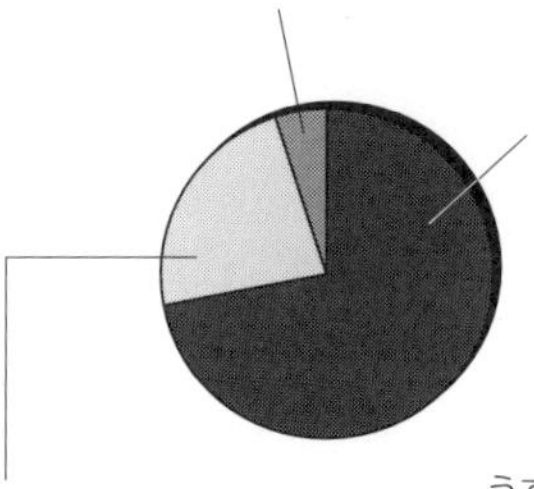
ブルー・キュラソー 1tsp
ウオッカ 45ml
ホワイト・キュラソー
15ml

うすい透明な青い色が月曜日の憂鬱な気分を表している。

砂糖の雪を味わう

雪国

Yukiguni

★作り方

材料をシェークし、砂糖でスノー・スタイルにしたカクテル・グラスに注ぐ。カクテル・ピンに刺したグリーン・チェリーを入れる。

1958年のサントリー主催のカクテル・コンクールの優勝作品。作者は山形県出身。

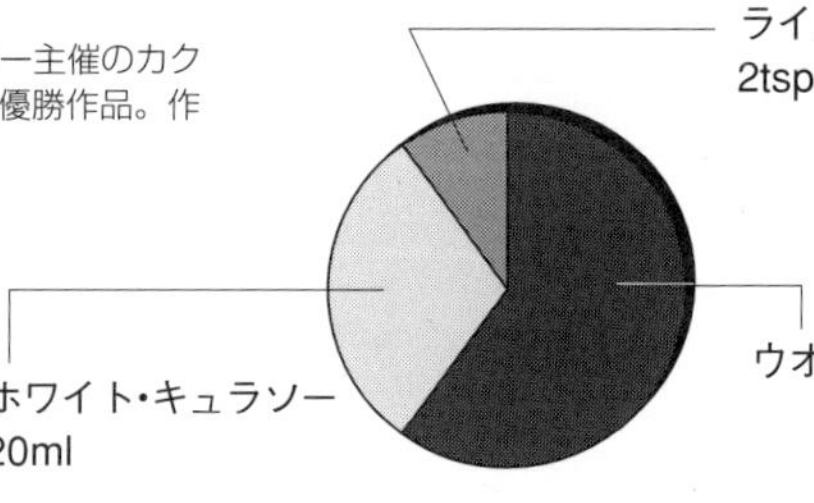
ライム・ジュース
2tsp
ホワイト・キュラソー
20ml
ウオッカ 40ml

さわやかな酸味を奏でる

バラライカ

Balalaika

★作り方

材料をシェークし、カクテル・グラスに注ぐ。

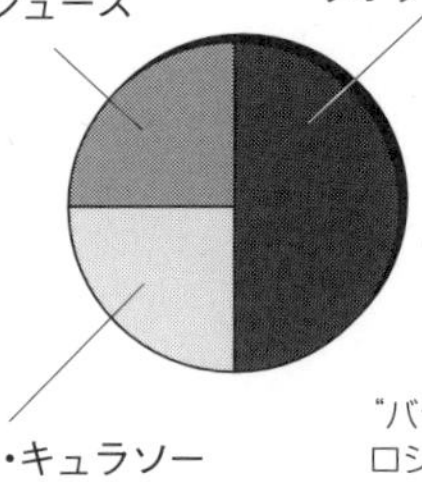
レモン・ジュース
15ml
ウオッカ 30ml
ホワイト・キュラソー
15ml

"バラライカ"は、ロシアの民族楽器の名前。

寒い日にはこれが一番

ホーク・ショット

Hawk Shot

★作り方

材料をグラスに注ぎ、ステアする。

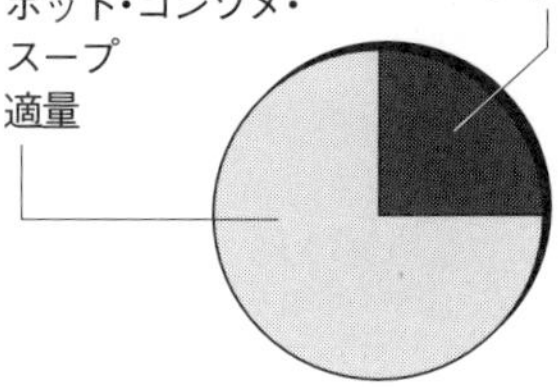
ホット・コンソメ・
スープ
適量
ウオッカ 45ml

レモン・スライスを好みで入れてもよい。

ラムベース

真っ青な空を泳ぐ気分

スカイ・ダイビング

Sky Diving

★作り方

材料をシェークし、カクテル・グラスに注ぐ。

ブルー・キュラソーで鮮やかな青。

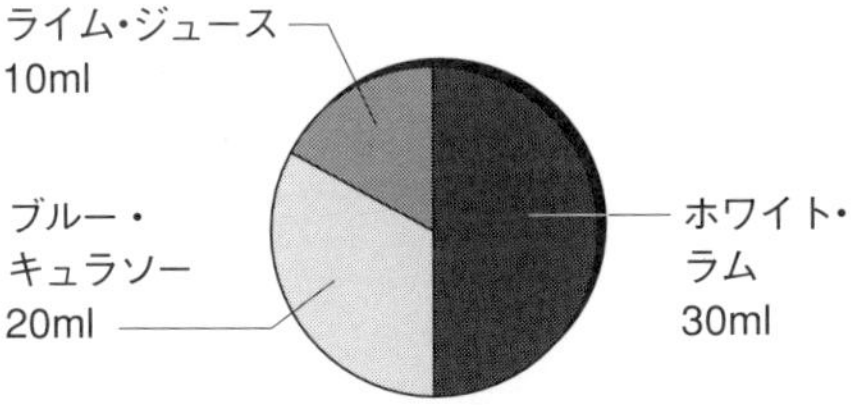

ライム・ジュース 10ml
ブルー・キュラソー 20ml
ホワイト・ラム 30ml

大人の香りただよう究極のカクテル

エックス・ワイ・ジィ

X.Y.Z.

★作り方

材料をシェークし、カクテル・グラスに注ぐ。

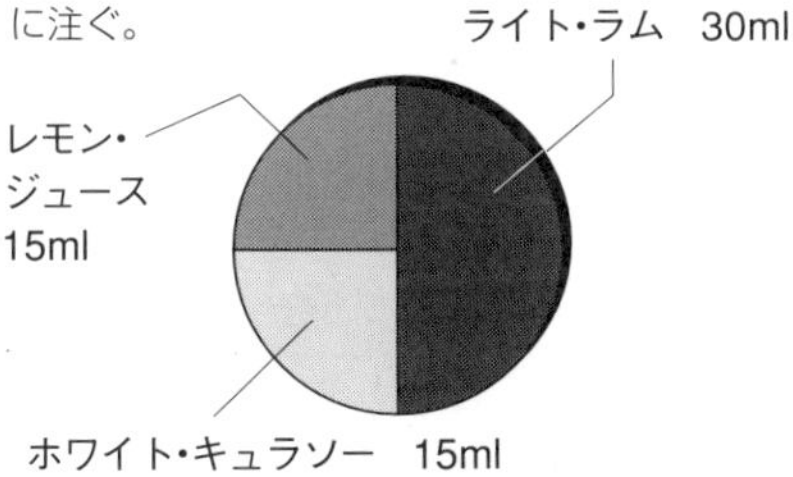

ライト・ラム 30ml
レモン・ジュース 15ml
ホワイト・キュラソー 15ml

XYZはアルファベットのおわり。これ以上おいしいカクテルはない、という意味。

色鮮やかで華やかなトロピカル・ドリンク

ブルー・ハワイ

Blue Hawaii

★作り方

材料をシェークし、クラッシュド・アイスを詰めたグラスに注ぐ。パイナップルなどのフルーツを飾る。

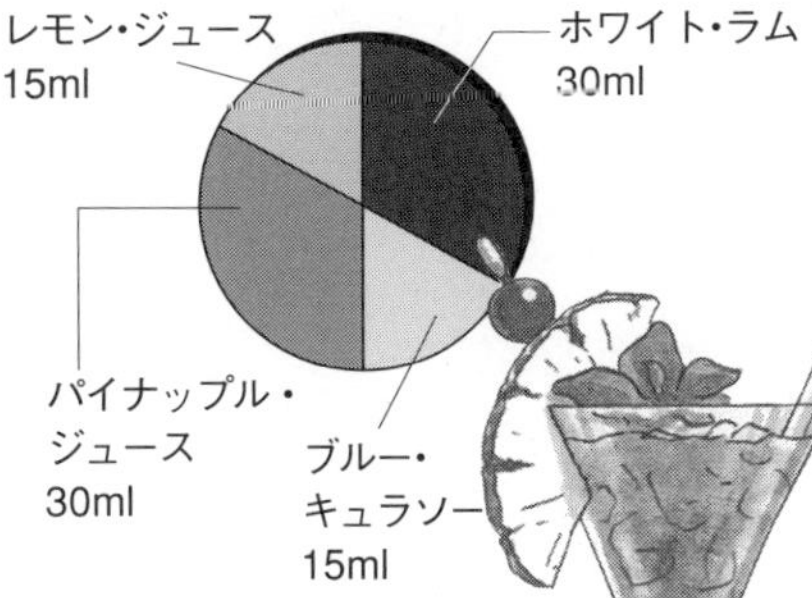

レモン・ジュース 15ml
ホワイト・ラム 30ml
パイナップル・ジュース 30ml
ブルー・キュラソー 15ml

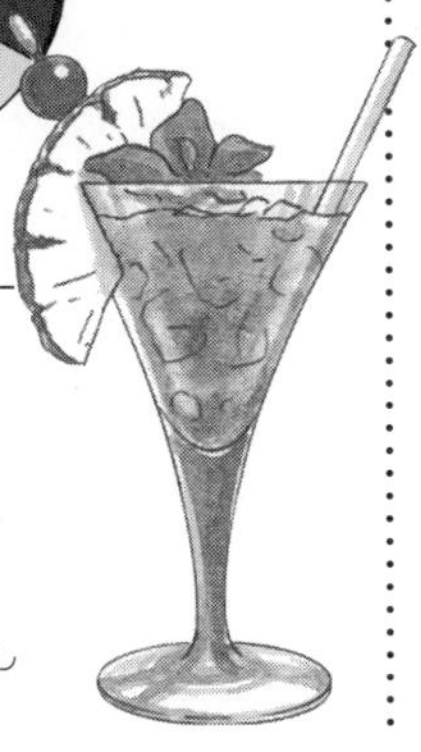

ハワイの海岸をイメージした、鮮やかな青い色。

陽気な気分で楽しく飲むなら

プランターズ・パンチ

Planter's Punch

★作り方

ソーダ以外の材料をシェークし、氷を入れたグラスに注ぐ。ソーダを加え、オレンジやライムを飾る。

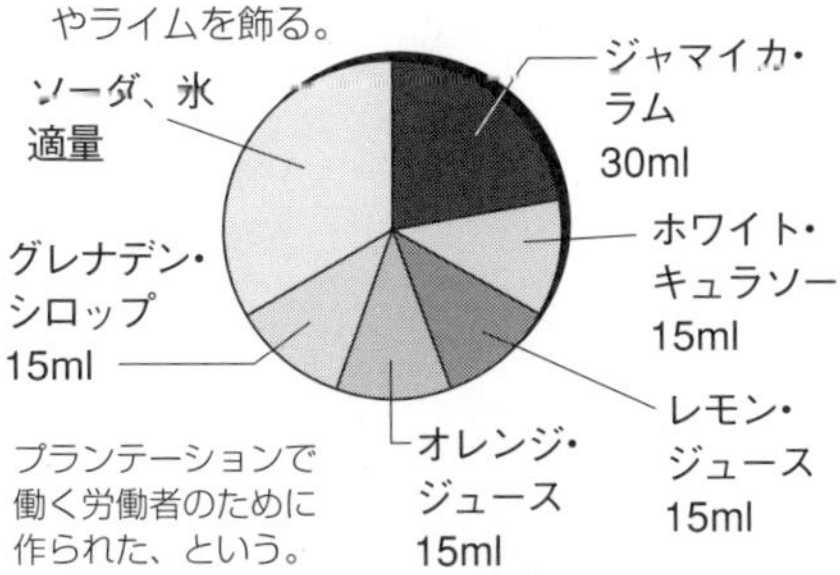

ソーダ、氷 適量
ジャマイカ・ラム 30ml
ホワイト・キュラソー 15ml
グレナデン・シロップ 15ml
オレンジ・ジュース 15ml
レモン・ジュース 15ml

プランテーションで働く労働者のために作られた、という。

レシピは自由に

もともとはバケツに入れて作っていた、といわれる。レシピは農場によってまちまちだったとも。基本はラム＋ジュース。好みでほかのジュースや酒を加えてもいい。

南国カクテルの王者

マイタイ

Mai-Tai

★作り方

ダーク・ラム以外の材料をシェークして、クラッシュド・アイスを詰めたグラスに注ぐ。ダーク・ラムをフロートし、パイナップルなどを飾る。

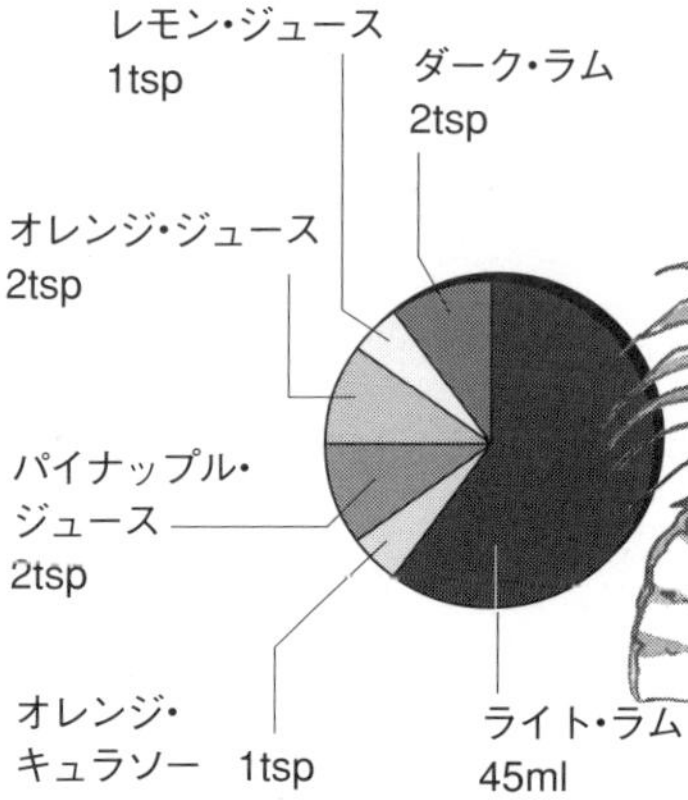

レモン・ジュース 1tsp
ダーク・ラム 2tsp
オレンジ・ジュース 2tsp
パイナップル・ジュース 2tsp
オレンジ・キュラソー 1tsp
ライト・ラム 45ml

ダーク・ラムは「デメララ151」を使う。

「マイタイ」とはタヒチ語で“最高”の意味。

クールでさわやかな一杯

ボストン・クーラー

Boston Cooler

★作り方

ソーダ以外の材料をシェークし、グラスに注ぐ。氷とソーダを加えて軽くステアし、スライス・レモンを入れる。

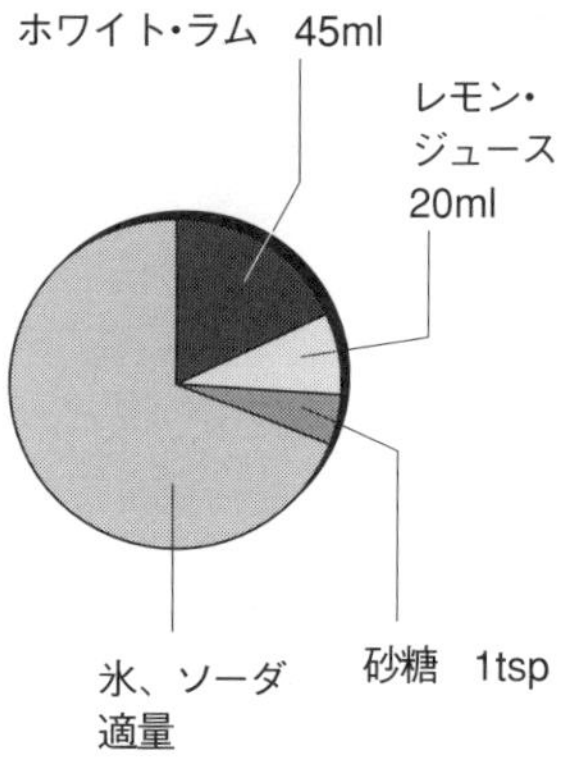

ホワイト・ラム 45ml
レモン・ジュース 20ml
氷、ソーダ 適量
砂糖 1tsp

ソーダの代わりにジンジャー・エールを使うと甘みが出る。

ミントがさわやかに香る

モジート

Mojito

★作り方

グラスにライムをしぼり、皮ごと中に入れる。ミントの葉と砂糖を入れ、ミントをつぶす。クラッシュド・アイスを詰め、ラムを注いでステアする。

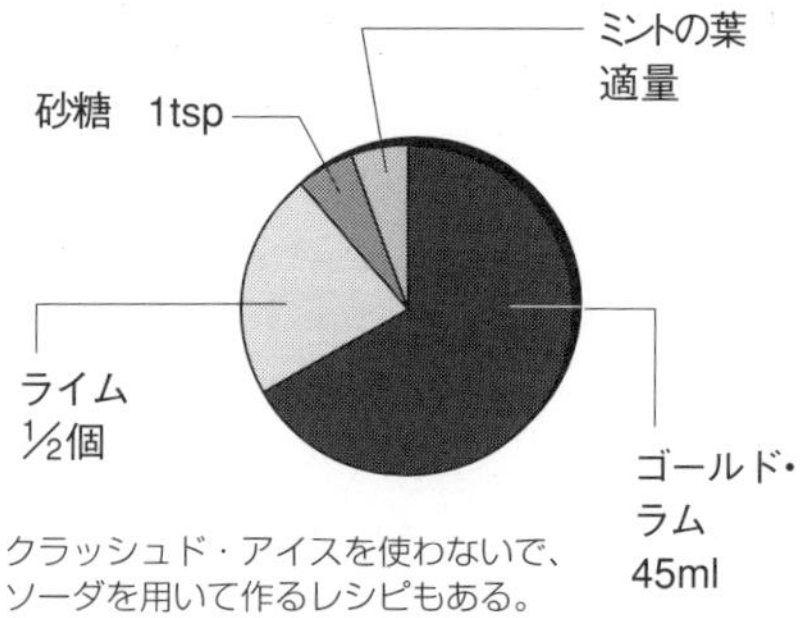

ミントの葉 適量
砂糖 1tsp
ライム ½個
ゴールド・ラム 45ml

クラッシュド・アイスを使わないで、ソーダを用いて作るレシピもある。

ラムとミントの涼やかな組み合わせ

マイアミ

Miami

★作り方

材料をシェークし、カクテル・グラスに注ぐ。

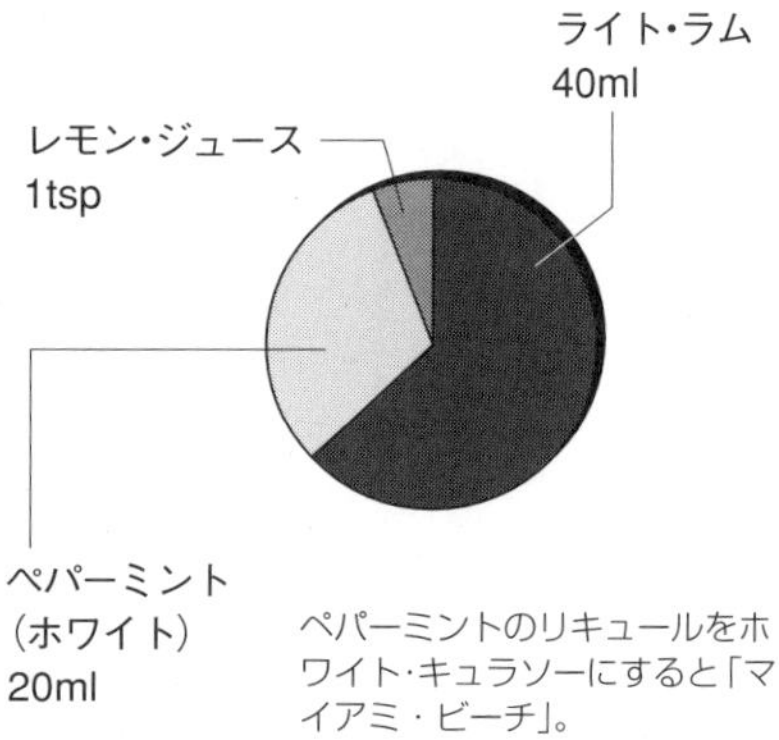

ライト・ラム 40ml
レモン・ジュース 1tsp
ペパーミント（ホワイト） 20ml

ペパーミントのリキュールをホワイト・キュラソーにすると「マイアミ・ビーチ」。

俺の顔に
見覚えがないか？

覚えてるわ！
そして　あなたとの
約束もね……
1杯おごらなきゃ
ならないのよね

太陽が照りつける日ほどおいしい
フローズン・マルガリータ
Frozen Margarita

★作り方
材料を氷と一緒にミキサーにかけ、塩でスノー・スタイルにしたグラスに注ぐ。レモンを飾る。

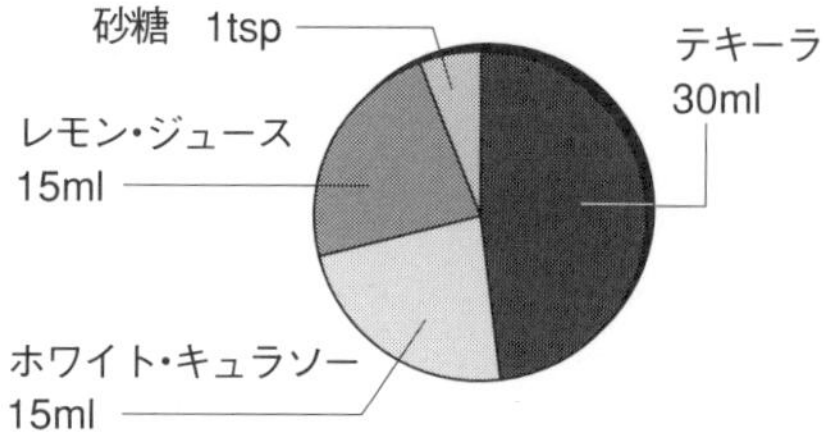

砂糖　1tsp
テキーラ
30ml
レモン・ジュース
15ml
ホワイト・キュラソー
15ml

雪のように白いカクテル。

パインがテキーラをまろやかに包み込む
マタドール
Matador

★作り方
材料をシェークして、氷を入れたロック・グラスに注ぐ。

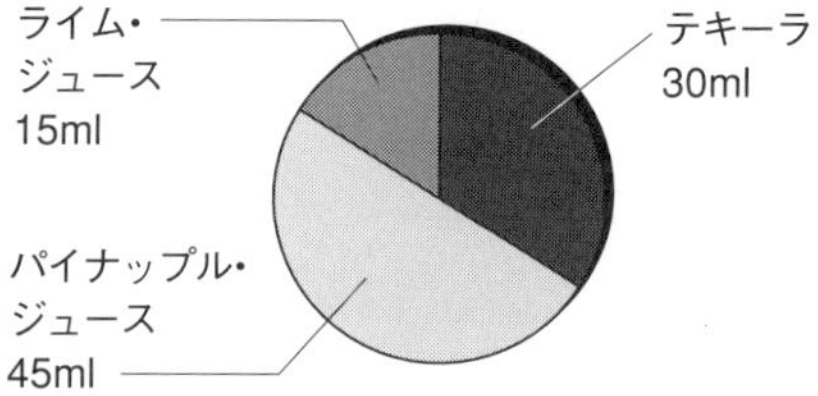

ライム・
ジュース
15ml
テキーラ
30ml
パイナップル・
ジュース
45ml

マタドールは“闘牛士”のこと。

テキーラベース

日の入りをため息まじりに眺めながら
テキーラ・サンセット
Tequila Sunset

★作り方
ソーダ以外の材料をシェークし、氷を入れたグラスに注ぐ。ソーダで満たし、グレナデン・シロップをフロートする。

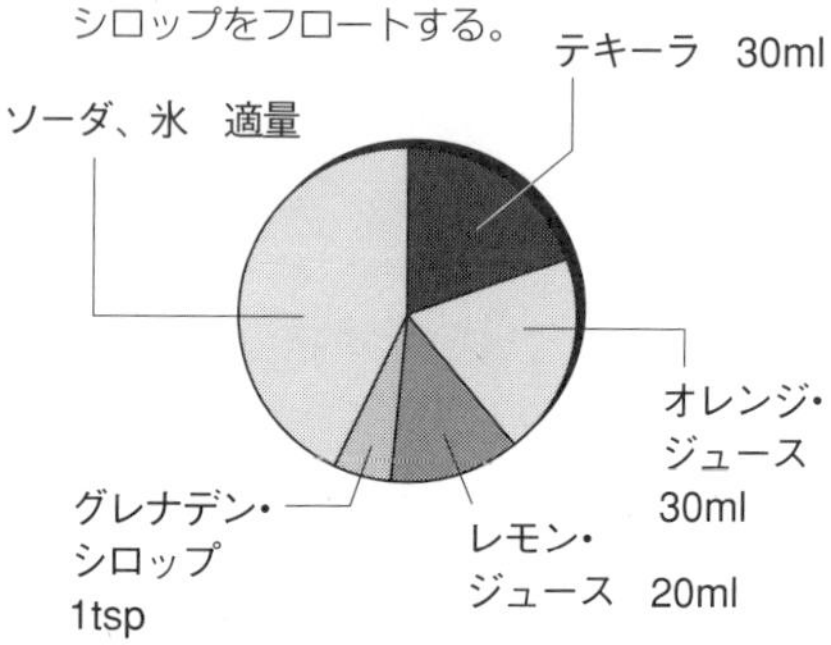

テキーラ　30ml
ソーダ、氷　適量
オレンジ・
ジュース
30ml
グレナデン・
シロップ
1tsp
レモン・
ジュース　20ml

底に流れていく赤いグレナデン・シロップが日の入りを表す。

ソーダを使わず、フローズン・スタイルにする方法もある。

ほろ苦さが味わい深い
オールド・パル
Old Pal

★作り方
材料をステアして、カクテル・グラスに注ぐ。

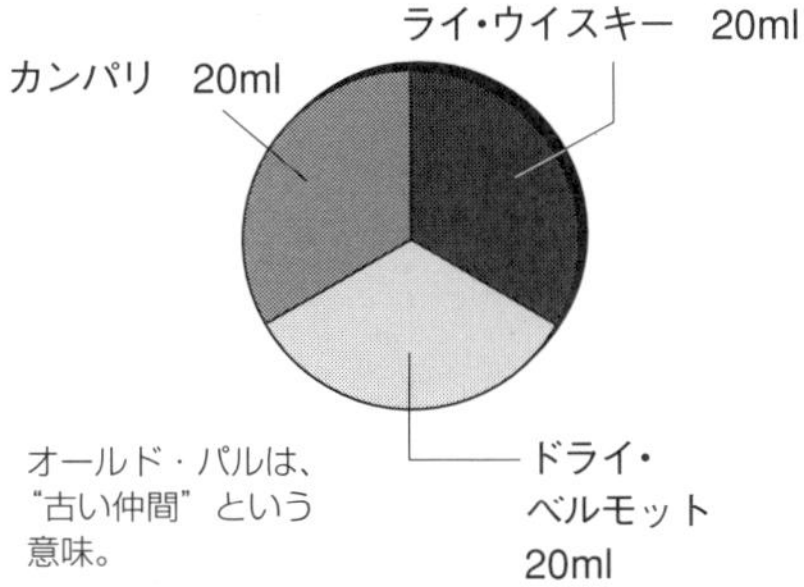
ライ・ウイスキー 20ml
カンパリ 20ml
ドライ・ベルモット 20ml

オールド・パルは、“古い仲間”という意味。

大人の味わいを求めるなら
ウイスキー・サイドカー
Whisky Side-Car

★作り方
材料をシェークし、カクテル・グラスに注ぐ。

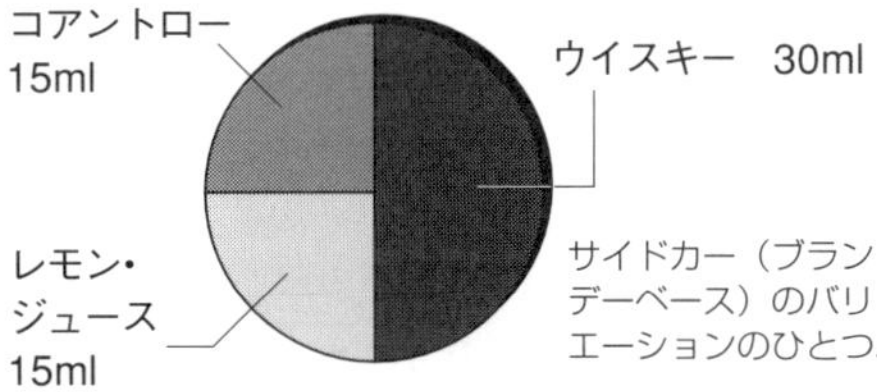
コアントロー 15ml
ウイスキー 30ml
レモン・ジュース 15ml

サイドカー（ブランデーベース）のバリエーションのひとつ。

牛乳でソフトな口当たり
カウボーイ
Cowboy

★作り方
氷を入れたグラスに材料を注ぎ、軽くステアする。

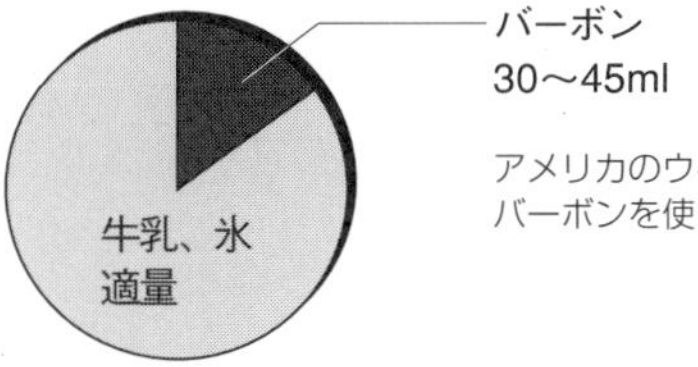
バーボン 30〜45ml
牛乳、氷 適量

アメリカのウイスキー、バーボンを使う。

世界中で愛されている味
ジョン・コリンズ
John Collins

★作り方
ソーダ以外の材料をシェークし、コリンズ・グラスに注ぐ。氷とソーダを加えて軽くステアし、スライス・レモンやチェリーをカクテル・ピンに刺して飾る。

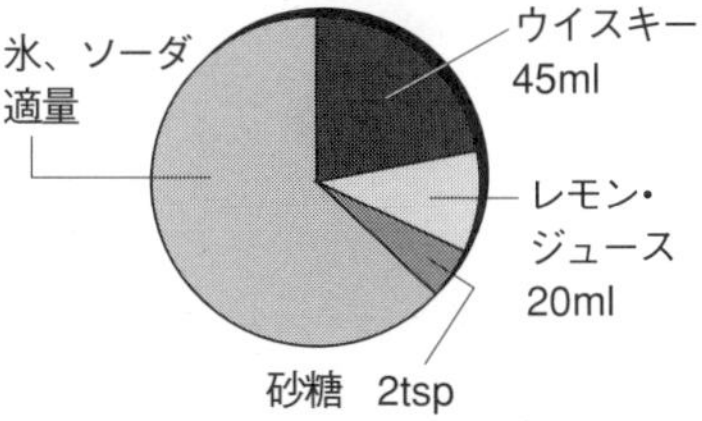
氷、ソーダ 適量
ウイスキー 45ml
レモン・ジュース 20ml
砂糖 2tsp

ロンドンのクラブのウエーター、ジョン・コリンズ氏が作ったといわれている。

人名がつく コリンズのバリエーション

ジョン・コリンズには、ベースの酒を変えたバリエーションがある。

ジンベースならトム・コリンズ、バーボンベースならカーネル・コリンズ、ラムベースのペドロ・コリンズ、ブランデーベースのピエール・コリンズなど。

コリンズ氏が当初作ったものはオランダ・ジンがベースであったが、時代とともにウイスキーベースのものがジョン・コリンズと呼ばれるようになった。

都会に華やぐ真紅

ニューヨーク

New York

★作り方

材料をシェークし、カクテル・グラスに注ぐ。オレンジ・ピールをしぼる。

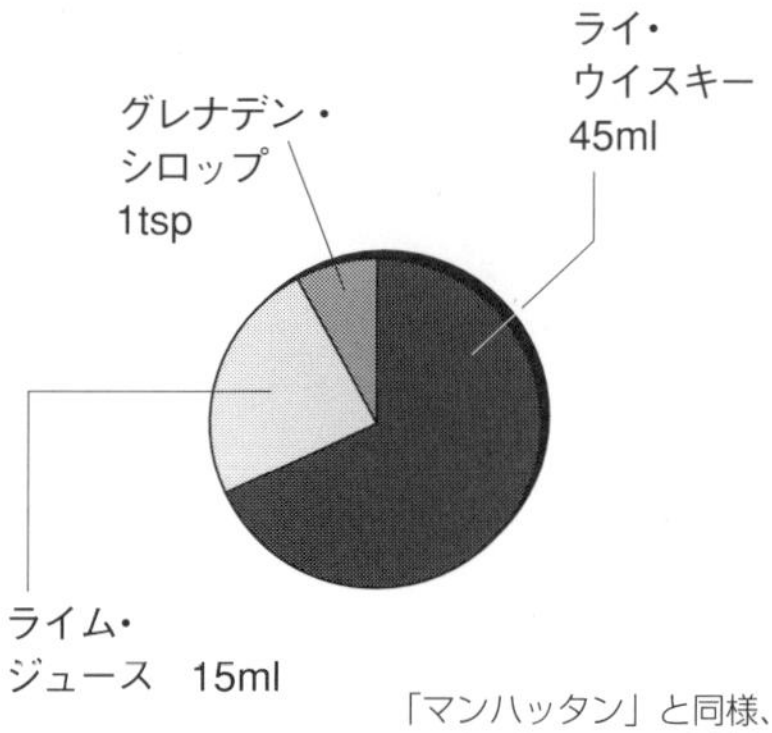

ライ・
ウイスキー
45ml
グレナデン・
シロップ
1tsp
ライム・
ジュース　15ml

「マンハッタン」と同様、ライ・ウイスキーを使う。

3種の酒のハーモニーを楽しむ

チャーチル

Churchill

★作り方

材料をシェークし、カクテル・グラスに注ぐ。

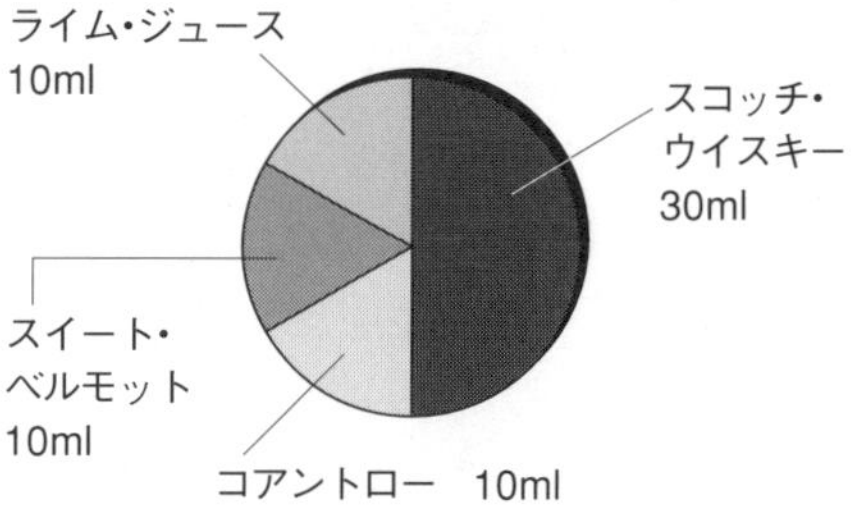

ライム・ジュース
10ml
スコッチ・
ウイスキー
30ml
スイート・
ベルモット
10ml
コアントロー　10ml

イギリス元首相チャーチルの名がつけられている。政治家の名前がついためずらしいカクテル。

スコッチをカクテルで堪能できる

ボビー・バーンズ

Bobby Burns

★作り方

材料をステアして、カクテル・グラスに注ぐ。レモン・ピールをしぼる。

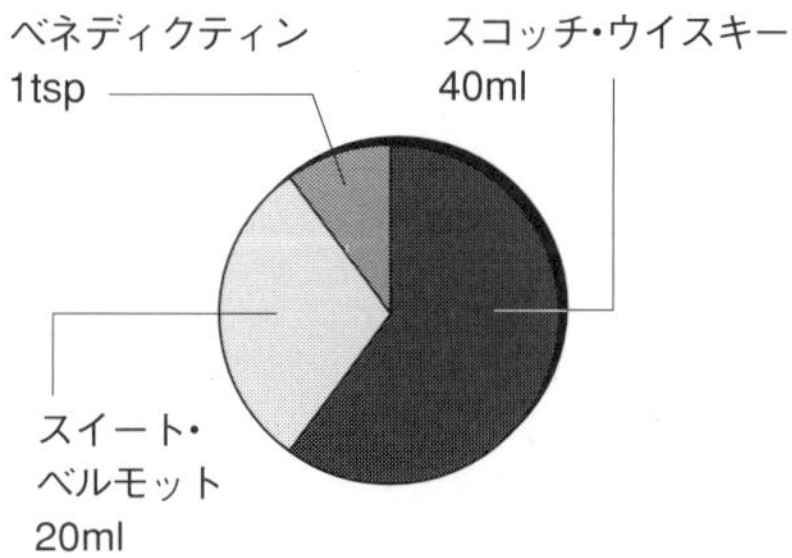

ベネディクティン
1tsp
スコッチ・ウイスキー
40ml
スイート・
ベルモット
20ml

スコッチを賛美する詩を残したスコットランドの詩人、ロバート（愛称ボビー）・バーンズの名にちなんで名づけられた。

チェリー・ブランデーの甘い香りにご用心

ハンター

Hunter

★作り方

材料をステアして、カクテル・グラスに注ぐ。

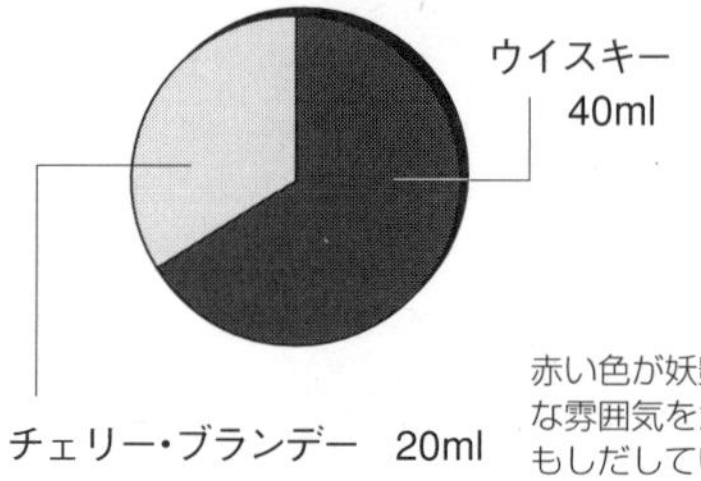

ウイスキー
40ml
チェリー・ブランデー　20ml

赤い色が妖艶な雰囲気をかもしだしている。

サマになる知的な一杯

ロブ・ロイ

Rob Roy

★作り方

材料をステアして、カクテル・グラスに注ぐ。カクテル・ピンに刺したチェリーを入れる。

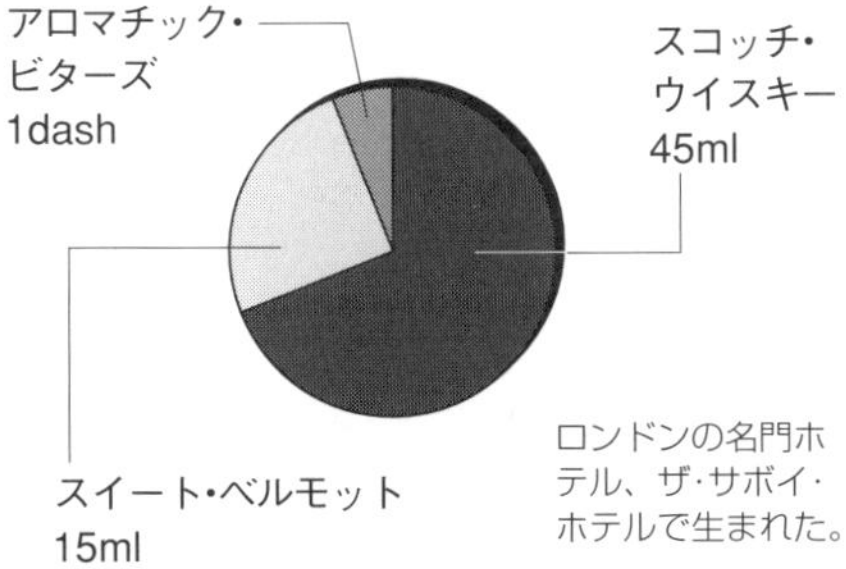
アロマチック・ビターズ
1dash
スコッチ・ウイスキー
45ml
スイート・ベルモット
15ml

ロンドンの名門ホテル、ザ・サボイ・ホテルで生まれた。

スコッチどうしの重厚な味わい

ラスティ・ネイル

Rusty Nail

★作り方

氷を入れたロック・グラスに材料を注ぎ、ステアする。

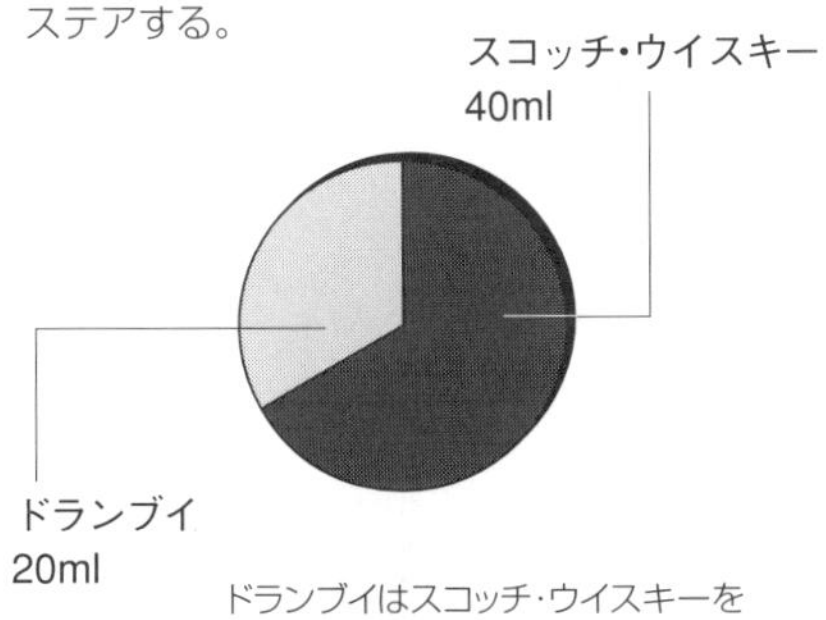
スコッチ・ウイスキー
40ml
ドランブイ
20ml

ドランブイはスコッチ・ウイスキーをベースにした薬草のリキュール。

好きなんだよな！この曲

情熱を秘めたバラ色

ジャック・ローズ

Jack Rose

★作り方

材料をシェークして、カクテル・グラスに注ぐ。

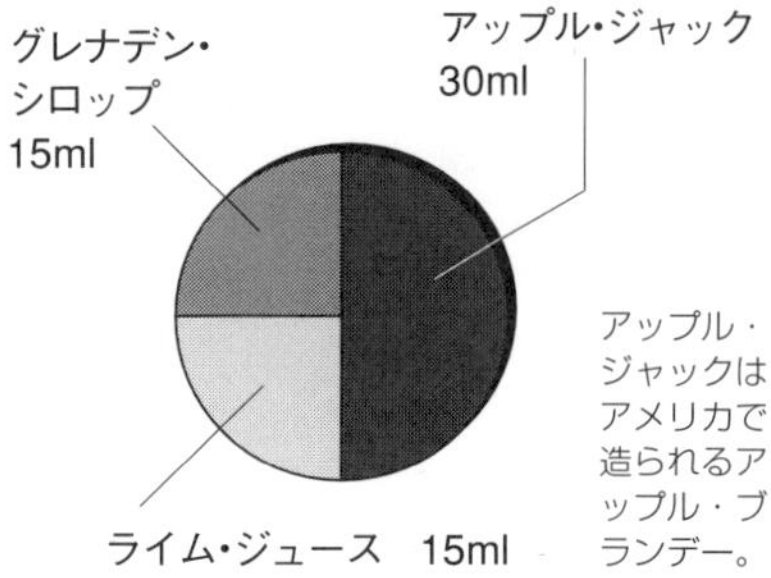
グレナデン・シロップ 15ml
アップル・ジャック 30ml
ライム・ジュース 15ml

アップル・ジャックはアメリカで造られるアップル・ブランデー。

ブランデーベース

オレンジの風味で元気が出る

オリンピック

Olympic

★作り方

材料をシェークし、カクテル・グラスに注ぐ。

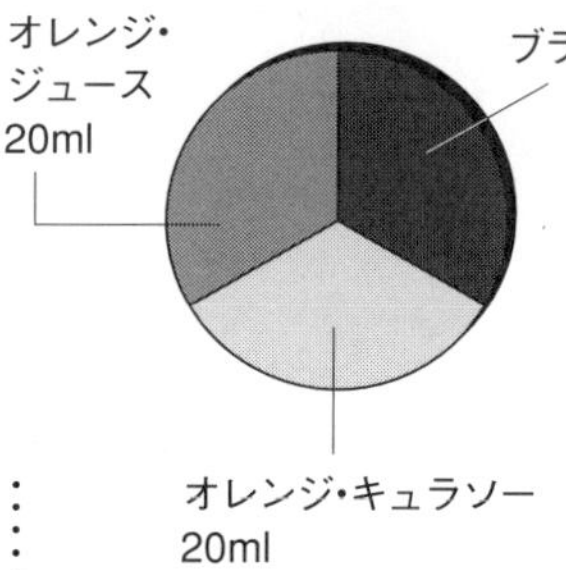
オレンジ・ジュース 20ml
ブランデー 20ml
オレンジ・キュラソー 20ml

1900年のパリオリンピックのときに、パリのリッツ・ホテルで生まれた。色はオレンジ。

シガーにピッタリ。通の味わい

ビー・アンド・ビー

B&B

★作り方

リキュール・グラスにブランデー、ベネディクティンの順に注ぐ。

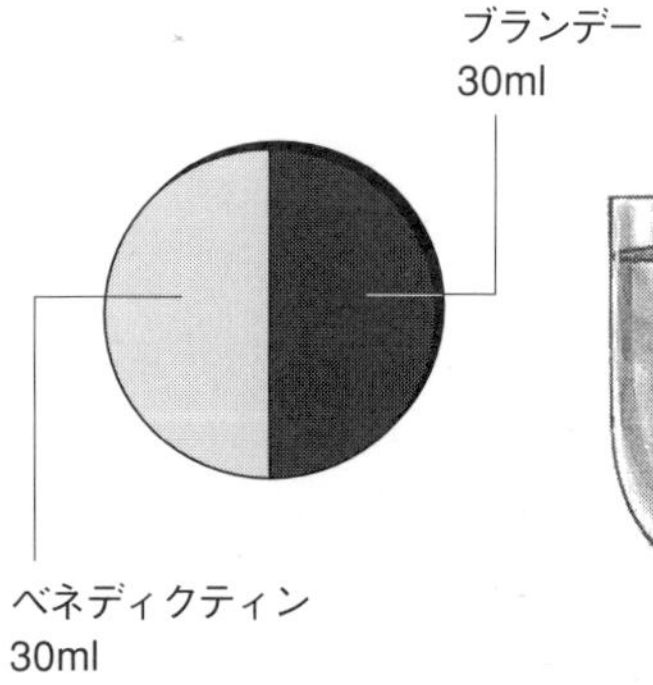
ブランデー 30ml
ベネディクティン 30ml

ベネディクティンは、フランスのベネディクト派修道院で生まれたリキュール。甘くソフトな風味。

通を気取れるロング・ドリンク

ハーバード・クーラー

Harvard Cooler

★作り方

ソーダ以外の材料をシェークして、グラスに注ぐ。氷とソーダを加えて、軽くステアする。

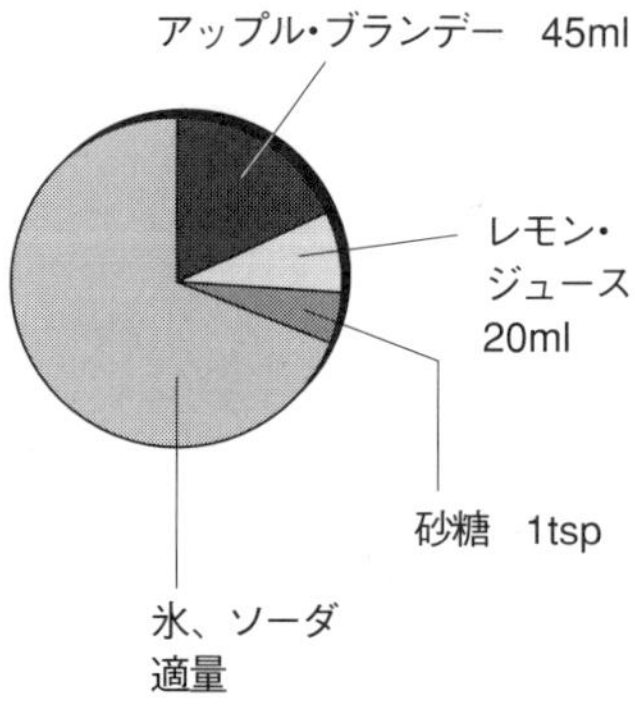
アップル・ブランデー 45ml
レモン・ジュース 20ml
砂糖 1tsp
氷、ソーダ 適量

アップル・ブランデーにカルバドスを使うとよりおいしくなる。

クリスマス・ドリンクとして

ホット・ブランデー・エッグ・ノッグ

Hot Brandy Egg Nogg

★作り方

卵を泡立て、牛乳以外の材料とシェークしてグラスに入れる。温めた牛乳を注ぎ、軽くステアする。ナツメグをふる。

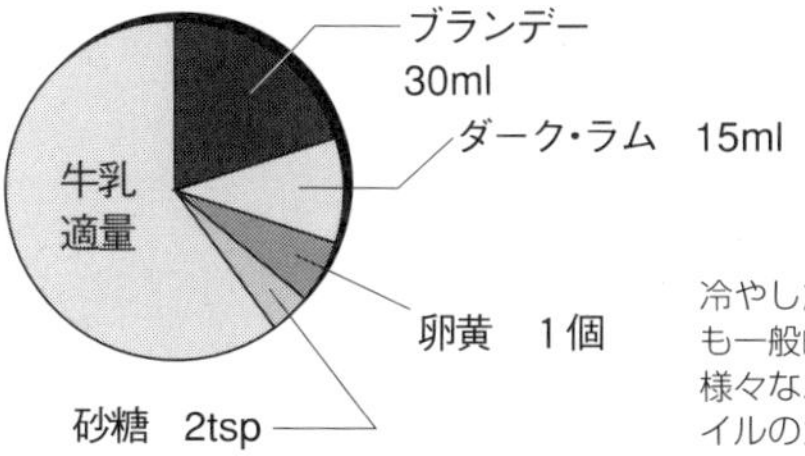

ブランデー
30ml
ダーク・ラム　15ml
卵黄　1個
砂糖　2tsp
牛乳
適量

冷やした牛乳で作るスタイルも一般的。ベースを変えると、様々なエッグ・ノッグ・スタイルのカクテルができる。

インパクトのある甘〜い一杯

オーガズム

Orgasm

★作り方

材料をシェークし、シェリー・グラスに注ぐ。

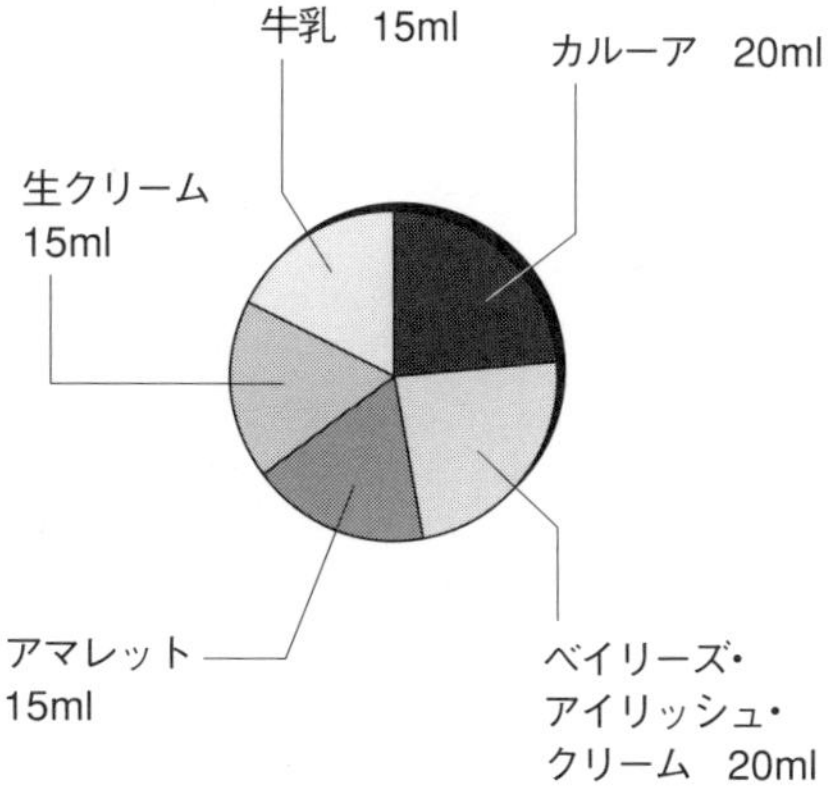

牛乳　15ml
カルーア　20ml
生クリーム
15ml
アマレット
15ml
ベイリーズ・
アイリッシュ・
クリーム　20ml

ロック・スタイルにするレシピもある。ベイリーズ・アイリッシュ・クリームは、アイリッシュ・ウイスキーにクリームを配合した甘いリキュール。

リキュールベース

飲み口がさわやか

アプリコット・クーラー

Apricot Cooler

★作り方

ソーダ以外の材料をシェークし、コリンズ・グラスに注ぐ。氷とソーダを入れ、軽くステアする。

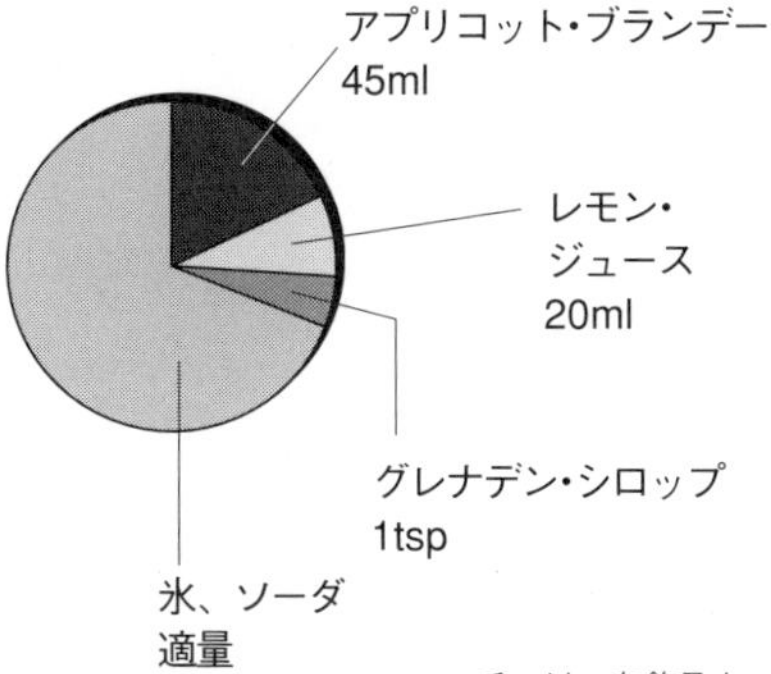

アプリコット・ブランデー
45ml
レモン・
ジュース
20ml
グレナデン・シロップ
1tsp
氷、ソーダ
適量

チェリーを飾ると、一段とみばえがよくなる。

ジュース感覚で気軽に飲める
ガリバルディ
Garibaldi

★作り方
氷を入れたグラスに材料を注ぎ、軽くステアする。スライス・オレンジを飾る。

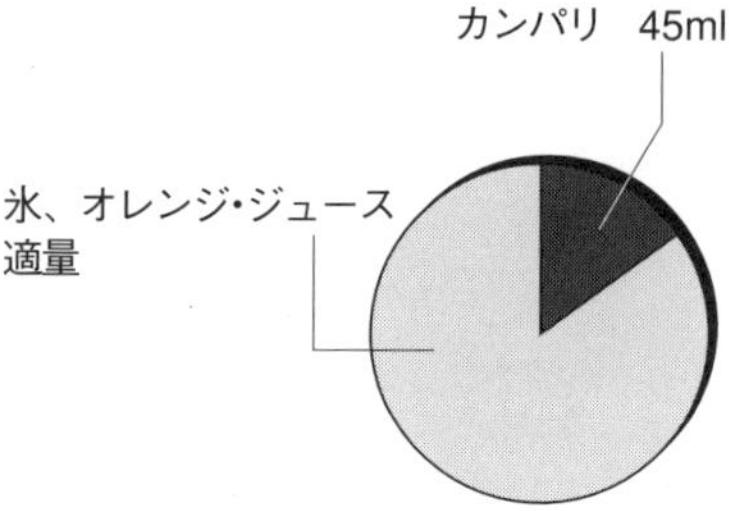
カンパリ　45ml
氷、オレンジ・ジュース
適量

日本ではカンパリ・オレンジと呼ばれることが多い。

流行のカシスを使ったロング・ドリンク
カシス・ソーダ
Cassis&Soda

★作り方
氷を入れたグラスに材料を注ぎ、軽くステアする。

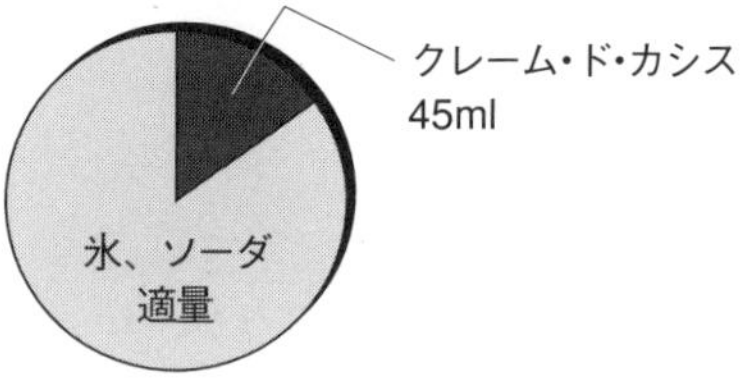
クレーム・ド・カシス
45ml
氷、ソーダ
適量

家でも簡単に作れる。一度挑戦してみては。

キャデラックでのドライブ気分を堪能
ゴールデン・キャデラック
Golden Cadillac

★作り方
材料をシェークし、カクテル・グラスに注ぐ。

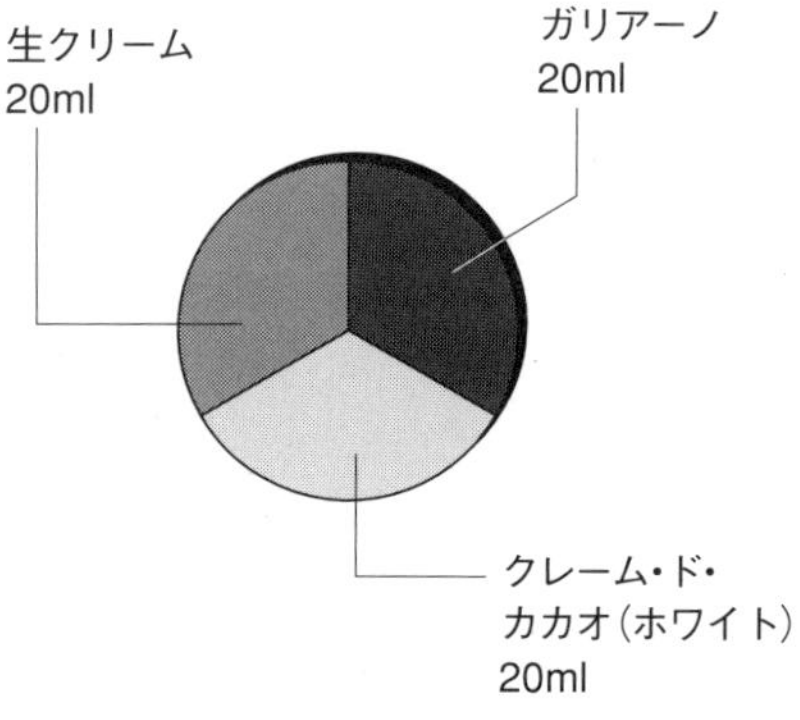
生クリーム
20ml
ガリアーノ
20ml
クレーム・ド・
カカオ（ホワイト）
20ml

口当たりはソフトだが、アルコール度は結構強い。酒に弱い人は注意を。

コーヒー・リキュールで
大人のカフェ・オレを
カルーア・ミルク
Kahlúa&Milk

★作り方
氷を入れたグラスに材料を注ぐ。飲むときに混ぜる。

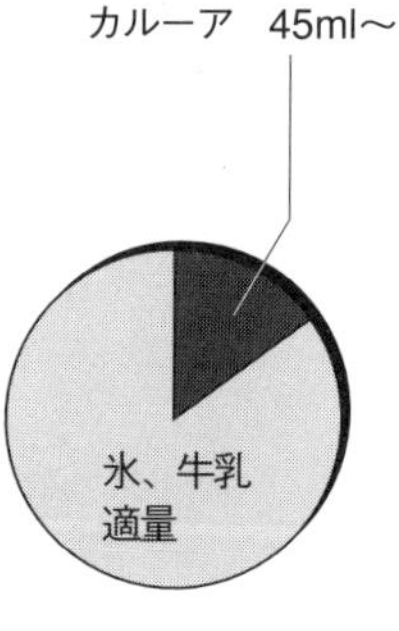
カルーア　45ml〜
氷、牛乳
適量

牛乳とカルーアの割合を½ずつにするレシピもある。濃厚な味わいになる。

うわあ
きれい!!
LA GRANDE DAME

バニラとオレンジの香りに包まれてステキな夢を

ゴールデン・ドリーム

Golden Dream

★作り方

材料をシェークして、カクテル・グラスに注ぐ。

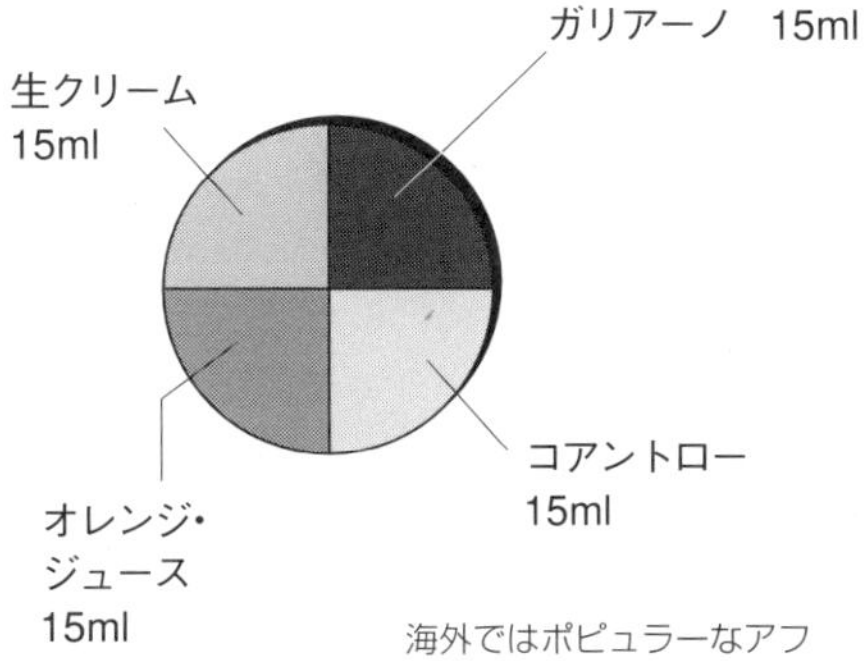
ガリアーノ　15ml
生クリーム
15ml
コアントロー
15ml
オレンジ・
ジュース
15ml

海外ではポピュラーなアフター・ディナー・カクテル。

子どものころのなつかしい味

スノーボール

Snowball

★作り方

氷を入れたグラスにアドヴォカートとライム・ジュースを入れる。レモネードを注ぎ、チェリーを飾る。

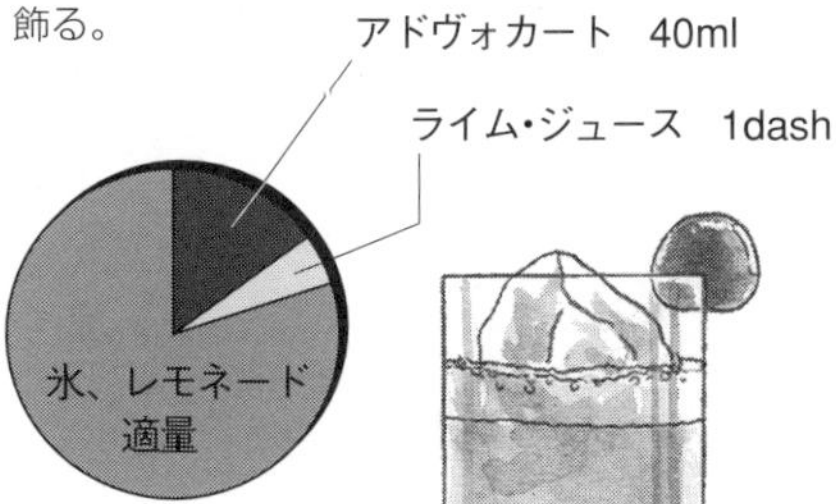
アドヴォカート　40ml
ライム・ジュース　1dash
氷、レモネード
適量

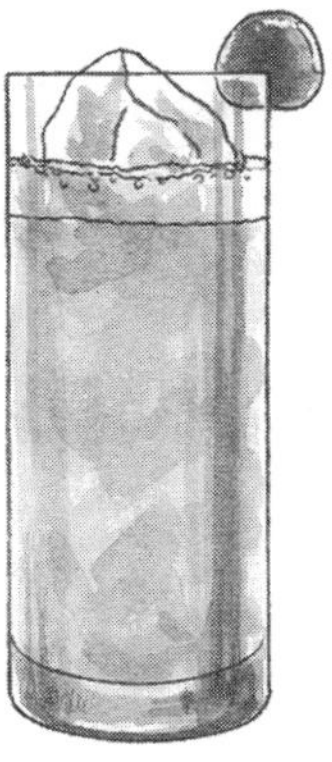

アドヴォカートは、カスタードクリーム味のリキュール。レモネードがミックスされて、甘酸っぱいお菓子のような味がする。

昼下がりのあいまいなひとときに

ファジー・ネーブル

Fuzzy Navel

★作り方

氷を入れたロック・グラスに材料を注ぎ、ステアする。

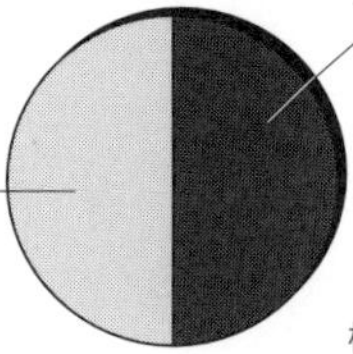
ピーチ・リキュール 30ml
オレンジ・ジュース 30ml

桃とオレンジでネーブルのような甘い味わい。飲みやすい。

メロンの香りの甘口カクテル

メロンボール

Melonball

★作り方

氷を入れたグラスに材料を注ぎ、ステアする。

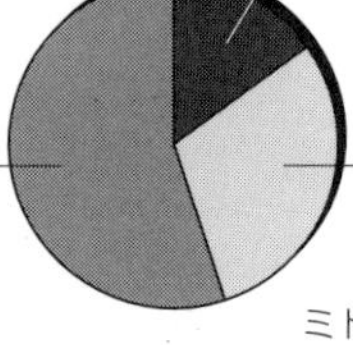
ウオッカ 30ml
ミドリ 60ml
オレンジ・ジュース 120ml

ミドリとはメロンのリキュールの一種。オレンジの代わりにパイナップル・ジュースが使われることも多い。

甘い「桜」を味わう

チェリー・ブロッサム

Cherry Blossom

★作り方

材料をシェークし、カクテル・グラスに注ぐ。

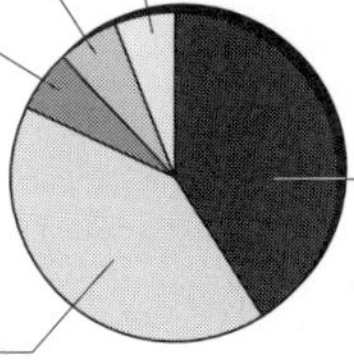
レモン・ジュース 2dashes
グレナデン・シロップ 2dashes
オレンジ・キュラソー 2dashes
ブランデー 30ml
チェリー・ブランデー 30ml

横浜のバーのバーテンダーが作った世界的に有名なカクテル。ジン40ml、オレンジ・ジュース20mlをシェークすると、オレンジ・ブロッサム。

アマレットの独特な香りにハマりそう

ボッチ・ボール

Boccie Ball

★作り方

氷を入れたグラスにアマレットとオレンジ・ジュースを入れ、ソーダを加えて軽くステアする。

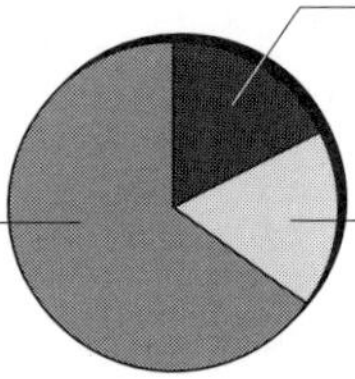
アマレット 30ml
オレンジ・ジュース 30ml
氷、ソーダ 適量

ボッチとは、芝生でおこなうボーリングのこと。

レモネードと赤ワインがマッチ

アメリカン・レモネード

American Lemonade

★作り方

レモン・ジュースとシュガー・シロップをグラスに入れ、氷と水を加えてステアする。仕上げにワインをフロートする。

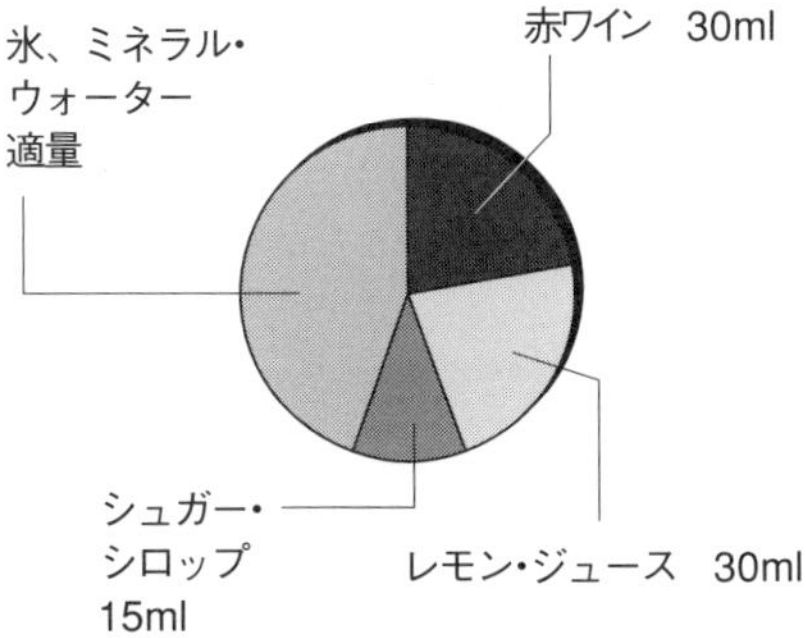
赤ワイン　30ml
氷、ミネラル・ウォーター 適量
シュガー・シロップ 15ml
レモン・ジュース　30ml

赤ワインはレモネードと色が混ざらないよう、静かに注ぐ。

ミントの香りで都会派を気取って

シャンパン・ジュレップ

Champagne Julep

★作り方

コリンズ・グラスにシャンパン以外の材料を入れる。角砂糖を水でとかし、ミントの葉をつぶす。氷とシャンパンを加える。

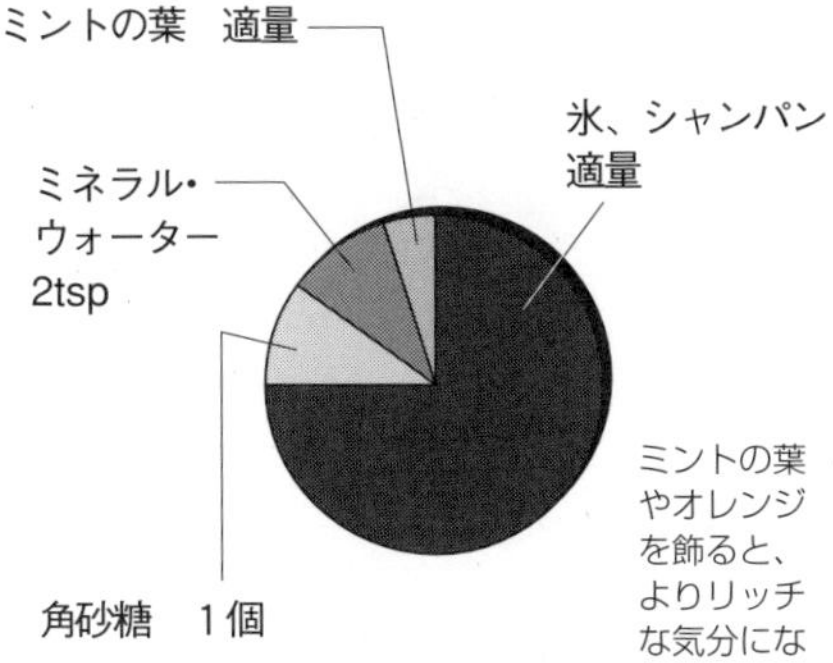
ミントの葉　適量
氷、シャンパン 適量
ミネラル・ウォーター 2tsp
角砂糖　1個

ミントの葉やオレンジを飾ると、よりリッチな気分になれる。

ワインベース

酒に弱い人にオススメのアペリティフ・カクテル

アメリカーノ

Americano

★作り方

氷を入れたグラスにベルモットとカンパリを注ぎ、ソーダを入れて軽くステア。レモン・ピールをしぼる。

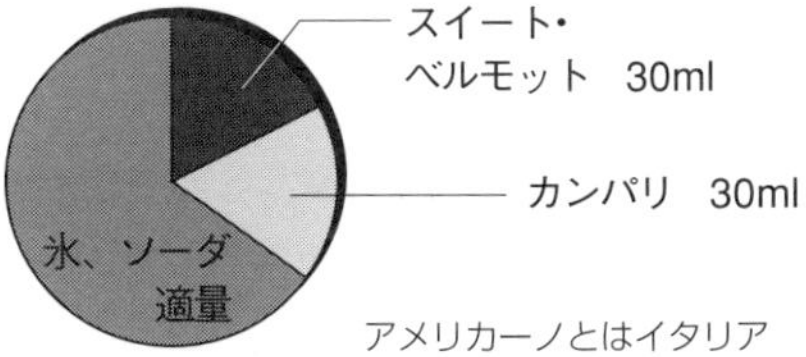
スイート・ベルモット　30ml
カンパリ　30ml
氷、ソーダ 適量

アメリカーノとはイタリア語で"アメリカ人"の意味。

甘い香りの恋するカクテル

シャンパン・フレーズ

Champagne Fraise

★作り方

フルート型のシャンパン・グラスにシャンパン以外の材料を注いでグラスの内側をぬらす。氷とシャンパンを入れ、イチゴを飾る。

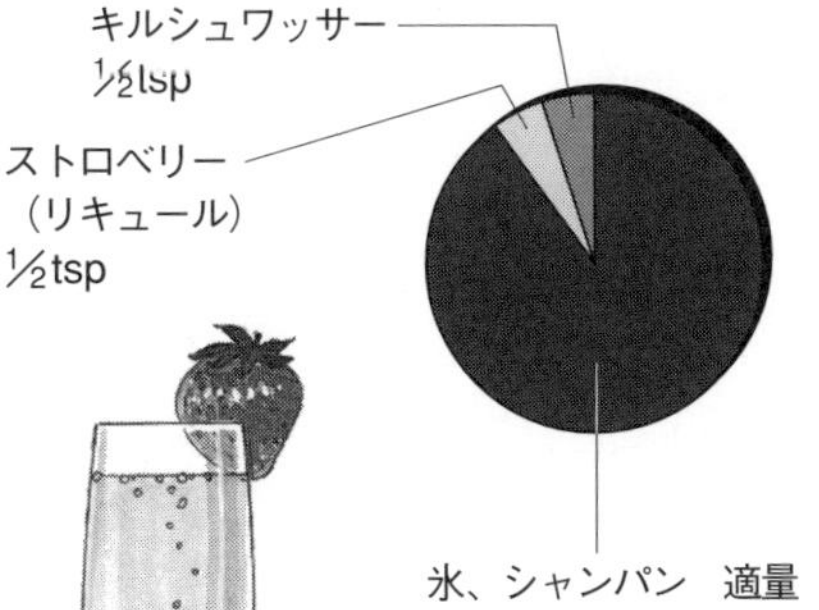
キルシュワッサー $\frac{1}{2}$tsp
ストロベリー（リキュール） $\frac{1}{2}$tsp
氷、シャンパン　適量

キルシュワッサーは、ドイツ産のサクランボのブランデー。

夜の深い闇に誘われる

ブラック・レイン

Black Rain

★作り方

フルート型のシャンパン・グラスに材料を注ぎ、軽くステアする。

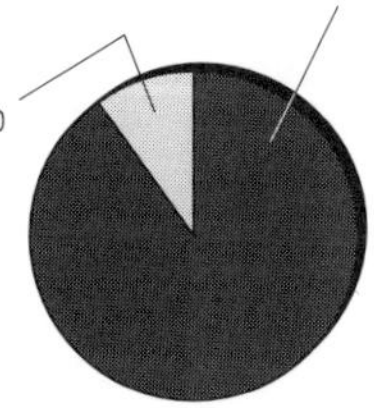

シャンパン（スパークリング・ワインでもOK）
9/10
ブラック・サンブーカ 1/10

オーストラリアのホテルで生まれたカクテル。名前は1989年に松田優作やマイケル・ダグラスなどが出演した同名の映画から。

すっきりとした辛口の食前酒

バンブー

Bamboo

★作り方

材料をステアし、カクテル・グラスに注ぐ。

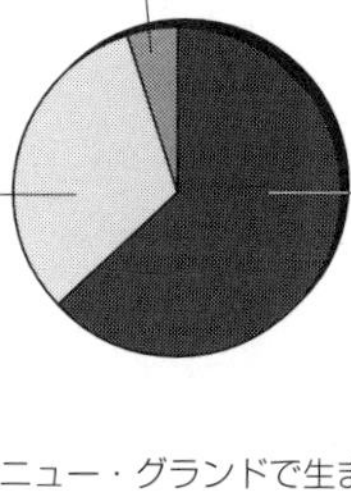

オレンジ・ビターズ
1dash
ドライ・シェリー
40ml
ドライ・
ベルモット
20ml

横浜のホテル・ニュー・グランドで生まれたカクテル。バンブーとは“竹”のこと。スイート・ベルモットを使った「アドニス」のバリエーション。

体の芯から温まって幸せな気分に

ホット・ワイン・グロッグ

Hot Wine Grog

★作り方

グラスに材料を入れて軽くステアする。

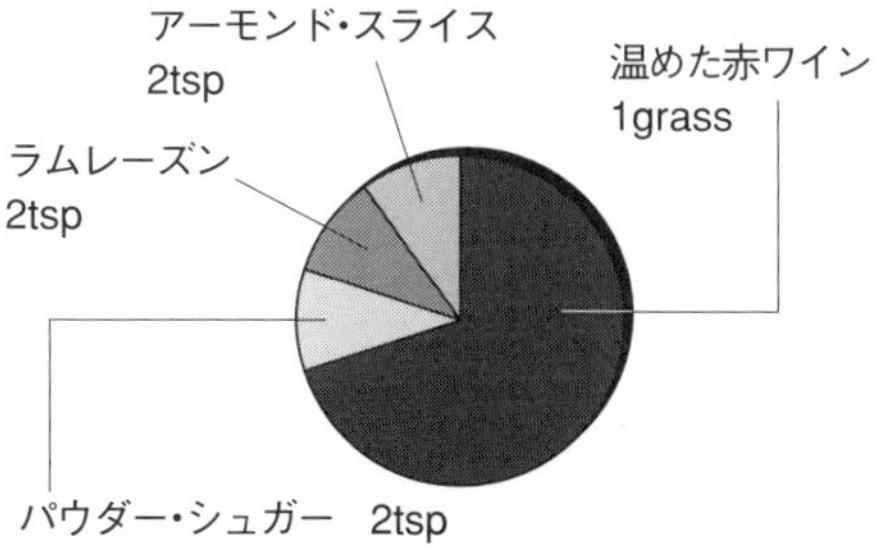

アーモンド・スライス 2tsp
温めた赤ワイン 1grass
ラムレーズン 2tsp
パウダー・シュガー 2tsp

レーズンやアーモンド・スライスは、スプーンですくって食べる。

いつものワインを手軽にアレンジ

ワイン・クーラー

Wine Cooler

★作り方

クラッシュド・アイスを詰めたグラスに材料を注ぎ、ステアする。オレンジを飾る。

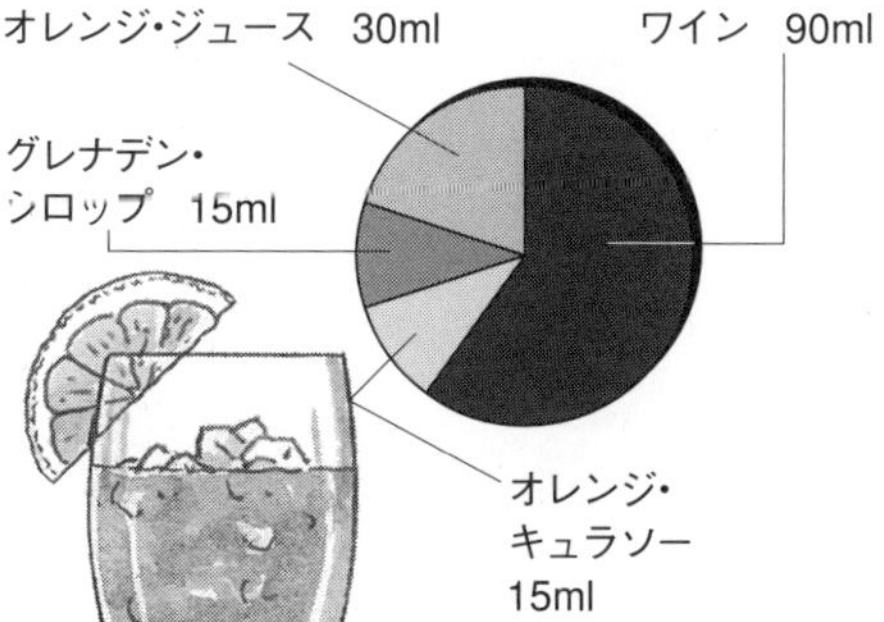

オレンジ・ジュース 30ml
ワイン 90ml
グレナデン・シロップ 15ml
オレンジ・キュラソー 15ml

赤ワインが一般的だが、白やロゼも使われることもある。

一口一口、バラを想って

ローズ

Rose

★作り方

材料をステアして、カクテル・グラスに注ぐ。

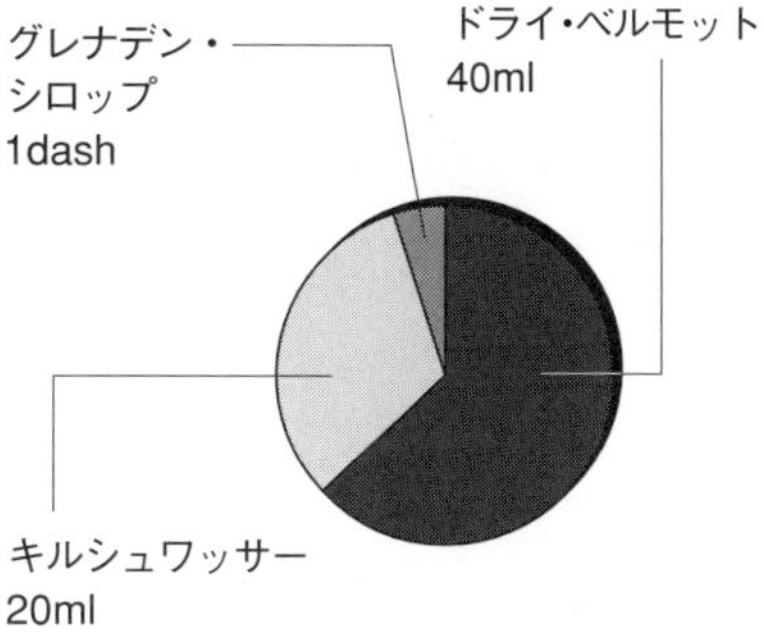

グレナデン・シロップ 1dash
ドライ・ベルモット 40ml
キルシュワッサー 20ml

パリにある"シャタン・バー"のバーテンダーが作ったといわれるカクテル。

ビールベース

家でも気軽に楽しめる

パナシェ

Panaché

★作り方

グラスにビールを注ぎ、透明炭酸飲料を入れる。

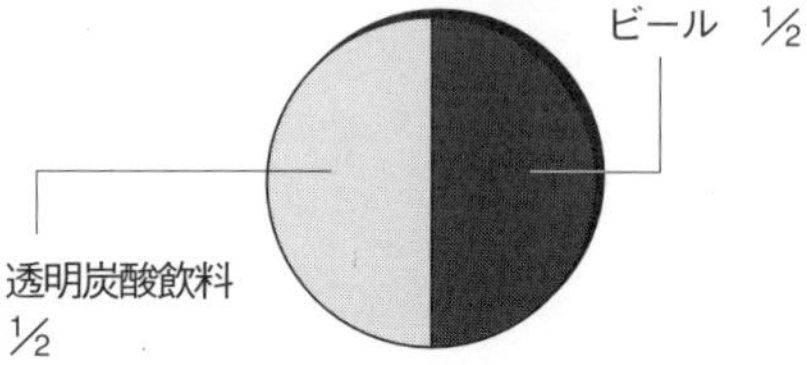
ビール　½
透明炭酸飲料
½

炭酸飲料にセブン・アップやスプライトなどを使う。パナシェとはフランス語で“混ぜ合わせる”の意味。

黒いビロードのようになめらか

ブラック・ベルベット

Black Velvet

★作り方

グラスに材料を左右から同時に注ぐ。

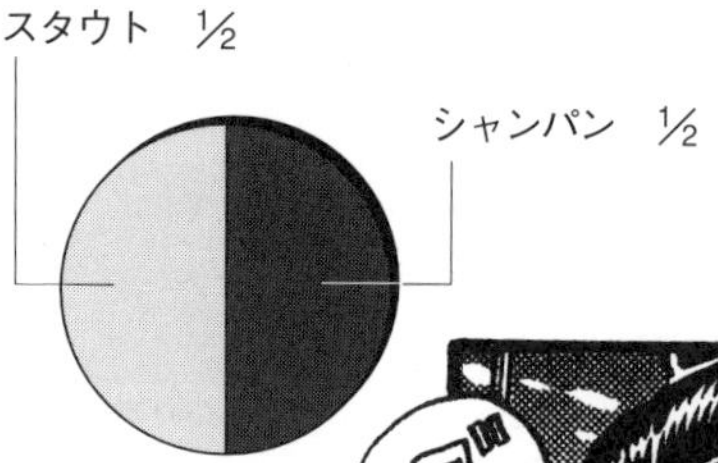
スタウト　½
シャンパン　½

泡立ちが激しくならないよう、静かにゆっくりと注ぐ。

GUINNESS

嗅覚をとぎすませてジンの香りを楽しむ

ドッグズ・ノーズ

Dog's Nose

★作り方

グラスに材料を注ぎ、軽くステアする。

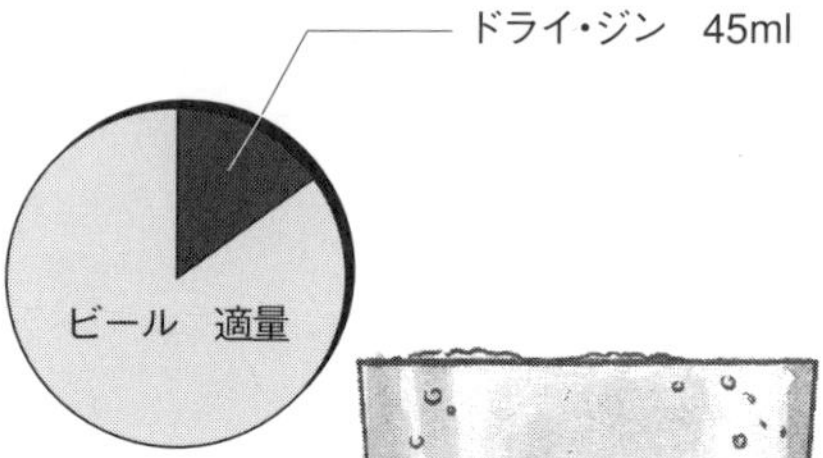
ドライ・ジン　45ml
ビール　適量

ジンの香りがビールにマッチ。名前は“犬の鼻”の意味。

うん……ムニャ
ムニャラ
ゴッン☆
スー

ノン・アルコール

ライム・ジュースでカクテル気分

サラトガ・クーラー

Saratoga Cooler

★作り方

グラスにライム・ジュースと砂糖を入れ、氷とジンジャー・エールで満たす。

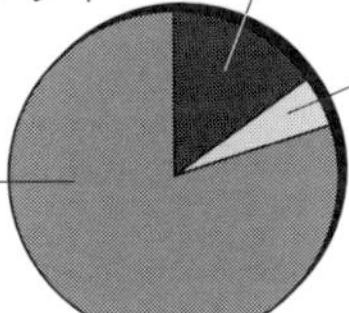

ライム・ジュース　½個分
氷、ジンジャー・エール 適量
砂糖 1tsp

砂糖はシュガー・シロップを使ったほうがよい。

卵黄入り。手の込んだノン・アルコール・カクテル

プッシー・フット

Pussy foot

★作り方

材料をシェークし、カクテル・グラスやソーサー型のシャンパン・グラスに注ぐ。

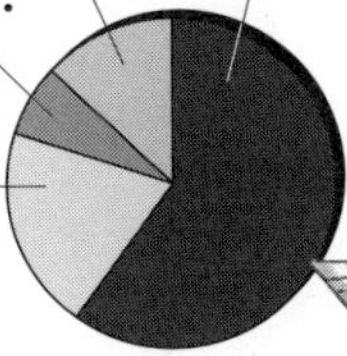

卵黄　1個分
オレンジ・ジュース　45ml
グレナデン・シロップ 1tsp
レモン・ジュース 15ml

名前はアメリカで禁酒運動のリーダー一的存在だったウイリアム・E・ジョンソンのあだ名からつけられたといわれる。"子猫のようにこっそり歩く人"の意味。

アクアヴィットベース

まろやかであでやかな北欧のカクテル

コペンハーゲン

Copenhagen

★作り方

材料をシェークし、カクテル・グラスに注ぐ。

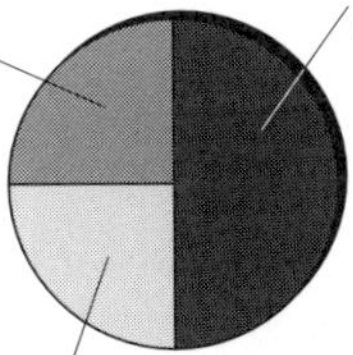

クレーム・ド・マンダリン 15ml
アクアヴィット 30ml
ライム・ジュース 15ml

北欧産の蒸留酒アクアヴィットがベース。マンダリンのオレンジ色が美しい。

12時まではカクテルの魔法がかかる

シンデレラ

Cinderella

★作り方

材料をシェークし、カクテル・グラスに注ぐ。

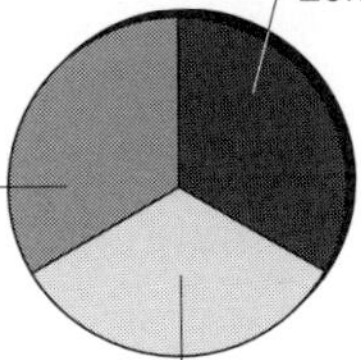

レモン・ジュース 20ml
オレンジ・ジュース 20ml
パイナップル・ジュース 20ml

フルーツのミックス・ジュース。シェーカーで振るため口当たりがまろやかに。

MYERS'S
RUM

カクテル名さくいん

ナ

ニコラシカ　49
ニューヨーク　99、206
ネグローニ　19、111、196

ハ

バカルディ　119
パナシェ　141、216
ハーバード・クーラー　127、208
ハーベイ・ウォールバンガー　27
パーム・ビーチ　19、196
パラダイス　43
バラライカ　77、115、200
パリジャン　19、65、196
ハンター　19、206
バンブー　25、214
ビー・アンド・ビー　45、208
ピーチ・アモーレ　75
ビトウィーン・ザ・シーツ　23
ピニャ・カラーダ　17
ピンク・ジン　49、196
ピンク・レディ　27、198
ファジー・ネーブル　131、212
プッシー・フット　37、217
ブラック・ベルベット　65、141、216
ブラック・レイン　65、137、214
ブラッディ・サム　47
ブラッディ・シーザー　47
ブラッディ・メアリー　47
ブランデー・ホーセズ・ネック　127
プランターズ・パンチ　18、201
ブル・ショット　47
ブルー・ハワイ　17、201
ブルー・マンデー　65、200
ブルー・ムーン　19、198
フレンチ・コネクション　54、127
フローズン・ダイキリ　39
フローズン・マルガリータ　39、204
フロリダ　37
ベリーニ　52
ペル・ドマーニ　75
ベルモット・スプレー・マティーニ　77
ホーク・ショット　47、200

ゴールデン・ドリーム　131、211

サ

サイドカー　35、77、127
サラトガ・クーラー　37、217
サングリア・パンチ　191
サンフランシスコ　41
ジャック・ローズ　65、127、208
シャーリー・テンプル　37
シャンディ・ガフ　29
シャンパン・カクテル　13
シャンパン・ジュレップ　13、213
シャンパン・フレーズ　13、213
ジョン・コリンズ　65、205
シルバー・フィズ　19、195
シンガポール・スリング　39
シンデレラ　37、217
ジン・トニック　29、195
ジン・バック　195
ジン・フィズ　76、111、195
ジン・ライム　195
ジン・リッキー　111、171、195
スイート・マティーニ　77
スカイ・ダイビング　19、201
スクリュードライバー　26、115、199
スコーピオン　55
スティンガー　35
スノー・ボール　131、211
スプモーニ　21
スプリッツァー　15、53
スモーキー・マティーニ　45、77
セックス・オン・ザ・ビーチ　23
ソルティ・ドッグ　115

タ

チャーチル　99、206
ダイキリ　53、119
チェリー・ブロッサム　131、212
チチ　17、199
テキーラ・サンセット　65、204
テキーラ・サンライズ　121
ドッグズ・ノーズ　29、216

カクテル名さくいん

ア

アイリッシュ・コーヒー	99
青い珊瑚礁	111、194
アースクェイク	49、194
アドニス	53、137
アプリコット・クーラー	21、209
アメリカーノ	43、213
アメリカン・レモネード	21、213
アラウンド・ザ・ワールド	19、65、194
アラスカ	19、194
アレキサンダー	35
ウイスキー・サイドカー	77、205
ウオッカ・マティーニ	45
エクストラ・ドライ・マティーニ	77
エックス・ワイ・ジィ	77、201
エンジェル・ティップ	131
オーガズム	23、209
オリンピック	19、208
オールド・パル	99、205
オールドファッションド	31

カ

カウボーイ	99、205
カカオ・フィズ	21
カシス・ソーダ	15、210
カミカゼ	115、199
ガリバルディ（カンパリ・オレンジ）	43、210
カルーア・ミルク	131、210
カンパリ・ソーダ	15
キッス・オブ・ファイヤー	23、199
ギブソン	52、111
ギムレット	31
キューバ・リバー	119、171
キール	15
キール・インペリアル	15
キール・ロワイヤル	15、18
グラスホッパー	35、54
グリーン・フィズ	19、195
グレイハウンド	171
ゴッドファーザー	54
コペンハーゲン	41、217
ゴールデン・キャデラック	35、210

澤井慶明

さわい　よしあき　1932年生まれ。
東京・銀座のバー「ST. SAWAI ORIONZ」（セント・サワイ　オリオンズ）代表取締役。
世界を駆けて活躍するバーテンダー歴50年の大御所。
現国際バーテンダー協会名誉アドバイザー、日本ホテルバーメンズ協会常任理事、
日本バーテンダー協会相談役、東京銀座社交料飲協会副会長。
1967年国際カクテルコンクールスペイン大会にて最優秀技術賞、
1976年世界第一号の国際アンジエロゾラ賞、1992年フランス政府よりシュバリエ勲章、
1993年国際バーテンダー協会より第一号の名誉賞、1997年東京都優秀技能者知事賞、
1999年日本バーテンダー協会よりミスターバーテンダー受賞。
ほか多数受賞。

取材協力

ST.SAWAI　ORIONZ（セント・サワイ　オリオンズ）
東京都中央区銀座7－3－13　ニューギンザビル10階
03－3571－8732～3

参考文献

『ウイスキー銘酒事典』　橋口孝司（新星出版社）
『改訂版ザ・サントリーカクテルブック』　サントリー株式会社、株式会社電通編、福西英三レシピ指導（ティビーエス・ブリタニカ発行）
『カクテルの事典』　澤井慶明監修、永田奈奈恵カクテル指導（成美堂出版）
『カクテル　ベストセレクション250』　若松誠志監修（日本文芸社）
『酒学入門』　小泉武夫、角田潔和、鈴木昌治編（講談社）
『酒　新・食品事典12』　河野友美編（真珠書院）
『酒の話』　小泉武夫（講談社）
『小説b-Boy 4月号増刊　CIGAR WORLD』　（ビブロス）
『スコッチ三昧』　土屋守（新潮社）
『スタンダードカクテル』　稲　保幸（新星出版社）
『世界のカクテル大事典　上巻・中巻・下巻』　稲　保幸（しゅるい研究社）
『楽しく味わうカクテル・ノート』　今井清監修、フランセ著（池田書店）
『知識ゼロからのワイン入門』　弘兼憲史（幻冬舎）
『2001年版世界の名酒事典』　講談社編（講談社）
『パイプ&シガー』　深代徹郎、春山徹郎（三心堂出版社）
『はじめてのカクテル』　草間常明監修（宙出版）
『バーテンダーズマニュアル』　福西英三監修、花崎一夫、山崎正信著（柴田書店）
『葉巻ガイド』　ジェーン・レズニック著、広見護訳監（KÖNEMANN）
『バー・ラジオのカクテルブック』　尾崎浩司、榎木富士夫（柴田書店）
『ポケットガイド　カクテル』　永田奈奈恵監修（成美堂出版）
『モルトウィスキー大全』　土屋守（小学館）
『リキュールの世界』　福西英三（河出書房新社）
『リキュールブック』　福西英三（柴田書店）
『ワールド・ムック171　シガー②』　（ワールドフォトプレス）

弘兼憲史（ひろかね　けんし）

1947年山口県生まれ。早稲田大学法学部卒。松下電器産業販売助成部に勤務。退社後、76年漫画家デビュー。以後、人間や社会を鋭く描く作品で、多くのファンを魅了し続けている。小学館漫画賞、講談社漫画賞の両賞を受賞。家庭では二児の父、奥様は同業の柴門ふみさん。代表作に『課長　島耕作』『部長　島耕作』『加治隆介の議』『ラストニュース』『黄昏流星群』ほか多数。『知識ゼロからのワイン入門』『知識ゼロからのビジネスマナー入門』（幻冬舎）などの著書もある。

装丁　水谷武司
装画　弘兼憲史
本文漫画　『課長　島耕作』『部長　島耕作』『加治隆介の議』『ハロー張りネズミ』（講談社）より
本文イラスト　押切令子
構成　山崎恵理
本文デザイン　バラスタジオ（高橋秀明）
校正　黒石川由美
ペーパーハウス
編集協力　オフィス201（森麻衣佳）
編集　福島広司　鈴木恵美（幻冬舎）

知識ゼロからの　カクテル&バー入門

2002年7月10日　第1刷発行
2013年11月15日　第14刷発行

著　者　弘兼憲史
発行人　見城　徹
編集人　福島広司

発行所　株式会社 幻冬舎
〒151-0051　東京都渋谷区千駄ヶ谷4-9-7
電話　03-5411-6211（編集）　03-5411-6222（営業）
振替　00120-8-767643
印刷・製本所　株式会社 光邦

検印廃止

万一、落丁乱丁のある場合は送料当社負担でお取替致します。小社宛にお送り下さい。
本書の一部あるいは全部を無断で複写複製することは、法律で認められた場合を除き、著作権の侵害となります。
定価はカバーに表示してあります。
©KENSHI HIROKANE,GENTOSHA 2002
ISBN4-344-90033-2 C2077
Printed in Japan
幻冬舎ホームページアドレス　http://www.gentosha.co.jp/
この本に関するご意見・ご感想をメールでお寄せいただく場合は、comment@gentosha.co.jpまで。

幻冬舎の実用書
芽がでるシリーズ

知識ゼロからのワイン入門
弘兼憲史　定価（本体1200円＋税）

ワインブームの現在、気楽に家庭でも楽しむ人が増えてきた。本書は選び方、味わい方、歴史等必要不可欠な知識をエッセイと漫画で平易に解説。ビギナーもソムリエになれる一冊。

知識ゼロからの日本酒入門
尾瀬あきら　定価（本体1200円＋税）

お燗で一杯？　それとも冷やで？　大吟醸、純米、本醸造、原酒、生酒、山廃……。複雑な日本酒の世界が誰でもわかる画期的な入門書。漫画『夏子の酒』と面白エッセイで酔わせる珠玉の一冊。